国家治理研究书系

中国应急管理制度创新

国家治理现代化视角

高小平　刘一弘／著

中国人民大学出版社
·北京·

图书在版编目（CIP）数据

中国应急管理制度创新：国家治理现代化视角/高小平，刘一弘著. --北京：中国人民大学出版社，2020.12
（国家治理研究书系）
ISBN 978-7-300-28722-5

Ⅰ.①中… Ⅱ.①高…②刘… Ⅲ.①突发事件-公共管理-研究-中国 Ⅳ.①D63-31

中国版本图书馆 CIP 数据核字（2020）第 206330 号

国家治理研究书系
中国应急管理制度创新
国家治理现代化视角
高小平　刘一弘　著
Zhongguo Yingji Guanli Zhidu Chuangxin

出版发行	中国人民大学出版社		
社　　址	北京中关村大街 31 号	**邮政编码**	100080
电　　话	010－62511242（总编室）		010－62511770（质管部）
	010－82501766（邮购部）		010－62514148（门市部）
	010－62515195（发行公司）		010－62515275（盗版举报）
网　　址	http://www.crup.com.cn		
经　　销	新华书店		
印　　刷	唐山玺诚印务有限公司		
开　　本	720 mm×1000 mm　1/16	**版　　次**	2020 年 12 月第 1 版
印　　张	14	**印　　次**	2024 年 7 月第 3 次印刷
字　　数	227 000	**定　　价**	78.00 元

前　言

一

中国古代有着极为丰富的应对危机的智慧。汉字“危”具有多重含义，既有危险、不安全、受损害的意思，又可以表达高的、陡的意思，还有端正的、正直的意思，如正襟危坐的“危”就不是说有危险，而是形容坐的姿势端正，腰板很直。孔子说：“邦有道，危言危行；邦无道，危行言孙。”（《论语·宪问》）这里的“危”也不是讲危险，而是说正直。孔子的这句话可以翻译为：国家政治清明的时候，言语和行为都要正直；国家政治黑暗的时候，行为仍然要正直，但言语就不能太直了，应谦逊谨慎。此外，中国古代的“危”还有一个与西方的“危机”词源很接近的意思，就是指人之临死，如病危、生命垂危。西方危机（crisis）的概念最初就是来源于希腊语的医学用语分离（krinein）一词，原意为决定病人是走向死亡，还是逐渐恢复的关键时刻，形容一种至关重要的、需要立刻做出相应决策的状态。

我们现在研究的应急管理，往往是指危及公众的生命、财产以及生态环境，严重破坏公共秩序的各种突发事件。这些事件由一连串突发性危机引起，在几天、几周甚至几小时内，会破坏或严重削弱一个系统或社会的平衡状态和有效运行。本书在使用应急管理这个概念时，基本包含了紧急事态管理、突发事件应急处置、危机管理等类似范畴。

当今世界，大大小小、林林总总的突发公共事件发生的频率、速率和影响不断增加。除了传染病和疫情流行等公共卫生突发事件，还有地震、山体滑坡、水灾、旱灾、台风等自然灾害，海难、空难、矿难、火灾、爆炸、放射性物质泄漏、大规模断电等事故灾难，恐怖主义袭击、暴力冲突、社会骚乱等难以预料的社会事件，不仅给民众的生命财产和经济发展造成重大损失，而且有的还会危害到国家安全和社会稳定。

政府如何应对突发公共事件？唯有应急管理。在突然发生的直接威胁和物理破坏面前，集中注意力、集中资源展开具体行动，来应对突然发生的事件。各国政府在接受突发危机的考验中，逐渐提高应急能力——这种能力不仅表现在参加紧急处置的专业人员的英勇行为中，还包括科学技术和管理，包括组织和政策等深层次的战略安排，包括非专业人员的有效参与，包括很多其他的因素。因此，应对突发事件需要一种广义的应急管理，就如同人类生活中必不可少的“文化”，也如同政府必不可少的“治理”，成为一项基本的“必需品”。

我国是一个大国。全国经济总量从1978年的3 000多亿元增加到2018年的90万亿元，是40年前的约240倍，年均增长率约为15%；按照可比价格计算，年均增长9.7%，经济总量增长了11倍，大大高于世界平均增长率。但是，我国又是一个人多、灾多、事多的发展中国家，经济社会发展极不平衡，公共安全领域的问题成堆，造成的危害巨大。特别是，我国正处于社会转型阶段，城市化、全球化进程的加快，人口增长、聚集和流动的增加，生态环境的恶化，生物技术、能源技术、新型材料技术、核技术等高新技术的应用，体制转轨、利益分配、社会结构的剧烈变动等方面因素的变化，使突发事件日趋常态化、多样化、复合化，突发事件的规模、传播速率和影响程度也有所升级扩大。总的来说，从态势看，我国面临着前所未有的各种突发事件的严峻挑战。

在新的时代背景下，我国政府十分重视有效预防和处置各种突发事件问题，一再强调要居安思危，增强忧患意识、危机意识，并采取措施在加强政府应急管理制度体系建设、建立相应的体制机制和依法进行应急管理等方面取得了很大进展，积累了非常宝贵的经验。同时，在应对突发事件中也暴露出一些问题。各级政府正在加强应急管理，建立健全政府应急管理制度体系和预警应急机制，以进一步提高政府应对各种突发事件和风险的能力。

一个聪明的民族，应该从灾难和错误中学到比平时更多的东西。我国在社会主义现代化建设的历史进程中，难免还会遇到各式各样的突发事件。如果好了伤疤忘了疼，交了学费不上学，妄自尊大，执迷不悟，扞格不通，不及时从灾难和错误中体悟、觉醒、补课、奋起直追，有效地应对各种突发公共事件，尽可能地预防和减少突发事件及其负面影响，那就是对人民和历史的犯罪。

全面加强应急管理，建立健全各种预警和应急机制，提高政府应对突发事件和风险的能力，已成为共识。进一步加强政府应急管理制度建设，成为各级政府和公共组织面临的紧迫任务，也是摆在公共管理学界面前的一项重大课题。

二

尽管自人类有了政府以来，应急管理就一直存在，但是真正将其作为一门专门的科学来研究，特别是在制度层面进行理论研究和实践探索，在国际上还是从20世纪60年代的“古巴导弹危机”等一系列危机事件开始的；在我国，则是在改革开放以后逐渐引起人们的重视。由于起步较晚，社会发展中的新问题又层出不穷，所以我国的政府应急管理制度体系从整体上看和世界先进水平相比还有差距，突出地表现在理论研究比较薄弱，制度资源供给能力不足，制度建设和创新跟不上实践的发展要求。

“非典”疫情过后，我国对政府应急管理有了大量的研究，主要围绕以下三个方面展开：

(1) 侧重于“管理者”的研究。研究的角度有国家关系、决策、政策、灾难管理、冲突管理、个人与集团的心理、全面综合研究等。这些研究大体起因于政府应急管理实践，因此，研究的主体多为公共组织和这些组织中的专家学者，应急管理学科形成了“一点多面”网状结构的研究格局。成果集中在宏观领域的主要包括应急管理的主体和职责等，以及社会转型期特点对应急管理的诉求、应急管理中的治理结构，还有学者提出公共危机的“治理框架”、危机政治学、危机治理理论、整体性应急模式、应急管理范式等；集中在微观领域的主要包括应急管理技术和能力，以及危机决策和响应、应急标准和规范、处置程序和手段等。近几年来，利用网络技术与信息技术的应用性研究较广泛，既有辅助塑造应急决策网络治理结构的研究，也有对公民、群体、社会、国家在应急反应中通过信息化、数字化、网络化手段联合为一体，点、线、面相结合的公共应急管理网络的研究。

(2) 侧重于“管理对象”的研究。当前我国社会正处于由传统的农业社会向现代工业社会以及由现代工业社会向后工业社会的复杂转型期，在这一阶段，一方面由于现代化、工业化自身不可回避的弊病，另一方面由于国内改革进入“深水区”以后，所有之前被小心翼翼绕开的社会问题，最后形成了一种滞后效应，累积成今日无法避开的社会矛盾，表

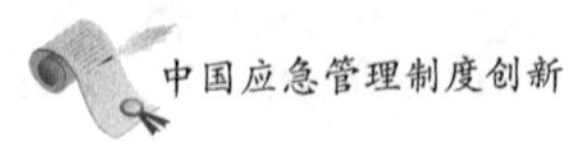

现在科技风险提高、生态环境恶化、贫富差距拉大、社会结构剧变等风险上。整个政府治理面临的是一个风险化的管理对象。各方面的学者从社会结构变化以及社会不确定性的角度来看公共事件，研究从引起冲突原因、事件本身和社会科学视角的对策这些方面展开，集中体现在为什么、如何、什么、怎样等描述性研究上。

(3) 侧重于"管理技术"的研究。例如，风险预警系统及技术，风险评估和事件评估，情景分析法以及基于情景构建的应急管理，"韧性城市"、鲁棒性 (robustness)、适应性、恢复力与防灾减灾能力建设等。许多学者从核心科学理论、关键技术领域提出应急管理迫切需要解决的问题，并运用先进信息技术、信息系统和应急信息资源的多网整合，加强软硬件融合的应急保障技术系统建设。还有学者从管理科学与工程、系统科学等角度进行应急管理定量方面的研究①。

这些研究都取得了丰硕的成果，其中很多研究内容涉及政府应急管理制度。但是，专门从制度视角切入，将政府结构体系、运行体系和保障体系中发挥根本性、全局性、稳定性、长期性作用的那些规定，即制度，作为研究对象，就与前面所述侧重于"管理者""管理对象"和"管理技术"的研究对象有所不同。在对应急管理的"管理者""管理对象"和"管理技术"进行研究的时候，可能不涉及制度，或仅将制度作为考虑的因素之一，未必是全部，至少不一定是核心内容，而本书则把"制度"作为研究政府应急管理的主维度、核心内容，尽管这些制度可能是对"管理者"的规定、是对"管理对象"的规定以及是对"管理技术"的规定，即主要对政府应急管理制度进行系统性的专门研究。

从制度视角切入的研究，可以深入挖掘应急管理的政治价值意蕴。至少有两点值得重视：一是以制度建设确保国家长治久安。党的十一届三中全会后，全党在深刻反思新中国成立以来历次政治运动对经济社会带来的巨大负面作用的基础上，拨乱反正，果断地抛弃了政治发展的"运动模式"，形成了"不搞政治运动"，靠制度来保证工作重心转移到经济建设上来，保证党的路线发展政策的贯彻执行。邓小平的贡献在于：把社会主义民主政治建设纳入现代化的历史进程，把国家治理和社会生活纳入制度轨道，把"运动模式"转变为"法治模式"，把重大决策常常

① 高小平，刘一弘．我国应急管理研究述评（上）．中国行政管理，2009 (8)；高小平，刘一弘．我国应急管理研究述评（下）．中国行政管理，2009 (9)．

传统人治化模式转变为“不因领导人的改变而改变，不因领导人的看法和注意力的改变而改变”① 的制度化模式。应急管理制度的建立同样具有这方面的意义。二是以党的制度建设促进应急管理制度化。党的十六大把“三个代表”重要思想写入党章，同马克思列宁主义、毛泽东思想、邓小平理论一道确立为党必须长期坚持的指导思想。党的十六大以来，应急管理制度化得以快速推进。党的十八大在党章中对科学发展观的地位做出定位和阐述，把科学发展观同马克思列宁主义、毛泽东思想、邓小平理论、“三个代表”重要思想一道确立为我们党的行动指南。这就使得应急管理制度化有了更加坚实的理论基础、思想基础和组织基础。党的十九大把习近平新时代中国特色社会主义思想写入党章，将之同马克思列宁主义、毛泽东思想、邓小平理论、“三个代表”重要思想、科学发展观一道确立为党的行动指南，同时将“完善和发展中国特色社会主义制度，推进国家治理体系和治理能力现代化”写入党章，会议对“坚持总体国家安全观”做出了全面部署。这是对应急管理制度化的最新、最重要的确认。若缺少对制度的研究，便难以理解包括应急管理在内的伟大历史变革在制度层面的重大意义。

研究制度，有助于深化公共管理视角的应急管理研究。在众多研究中，从行政管理、公共管理维度研究的应急管理离政府的中心应该是最近的。风险治理、应急管理、危机治理已成为全球治理话语体系的核心议题之一，成为我国国家治理能力现代化面临的最重大、最现实和最迫切的挑战之一。公共管理研究要关注治理实践中对公共利益有重大影响的议题，特别是对推动治理理念转变有着重大影响的新兴理论热点，就必须把应急管理制度研究提到更高的地位。公共管理的研究对治理实践有着指导性意义，一些重大的新型治理理念在学科体系中的构建推动了治理实践的发展。国家安全、公共安全是最重要、最基本的政府公共服务，安全问题的应对需要强制性的手段和措施，这是政府以外的其他主体所无法提供的，因此国家安全的实现主体只能是政府，而政府只能依靠包括风险控制和危机治理在内的应急管理制度体系创新来不断回应治理能力所面临的新挑战②。而这种制度创新在不同的历史时期、不同的政府形态、不同的管理方法条件下，所呈现的状况是并不相同的，甚至

① 邓小平．邓小平文选：第2卷．2版．北京：人民出版社，1994：146.

② 徐晓林．公共管理研究的非传统安全命题．中国行政管理，2018（10）.

是大不一样的，需要我们深入研究。

从制度视角切入的应急管理研究，还有助于展现制度在时代性话题中的新功能。改革开放以来，中国正在经历有史以来最大规模的制度变迁，作为应急管理对象的突发公共事件是内嵌于一定经济、政治、社会框架中的复杂产物，理解与分析具有强烈社会建构意义的应急管理制度，在制度框架下展开时代性话题，研究此番应急管理体制改革创新，是制度的突破还是策略性的组织结构调整？是创新的动力需求所致还是模式选择使然？应急管理体制的创新在多大程度上可以保持前后路径的一致？从关键的现实困惑出发展开研究，是作为具有制度主义研究问题驱动的方法论特色。选择制度变迁的视角研究应急管理体制发展，与获取近些年来学术生态动力有关，是出于对研究对象的一种学术关照，同时，在更大程度上也是因为现有的研究无法回答诸如此类的问题。

我从 1999 年开始研究应急管理，重点思考的是整体性、综合化应急管理体系问题。在经历“非典”、汶川地震等一系列重特大事件的过程中，我一直未间断对应急管理的研究，发表了《综合化：政府应急管理体制改革的方向》(2007 年第 2 期《行政论坛》，2007 年第 13 期《新华文摘》全文转载)、《中国特色应急管理体系建设的成就和发展》(2008 年第 11 期《中国行政管理》)、《建设中国特色的应急管理体系》(2009 年第 4 期《中国应急管理》)、《突发事件的新特点与应急管理创新》(2010 年第 1 期《行政管理改革》)、《“一案三制”对政府应急管理决策和组织理论的重大创新》(2010 年第 5 期《湖南社会科学》) 等文章。在生态环境应急预警制度方面，我撰写了《环境报告制度：增强企业国际竞争力的重要环节》(2003 年第 10 期《中国经贸导刊》) 等文章。

本书是我对应急管理廿载思考的一个小结，选取了我之前发表过的部分文章和资政研究报告，以及我和本书另一位作者刘一弘博士合作完成的论文。本书是经过重新整理、编辑、删除、添加和调整而形成的。其实这样说也很不准确，严格地说，新添加和系统调整的内容占据了绝大多数篇幅，事实上本书是我和刘一弘博士共同撰写的一部新作。我和刘一弘博士从 2007 年开始合作研究应急管理，联署论文多篇，有的论文引用率很高。本书记录了我们学术研究征途上的两行前行足迹。这些文字，既是对过往历史的记载，个中可以管窥我国应急管理研究发展历程，又期待在新的时代条件下被审视反思，重构体系。必须承认，当我们再次回顾这些研究的时候，很多地方的提法值得商榷，部分结论未能经得住进一步推敲。正是因为这些缺憾促使我们做阶段性总结，并加入了大量新的研究内容，使之尽可能完整、严谨、系统。

应急管理是政府的一项基本职能，要科学认知、依法确立、高效履行这项基本职能，离不开将其制度化——制度理论建构，制度实践检验，制度理论与实践的相互联系与发展，这些都要在创新中形成与行进。本书力求突破目前应急管理研究中主要从应急管理的主体、对象、流程和技术四个方面研究的状况，站在“制度”的高度进行观察，将其他要素作为制度的“生态”，发现应急管理制度创新的规律。基于我国正在全面推进国家治理体系和治理能力现代化，本书将此作为主视角和重点维度，力图发现治理现代化进程中应急管理制度创新的特点、机理及走向，并按照制度所具有的基本属性，将应急管理理论与实践结合起来，从应急管理制度与其他公共管理制度相互关联的方面切入，以历史与逻辑统一的研究方法，研究中国政府应急管理制度体系建设的历史、现状与创新成就，提炼制度创新的战略途径与策略选择，提出对策性建议，为全面加强政府应急管理、构建适应新时代要求的中国特色应急管理制度体系提供参考。

高小平

2019 年 9 月 9 日

目　录

第一章
应急管理制度基本框架

制度，是人类物质文明和精神文明之外的“第三种文明”。

制度文明，兼具物质文明和精神文明两种文明的特性，又与之都不相同。制度文明的理念以“物化”形态出现，每个身在制度规范中的人将制度理念植入大脑，就如同人的生物钟一样，不以人的主观意志为转移，指导人的行动。

第一节 应急管理制度分析框架

制度是在复杂和相互交错的系统中运行着的规则。制度既与人类社会相伴而生，也是一种相对独立的治理形态①。现代国家和政府则是在这样的基础上得以确立和成长的。一项“制度”如果仅有文本而无实施或实施后又被叫停，就不具备制度的本质特征，对人的行为没有规范效果，不在我们研究的对象之列。这与“公共政策”只要发布了即使执行阻滞也仍然可以被称为政策，具有很大差异。因此，研究应急管理制度需要建构新的分析框架。

一、应急管理制度的四维模型

在我国，《国家突发公共事件总体应急预案》和《突发事件应对法》将突发事件、紧急事件和危机事件统称为“突发事件”，对突发事件、紧急事件和危机事件的管理统称为“应急管理”。

突发事件大致分为自然灾害、事故灾害、公共卫生事件、社会安全

① 林尚立．制度创新与国家成长：中国的探索．天津：天津人民出版社，2005.

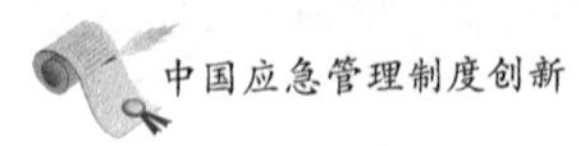

事件四种类型，各种类型的突发事件又可再分为许多灾种。按照公共危机的可控性和严重程度，公共危机可分为一般、较大、重大和特大四个等级。突发事件爆发通常超出个体、组织和社区的应对和承受能力。把全灾种、全过程都管理起来，把多主体积极性都调动起来的管理主体只能是政府。因此，应急管理是现代政府治理过程中的一项必要职能。

应急管理属于行政管理的基本制度范畴。行政管理制度是指由国家宪法和法律规定的有关国家行政机关的产生和组成、组织结构、职责权限、活动方式、运行程序以及行政管理主体间相互关系的规则的总称，是对国家行政机关的设立与变更、职权配置、运行程序、工作方式的规定，是处理政府与市场、政府与社会、政府与公民之间关系的规范性约定。应急管理制度既是与此密切相关的规则、规定和规范性约定，又有所区别。应急管理制度是经济、政治、社会、文化、生态等制度体系中针对突发事件响应的规定及其执行过程。具体来说，应急管理制度是指以政府为主导，应对公共危机而建立起来的应急管理组织结构、行动程序和保障体系的规则、规定、规范的总和。应急管理制度对于完善和发展其他各方面的制度具有关键性影响。

研究和建立一套有效的应急管理制度体系，需要有科学的分析框架做指导，需要结合本国实际进行具体设计。

如其他行政管理制度，政府应急管理制度在历史实践中大部分表现为两种状态：结构化形态和运行化形态。体制性制度明确了在静态行政组织机构的构架和职能的设置基础上设置相应应急管理功能和职责。机制则体现了应急管理的动态运行，凸显效率、规范和运作流畅。在组织体系框架下，动态的机制性制度运行支持体制的功能发挥。同时，机制性制度决定行政管理制度创新的决策规则，并决定创新制度是如何完成和落实的，尤其是如何激励政府官员将制度转化为行动的①。

但是，实践中的一些制度无法归入这两种形态，于是需要有第三种形态的概括——以非实践的纯理性方式归纳——这些在结构性制度和运行性制度之外的制度拥有一个共同的特征，就是都具有保障性、维护性、服务性等基本功能，在制度文化语境中，特别是在现代政府治理体系中，

① 李文钊. 中国改革的制度分析：以2013—2017年全面深化改革为例. 中国行政管理，2018（6）.

在互联网、大数据、云计算、智能化的新技术条件下，这些制度创新都具有一个特殊的功能——“赋能”，即通过授权、敦促、资源投入、合作和认可等基本手段，激活相应制度主体和制度行为以主动实现其功能的作用。我们把这一类制度创新概括为赋能性制度创新，这是一种使能性制度创新，使得结构性制度和运行性制度有能力发挥作用，实现持续性的制度创新。

应急管理制度体系包括预测预警制度、信息管理制度、决策指挥制度、组织协调制度、行动响应制度、处置救援制度、社会动员制度等。为了把握制度的实质，我们把这些制度分成三类：组织结构性制度、行动程序性制度和维护保障性制度。在制度设计与实践中，理念发挥着先导、影响、推动的作用，制度理念是一系列假设、认知、价值、信仰的总和，制度理念的创新会导致制度方案和制度执行的发展，每一次应急管理制度创新又都会催生新理念的萌发。因此，在整个制度体系中，理念始终是既萦绕于制度实体之外又浸润于其中的重要元素，特别是在应急管理发生重大转折、制度变迁出现“窗口”的关键时期，理念的地位更加显赫。

依据以上分析，可以建构应急管理制度分析框架的“四维立体模型”（见图 1-1）。

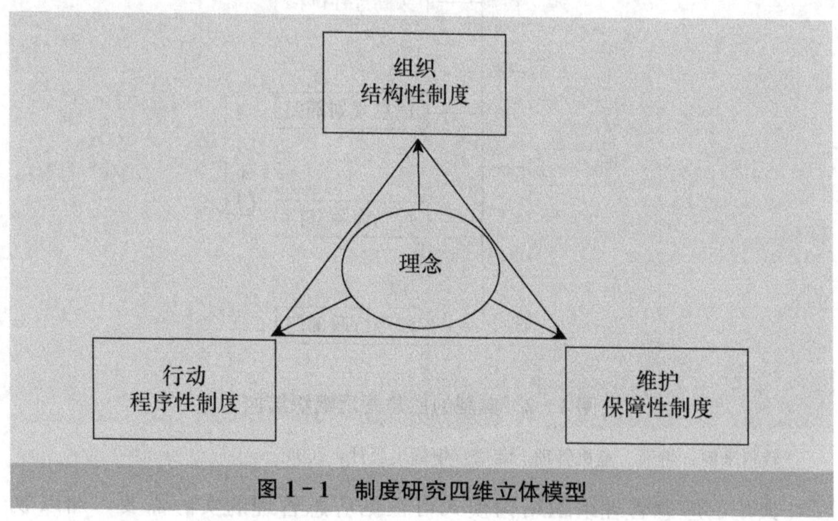

图 1-1　制度研究四维立体模型

二、应急管理组织结构性制度

在行政管理体制中，职能、结构、功能是有机结合的重要组成要素和方面。政府职能是行政管理中的基本问题，是政府一切活动的起点。职能决定组织、结构和机制，最终体现为效能。职能定位正确与否，是政府能不能正确行使权力，发挥相应作用的关键。政府权力来自法定的政府职能，政府所有其他要素都由职能派生出来。随着对新的行政组织的实践需要，政府机构改革呼之欲出，以机构改革为依据的主要职责、内设机构和人员编制随即落地。所以，行政管理体制创新首先涉及行政权力配置将发生质的变化，行政职能发生转变，行政机构发生调整。

应急管理组织结构性制度是指应对危机的管理制度体系中组成机构的规定以及机构之间职责划分和相互关系的规定。组织结构性制度也被称为体制性制度。在应急管理的体制性制度中，重点是关于行政权力配置的规定。组织结构性制度与政府机构设置、职能配置、行政规制直接联系在一起。典型的应急管理组织结构，由指挥部门、实际操作部门、信息规划部门和后勤保障部门等组成，其中应急指挥部门居于核心位置，负责统一指挥、统一协调各个应急管理响应部门的行动。应急响应部门按照职责划分履行各自的职责，并相互配合、相互支持，共同应对公共危机（见图1-2）。

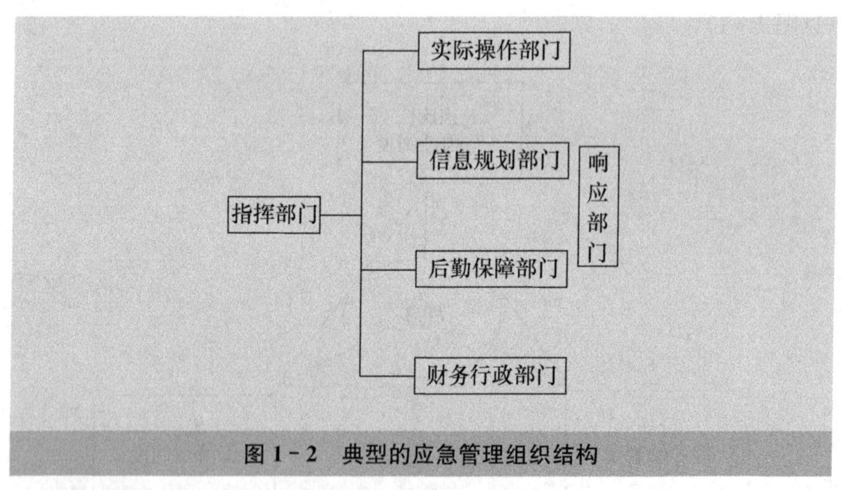

图1-2　典型的应急管理组织结构

资料来源：希斯. 危机管理. 北京：中信出版社，2004.

典型的应急管理组织结构模式可根据应急管理的实际需要，加以放大、缩小和补充。在实践中，随着危机规模升级，政府管理层级将从现场位置逐步上移，其中每个管理层级都由典型的危机应对组织结构组成，直至上升到国家层面即中央政府层面（见图1-3）。

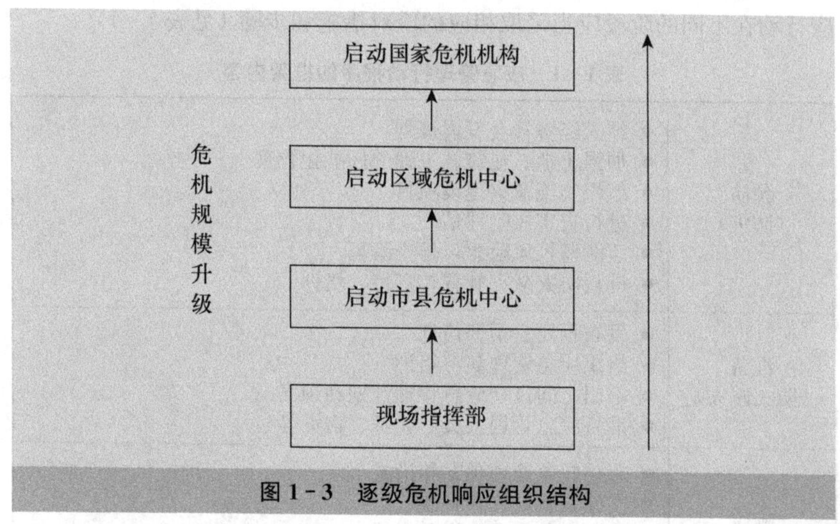

图 1-3　逐级危机响应组织结构

资料来源：希斯．危机管理．北京：中信出版社，2004．

《突发事件应对法》对应急管理组织结构性制度的规定有：统一领导制度，应急管理机构设置制度，综合协调制度，突发事件分类管理制度，突发事件类别确认制度，突发事件分级负责制度，突发事件级别确认制度，突发事件属地管理责任制度，值守应急制度，综合性专职应急救援队伍制度，专业性专职应急救援队伍制度，兼职应急救援队伍制度，志愿者应急救援队伍制度，军队参加突发事件的应急救援和处置制度，国际合作与交流制度等，共计 15 个大项。

三、应急管理行动程序性制度

行政管理程序、流程等机制性制度是一种以运行方式存在的规定，对机构、职能等有执行的功能和作用。行政管理机制创新是在行政管理系统或具体领域中各要素的机理性变革，涉及组织形式、管理方法、内外管理流程和协调沟通等方面的行政运行再造。

应急管理行动程序性制度是指应急响应中对行动的措施、步骤和时限等方面的规定。行动程序性制度是一种方法性制度。应急管理行动程序性制度的重点是关于行政权力运行的规定。程序性制度与行政管理机制、工作流程、管理方式等密切联系在一起。研究此类制度有助于促进政府日常管理创新，强化风险管理。

现代危机管理理论主张对危机实施综合性管理，将危机管理看作由危机的预防、准备、响应和恢复四个阶段组成的完整过程。公共危机响应行动在不同的阶段应当采取相应的应对措施和步骤（见表 1 - 1）。

表 1 - 1　应急管理行动程序的框架内容

预防 （防灾）	● 纳入经济社会发展规划 ● 加强土地、建筑、工程的标准化管理 ● 组织实施减灾建设项目 ● 进行灾害风险评估 ● 监测监控风险源，排查隐患 ● 进行防灾减灾教育、宣传、培训
准备 （防灾减灾）	● 发布预测、预警信息 ● 组织应急管理演习培训 ● 部门之间订立应急管理计划和预案 ● 准备应急管理人员、装备、物资等
响应 （救灾）	● 启动应急管理预案和措施 ● 实施紧急处置和救援 ● 协调应急管理组织和行动 ● 向社会通报危机状况及政府采取的措施 ● 恢复关键性公共设施项目
恢复 （灾后建设）	● 启动恢复计划和措施 ● 开展重建、修复 ● 提供补偿、赔偿、社会救助 ● 组织评估 ● 进行审计

《突发事件应对法》对行动程序性制度的规定有：突发事件评估制度，社会动员制度，应急预案制定、修订、实施制度，突发事件监测制度，预警制度，救援制度，恢复重建制度，风险评估制度，危险源、危险区域检查、监控制度，调解处理社会矛盾纠纷制度，突发事件信息收集制度，信息报告制度，维护市场秩序制度，维护社会治安制度，强制隔离制度，使用器械制度，突发事件原因调查制度，责任追究制度，总结经验教训和制定改进措施制度等，共计 19 个大项。

四、应急管理维护保障性制度

我们提出，维护保障性制度是保障并激活相关主体和制度积极实现其功能，并使其能力具有可持续性的规定。以问题为导向，专注于从需求衍生出的任务而非目标。保障性制度即该制度类型并非仅仅督促和维护结构性制度和运行性制度的特定目标实现，而是使该制度具有持续解决类似问题的能力，即不是“授人以鱼”，而是“授人以渔”。

应急管理维护保障性制度是指为应急应对活动有序运行提供财政、

物资、监督等方面的规定。应急管理维护保障性制度是一种服务性制度，用于保障行政权力合理配置、有效运行。保障性制度包括应急管理维护保障性制度，与行政编制管理制度、公共财政制度、绩效管理制度、责任追究制度、政府信息公开制度、公务员制度等有着密切的联系。此外，还可以从制度作用领域及其功能的角度把行政管理制度分为经济调节制度、市场监管制度、社会管理制度、公共服务制度、环境保护制度。深入研究发现，我国行政管理制度体系呈现出以下基本规律：行政管理制度体系不断完善；行政管理制度规范条款不断规范；行政管理制度对变化着的社会的适应能力不断增强；行政管理制度数量渐趋充足；行政管理制度子系统及制度条款之间的互补性和嵌套性不断增强；行政管理制度之间的协同性不断改进，制度作用的合力逐步形成。

维护保障性制度服务不但独立于既有结构性体制和运行性机制，同时自身具有结构性体制和运行性机制的要素。从涉及保障和赋能性质的法律、法规到具体规定都能够称为服务保障性制度。例如，“非典”疫情过后，“横向到边、纵向到底”应急预案体系和《突发事件应对法》在法律层面对体制、机制予以确立和规范，并制定相应的激励和惩罚办法。进入中国特色社会主义新时代后，以《国家安全法》和专项预案为“龙头”授权和保障公共安全治理的体制和机制建设①。

《突发事件应对法》对维护保障性制度的规定有：政府向人民代表大会做出专项工作报告制度，征用单位和个人的财产制度，应急设备和基础设施制度，安全撤离通道制度，应急避难场所制度，日常安全管理制度，社会应急知识宣传普及制度，应急管理培训制度，应急演练制度，应急救援人员待遇、表彰、奖励、抚恤制度，应急救援人员人身意外伤害保险制度，新闻媒体应急公益宣传制度，学校应急知识教育制度，应急资金财政保障制度，应急物资储备、监管、生产、调拨和紧急配送制度，应急生活必需品生产、供给、管理制度，应急处置装备管理制度，应急通信保障制度，鼓励捐赠制度，巨灾风险保险制度，研发应急新技术、新设备和新工具制度，违法惩处和罚款制度，共计 22 个大项。

---

① 童星．中国应急管理的演化历程与当前趋势．公共管理与政策评论，2018（7）．

第二节 中国应急管理制度实践和理论

我国从 2006 年开始实施政府应急管理制度建设。这些制度主要包括：应对突发公共事件应急预案的制度，应急管理体制性制度、机制性制度和法制性制度。这个制度体系既是对应急管理主体结构和核心内容制定的工作性框架，也是一个完整的理论体系。全面建构我国应急管理制度体系是一项巨大的社会工程①。

一、中国应急管理实践制度的开创

全面履行政府职责，提高处置突发公共事件的制度性能力，是维护国家安全、保持社会稳定和保障人民群众利益的需要。作为一项基础性制度，中国应急管理实践制度体系是在 2006 年开始全面创建的。

2005 年 7 月，温家宝在国务院召开的全国应急管理工作会议上强调：各级政府要以“一案三制”（应急预案，应急管理体制、机制和法制）为重点，全面加强应急管理工作。2006 年 10 月，党的十六届六中全会通过的《中共中央关于构建社会主义和谐社会若干重大问题的决定》指出：“完善应急管理体制机制，有效应对各种风险。建立健全分类管理、分级负责、条块结合、属地为主的应急管理体制，形成统一指挥、反应灵敏、协调有序、运转高效的应急管理机制，有效应对自然灾害、事故灾难、公共卫生事件、社会安全事件，提高危机管理和抗风险能力。按照预防与应急并重、常态与非常态结合的原则，建立统一高效的应急信息平台，建设精干实用的专业应急救援队伍，健全应急预案体系，完善应急管理法律法规，加强应急管理宣传教育，提高公众参与和自救能力，实现社会预警、社会动员、快速反应、应急处置的整体联动。坚持安全第一、预防为主、综合治理，完善安全生产体制机制、法律法规和政策措施，加大投入，落实责任，严格管理，强化监督，坚决遏制重特大安全事故。”

“一案三制”的实践，是党和政府为了有效、有序、有力地应对突发公共事件而启动的一项巨大的系统工程。通过制定应急预案，建立和完

---

① 国务院关于全面加强应急管理工作的意见. 中国政府网，2006-06-15.

善应急管理体制、应急管理运行机制和应急管理法制，体现了应急管理制度建设的高度自觉，标志着应急管理通过制度创新被完整纳入政府总体职能体系范畴，也标志着政府真正进入全面履行职责的新的历史阶段。

二、中国应急管理制度理论的提出

中国应急管理制度在实践层面与理论层面具有很强的互构性。“一案三制”既是中国应急管理的实践制度体系，又是应急管理的制度理论体系。这一内容丰富、逻辑严谨、时代特征鲜明的制度理论体系是深藏于实践逻辑背后的，是以实践文本形式表达的。其实质是综合应急管理理论，该理论建构于“对象-过程-结构”三维分析框架之中，可以谓之“应急管理三角模型”：在对象维度上，覆盖全灾种，揭示不同灾种之间的共性；在过程维度上，贯穿各阶段，将应急管理由突发事件应对向前后延伸；在结构维度上，调动多主体的积极性，包括所有责任方以及所有利益相关者。

如果我们按照应急管理制度理论进一步研究应急管理实践体系，将应对突发事件的组织、计划、制度、行为、资源等应急要素及要素间关系既做分解性研究，又做综合性考量，就可以发现在实践体系中，“一案”与“三制”相互融合、相互补充，关系不断深化；体制、机制、法制是动态与静态、结构与功能的平衡；这四者各自又有着丰富的理论内涵。“一案三制”中的四个要素——预案、体制、机制和法制，既是相对独立的子系统，又是一个有机整体，它们之间相互影响、相互制约，组成应急管理体系的大厦。

首先，“一案”是指应急预案制度。面对自然灾害、重特大事故、环境公害及人为破坏等突发事件，应急管理要制定有关准备、指挥、救援等规划、计划、措施，并确定相关负责人员及责任，这就是应急预案。应急预案解决的是规划性制度建设问题，主要是工作的程序、规程和指南等，它以应急预设方案的形式将应急管理中涉及的体制设置、机制运行和法制保障全部融入其中，是指导预防与处置各类突发事件的规范性文件。“一案”与“三制”是计划与执行、程序与实体的制度关系。

其次，“一案”与“三制”相互融合。从预案的内容来看，应急预案基本内容包括总则、组织机构与职责、预测预警、应急响应、后期处置、保障措施、宣传培训和演习、附则、附录九大部分，它涵盖了突发公共事件应急响应的全过程，明确了各类突发公共事件预测、预警、报警、接警、处置、结束、善后和灾后重建等环节的主管部门、协作部门、参与单位及其职责，并体现应急联动的要求。从中央到地方，预案又可分为国家总体预案、部门预案、专项预案、地方预案、企业预案等，针对不同类型的突发事件又有不同的预案来启动。

再次，“一案”与“三制”相互补充。在我国，应急预案种类繁多、部门齐全，这在世界上也是很少的。这一方面体现了我国预案的完备性和居安思危、预防为主的思想，但另一方面也说明了我国应急管理体制、机制和法制的不健全。在一定程度上，我国的预案体系弥补了应急管理体制和机制的缺陷。同样，我国应对各种突发事件的法律也不够完善，应急预案以规范性文件的形式暂时弥补了这些法律的不足，为今后应急管理方面法律的完善提供了基础。

最后，“一案”与“三制”的关系不断深化。随着政府应急管理理论研究的深入和实践能力的提升，应急体制、应急机制、应急法制这些应急制度方面的健全和完备，又会以新的应急预案的形式体现出来，从而不断丰富、充实和更新应急预案，提高预案的现实性和预防性。“一案”与“三制”会呈现此消彼长、持续增强、不断深化的过程。

三、应急管理制度理论的范式

（一）“一案三制”与应急管理制度理论

“一案三制”提出了在应急管理领域中的一种新的政府治理模式，即“范式”。“体制”解决的是组织的结构性制度，主要指限于上下之间有层级关系的国家机关、企事业单位；“机制”解决的是组织的机理性制度；“法制”解决的是国家的强制性制度。三者既相互区别，又相互联系。没有体制的组织结构的“硬件”，机制就难以运行，就无法发挥其“软件”的作用；同样没有一定的机制性运作方式，体制就成为空架子，失去了功能；如果离开了法制，体制、机制这两者都无法得到有效的保障。三者缺一不可。应急管理体制强调一种静态的功能和职责。应急管理机制体现了应急系统的一种动态运行，凸显效率和运作。体制静态的功能发挥，离不开动态的机制运行；而机制的高效运转也离不开组织体系的框架。不论是应急管理体制还是应急管理机制都需要应急管理法制的保障，法制从国家意志的层面保证了体制的合法性和机制运行的有序性。应急管理法律的制定体现了法制的静态的法理性，而应急管理法律的执行又显示了法制的动态的强制性和保障性（见表 1-2）。

表 1-2　应急管理体制、机制和法制结构示意

内容	状态	形式	作用
应急管理体制	静态	组织机构、制度体系	岗位、职责、功能
应急管理机制	动态	要素运行、制度执行	用人、运作、效能
应急管理法制	静态与动态	法律法规、制度、标准	法理、强制、保障

（二）“一案三制”与行政管理制度理论

“一案三制”从理论价值层面看，是对行政管理制度理论的丰富和发展。这种丰富和发展主要是通过应急管理制度在跨学科、多领域的原始创新、集成创新、泛化创新和再创新实现的。原始创新，集中体现在“一案三制”的产生是因为现有的行政管理制度无法有效解决不断发生的危机事件，需要新的治理形式，需要以新制度回应目前的风险和危机，因此形成了以预案为龙头、以体制为主导、以机制为动力、以法制为保障的应急管理体系。集成创新，集中体现在将一些孤立的事物或元素通过新的方式集中在一起，产生联系，从而构成应急管理各要素间相互匹配、优势互补的有机整体，形成了以预案为龙头、以体制为主导、以机制为动力、以法制为保障的应急管理体系。泛化创新，集中体现在“一案三制”牵动了其他行政管理领域的改革，后者的改进和完善又反过来促进了应急管理的发展，非常态管理促进常态管理，例如，信息公开、行政问责、绩效评估等制度都通过应急管理制度的创新而得到进一步加强。再创新，集中体现在将计划（预案）、体制、机制和法制放在同一框架中进行重新考量，改变了原来孤立分治状态下的作用和效应，实现了应急管理系统性要素“1＋1＞2”的效果。

（三）应用“一案三制”理论，指导应急管理实践

全面实施“一案三制”，实现政府在应急管理领导方式、工作重点与运行方式等方面的重大改进，使应急管理成为适应时代要求，保障发展、维护稳定、促进和谐的科学体系和现实选择，成为贯彻落实科学发展观，践行以人为本、执政为民思想的重要载体。

四、应急管理制度理论与政府组织制度理论

“一案三制”对应急管理制度理论、组织结构理论进行了重构。《突发事件应对法》规定：“国家建立统一领导、综合协调、分类管理、分

级负责、属地管理为主的应急管理体制。”其核心要义是统一领导、分头负责，即在党中央、国务院的统一领导下，建立健全分类管理、分级负责，条块结合、属地管理为主的应急管理体制，在各级党委领导下，实行行政领导责任制，充分发挥专业应急指挥机构的作用。这就科学地解决了在现代化的进程中，面对高风险社会突发公共事件发生概率大幅度增加的现实，国家要采用什么样的应急结构和应有什么样的组织规模来应对突发事件，特别是应对复合型、非典型性、非传统的公共危机问题。

前述的典型的应急管理组织结构的特点是相对简单灵活，通过强有力的命令和强制的理念来设计和运作，在应对自然灾害时效果明显。这种模式强调统一指导下的多部门反应，相对可能比较适合我国中央政府的应急管理组织框架。因为中央政府的应急管理体制更加注重于整合资源来进行统一的指挥、协调和保障，而且有效的统一指挥结构能够提高办事的效率，便于中央指示的执行。但这种模式的不足之处在于系统性程度低，决策反馈未得到应有的重视，信息部门作为附属部门而放在第二重要的位置。同时，这种模式最大的缺点在于作为科层制的结果，限制了下级的主动性，不利于在一线指挥和处置人员第一时间的相机行动，是不太适合地方政府的应急管理体制模式。所以，“一案三制”从理论上一方面强调建立和加强处于中心位置的专门应急管理机构建设，另一方面又开始构筑系统化程度更高、沟通效果更好的组织体系。在近年的探索中，新的模式被提出和采用，强调体制设计要做好权力的优化配置，分配好突发事件发生现场的指挥权、处置权、信息权和统筹联动权，做到分权和集权的统一，发挥属地管理的能力，实现在统一领导、指挥通畅的前提下，在负责决策、协调、沟通、咨询、运营和保障的各机构之间建立有弹性的应急管理结构。这使处于多种矛盾交织之中的管理者应对具体的冲突和突发事件有了一种比较科学的组织结构。这个结构解决了长期以来存在的要么多头管理、部门职责分割，要么统得过死、信息扭曲等问题，使应急管理体制功能更趋于完备。

从学理上分析，应急管理制度理论的这一创新，既符合传统的组织管理学原理，又丰富、深化和发展了组织理论。一个地方能够把全灾种、全过程都管起来的，能够把多主体积极性都调动起来的，只能是党和政府的主官，于是就需要“统一领导”。但由于主官太忙、事太多，不可能事事亲力亲为，于是就在最靠近主官的办公厅（室）加挂“应急办”的牌子，实施“综合协调”。可是主官和应急办又不是通晓各类灾种治理的“万能型专家”，于是就进行“分类管理”。怎样才能在“分类”的同时又不失“综合”呢？于是就有了“分级负责”。加上任何灾种都是发生在某一具体地点，首先对当地造成损失和伤害，也首先需要当地的党组织和政府以及各种社会力量积极参与，这就形成了“统一领导、综合协调、分类管理、分级负责、属地管理为主”的应急管理体制。

应急预案的计划属性、应急管理体制的领导和组织属性、应急管理机制的协调和信息属性、应急管理法制的保障属性，与管理学的POS-DCORB理论［POS-DCORB，即计划（planning）、组织（organizing）、人事（staffing）、指挥（directing）、协调（coordinating）、报告（reporting）、预算（budgeting）］有着密切的联系，是组织理论在应急管理中的应用。应急管理制度理论与实践拓展了常态下的计划管理、组织人事管理、决策管理、协同管理、信息管理、预算管理，以及政府绩效评估、行政问责制度，发展了传统管理学、行政学、公共政策学、财政学，同时又将这些领域的行政管理、公共管理创新引入应急管理领域，形成了灾害评估、应急能力评估和应对突发事件行政责任制度，有力推动了社会治理结构良性转变等，为行政管理体制改革和组织创新增添了新鲜内容。应急管理制度理论正在成为行政管理学和公共管理学的重要分支，并正在发展成为相对独立的学科。

五、应急管理制度理论与决策理论

应急管理制度理论中涉及的危机决策理论，集中地体现在引入了“机制”的范畴，提出“形成统一指挥、反应灵敏、功能齐全、协调有序、运转高效的应急管理机制”。通过理论与实践的构建，逐步形成了这样一套行之有效的运行机制，在汶川地震和玉树地震的救援中得到验证，充分证明了其科学性和创新性。这一理论对应急管理决策理论的创新，突出体现在应急管理制度理论中关于“机制”的范畴抓住了对实践需求回应性最强的应急管理“部位”，成为极富有联想性的创造。

机制是系统中各要素的机理性特征和要素之间的关系。在人类的有机体中，存在着免疫系统，它的基本功能就是与不断进入人体内的病菌抗衡。免疫系统对外部入侵的病菌有着极其敏感的反应能力，一旦发现对人体健康有损害的病菌，就会调动体内的抗体细胞进行抗争，达到不影响人体健康的目的。如果把社会看成一个大的系统，那么应急管理机制就可以被看成是一个免疫系统。突发事件的发生就正如一个病菌体在不断破坏社会系统的平衡。这两个相互对立的系统正体现了社会的两种主要功能，正功能和负功能。应急管理机制减少社会冲突，维护社会的稳定，而突发事件扰乱社会秩序，破坏社会正常运行，两种系统处于一种此消彼长的动态博弈中。免疫系统强大，病菌体造成的损害自然就会减少，同样，应急管理机制完备而高效，突发事件造成的损害就会降到最低；反之，应急管理机制不完善，突发事件造成的破坏性就会增强，社会系统的不稳定性就会加剧。

以往研究危机决策，大都是从突发事件的发生、发展、衍生及其影响扩散的自身规律入手，提出危机在不同的阶段需要使用的应急管理决策措施，如危机潜伏期、突发期、蔓延期、解决期、善后期，分别采用什么手段和资源应对，可以概括为“生命周期”决策理论。这一理论的优点是揭示了在突发事件过程中每一节点上的特征，但存在着明显的缺点，那就是未说明突发事件在某一时间段中横断面的情况，无法从总体上把握突发事件，也就难以实施全面的应急管理决策。所以，必须加以发展。应急管理制度理论关于应急管理机制的研究继承了对突发事件发生、发展的理论成果，进一步提出要研究突发公共事件的发生过程、性质和机理，并要按此来对突发公共事件进行分类，实施分类管理，对每一类突发事件应采用不同的协同机制，提高分类管理、分类决策的效能，提出要从整个突发事件与应急管理的全过程的运行机理中实现应急管理决策的协同性和综合化。应急管理机制通过预警机制、指挥机制、应急联动机制、公共沟通机制、分级响应机制、动员机制、奖惩机制、评估机制等，实现应急管理决策的系统化。比如，应急管理机制常常表现为：政府在面对突发事件时，立即启动突发事件的反应机制和应对系统，同时建立处置突发事件的指挥中心，在突发事件协调机构的运作下，确认了突发事件的状态与程度后，适时向公众公布事件真相，向上级政府如实汇报事件发展势态和控制情况，并运用各种调查方法，查明事件的真实原因，从而制定应对事件的具体方案，进而组织应对方案的实施，在事件平息后进行最后评估等一整套的工作进程。这其中，有很多运行是同时进行的，若没有科学的应急管理机制发挥作用，则很难做到有备无患、一呼百应，一方有难、八方支援。我国在培育应急管理机制时，重视应急管理信息平台建设。国务院和地方政府规划并建设了应急平台建设工程，公共安全监测监控、预测预警、指挥决策与处置等核心技术难关已经基本攻克，国家统一指挥、功能齐全、先进可靠、反应灵敏、实用高效的公共安全应急体系技术平台也在持续建设中，为构建一体化、准确、快速应急决策指挥和工作机制提供支撑。这可以看作应急管理决策理论创新所带来的实践成效。

六、应急管理制度理论与法治理论

以往的应急管理研究和实践对法治也有不少涉及，但是存在着系统性、完备性、层次性和可操作性等方面的欠缺。应急管理制度理论通过提升应急预案规范性和应急管理法制全面性，使应急管理法治第一次成为科学。应急管理制度理论认为，要提高预案的制度化地位，国家级预案要成为法规性、规范性文件，要建立全国突发公共事件应急预案体系，包括国家总体应急预案、专项应急预案、部门应急预案、地方应急预案、企事业单位应急预案及举办大型会展和文化体育等重大活动应急预案，提出应急预案要实现“横向到边、纵向到底”，定期演练，并根据实际情况变化不断补充、完善，进而从动态运行和整合资源方面实现应急管理的科学化、系统化、规范化和高效化。对预案的认识深化了，预案的作用便显得更加突出了。应急管理法制是应急预案的升格，是对预案中的普适性、强制性要求的国家意志化，也是对应急管理体制建构、机制运行的制度化，更是巩固和发展应急预案、应急管理体制与机制的根本保障。

应急管理法制的完善程度体现了一个国家法治能力和政府法治化的程度。从立法、执法、知法、守法四个方面，建立应急管理法制体系，丰富了法学理论和制度理论，开辟了应急管理法治化进程。

立法是指政府在对应突发事件时，结合当地的实际情况，根据国家的宪法、专门法和行政法规而制定的相配套的地方性法规，它是国家应急管理法律体系的组成部分。

执法是指政府和社会在处理突发事件时，要按照宪法和相关的法律法规、法律程序来进行，是对立法的实践。

知法是指广泛开展应急管理法制教育、宣传、普及，使政府公务员和公民熟悉、掌握、运用在工作和生活中。《突发事件应对法》颁布以来，各级政府组织了宣传、学习和贯彻的工作，但是仍然还有很多人不了解这部法律，不善于应用法律来处置棘手的事件，因此普及和应用法律的任务还很繁重。

守法是指政府和社会各界都要在国家应急管理法律制度框架内活动，使政府和公民在突发事件中明确权利、义务，使政府得到高度授权，维护国家利益和公共利益，使公民基本权益得到最大限度的保护。

我国在应急管理法制建设中，注重通过对理论的研究和实践的总结，促进法律、法规和规章的不断完善。我国现有关于突发事件应对的法律、行政法规、部门规章、规范性文件，已初步形成国家应急管理法律制度体系，内容涉及各行各业，既有综合管理和指导性规定，也有针对地方政府的硬性要求；同时，进一步加强了应急管理的部门制度建设。针对突发事件频发的行业，多个部门制定专门规章。例如，在卫生食品安全方面，进一步完善食品生产加工的质量标准体系和管理规程，完善食品质量安全例行监测制度，严格许可证制度和市场准入；制定突发事件生活必需品应急管理办法，规定生活必需品市场异常波动的定义与分级、应急准备、监测预警、报告与信息发布、应急处理、监督管理以及处罚等；在交通事故管理方面，完善道路交通安全管理规章，明确政府、有关部门及道路经营管理单位、车辆所有单位的交通安全责任和义务，突出源头防范，建立交通安全监督管理体系，实现交通事故由被动预防向加强源头管理转变。

第三节　中国应急管理制度绩效

政府应急管理制度的设计、建立、完善、发展，是为了完成既定的应急管理任务和目标。评估应急管理制度绩效，主要应围绕三个方面进行：一是能否按照统一指挥、分工协作、协调行动的要求明确应急管理的机构、机构的职责划分和各个机构之间的组织架构；二是能否合理设定一整套应急响应的流程和措施，形成运转高效、反应快速、规范有序的应急管理行动程序；三是能否按照政府治理、公共治理的目标，对政府建立高效的应急管理体制机制，全面提高应对公共危机的能力，赋予各方面的运维、保障、促进的制度能量。

一、应急管理制度绩效评估原则和方法

我国各级政府大力推行绩效评估，取得了积极进展。实践证明，绩效评估是推动政府工作极为有效的“助推器”和“指挥棒”。但从改革、

发展、稳定这三个维度看，政府绩效评估主要是作为服务于发展需要的管理工具，其推动改革创新的作用未引起高度重视，没有发挥应有的作用，至今尚缺乏一个比较全面"稳定-安全-改革-发展"的评估体系，单独领域的评估也仅有社会稳定风险评估。在行政管理体系中，还没有建立起独立的应急管理评估制度。现有的政府绩效评估虽然涉及公共安全和加强政府应急管理等领域，但大都没有从制度效应的视角进行研究和评估，只能说是与政府应急管理制度评估有一定关联性。因此，在全面深化改革、创新应急管理制度的新形势下，建立健全对应急管理制度的评估体系是需要加紧研究的一个重要问题。

建立中国应急管理制度的绩效评估体系，核心问题是确立评估指标体系。从逻辑分析意义上看，需要建立五步走的路径①。

第一步，构建逻辑路径。遵循绩效评估的基本原理，可以按照"提出概念（评什么）→界定概念内涵→测量概念内涵（技术体系）→取得基础数据→实证与分析→改善与建议"的思路，建立逻辑路径。

第二步，设计理论框架。比较合适的政府应急管理制度评估模型是"目标-效果"框架，它运用于评估具体的内容，比如应急预案制度，国务院提出了具体而明确的目标，评估这个目标的执行情况。"目标-效果"框架在评估具体工作制度中是可以应用的，但是作为总体模型评估，则是不适用的。在我国应急管理制度创新的总目标现在还处于不很具体、不能完全量化的情况下，即"目标"本身是难以量化的，我们需要改变思路，笔者试图用"职能-功能-效能""制度-体制-机制"两个三位一体的思路建构理论框架，并在这个框架基础上设计评估指标体系。"职能-功能-效能"的模型主要用于确立评估的基本维度，"制度-体制-机制"的模型主要用于确立评估的具体指标选择和数据选择。

第三步，确立评估指标设置的依据。应急管理制度绩效评估指标设置的依据主要有宪法、政府组织法、《突发事件应对法》、各类涉及应急管理的法律法规、国家及各级应急预案，以及党的重要文献、机构改革方案、政府工作报告等制度性、政策性的具体要求。

第四步，确立评估指标的层次。应急管理制度绩效评估指标体系可区分三个层次，即设置三级指标。一级指标的功能主要是确立评估维度，

① 高小平，朱世欣，郑方辉. 构建政府职能转变评估体系的思考. 行政管理改革，2015 (7).

进行内涵分解；二级指标的功能主要是体现评估的导向性、统一性和可比性；三级指标的功能主要是根据评估对象的关键因素设计的带有个性化选择的内容，体现应急管理绩效评估的特色。

第五步，确定具体评估指标。现代应急管理制度体系一般有政府和全社会共同参与、相互合作的组织系统，有统一指挥、分工协作的应急管理组织结构（体制），有信息共享的预警系统和信息系统，有支持有力的保障系统，有健全的应急管理法律法规和预案等。现代应急管理行动程序一般是以预防、准备、响应和恢复的全过程为主线，来设定应急管理行动的具体措施和步骤。评估应急管理制度的绩效，需要从这些方面抽离出若干指标，结合实际运行状态，综合起来考察。

二、应急管理制度绩效评估结果

我们考虑，将政府应急管理制度分为组织整合、资源整合、信息整合和行动整合，形成统一、协调、高效和规范应对各种公共危机的应急管理组织结构、行动程序和维护保障系统。

在调研中，我们梳理归纳出中国政府应急管理制度的三种类型（结构性制度、程序性制度、保障性制度），以其各自分别产生的对政府应急管理整体能力、对市场配置资源的优化配置作用、对社会力量有效参与程度的绩效，作为评估的基本框架，以抽象区分与具体实践对应的方法，提取数据，计算积分。

需要指出的是，一级指标要按照覆盖性和适用性强的原则来确定，可以不区分政府的层级和部门以及地域。二级指标要按照类属性原则来确定，需要区分政府层级和部门，部门还要区分组成部门、直属机构、办事机构。组成部门和直属机构可按照经济属性、社会属性和保障属性等类别适当加以归并。三级指标要按照针对性和可得性原则来确定，要充分考虑国土功能区和地域发展状况等复杂因素。

基础数据源是这项评估最大的难点所在。要坚持科学性、独立性、客观性、公正性原则，注重指标数据的可得性。要从绩效评估的流程管理方法和“测不准”原理出发，设计与目前应用的政府绩效管理体系有所不同的指标项目，以使最终评估结果接近职能转变的真实状况。所用的全部数据应尽量采用客观指标。对调研材料、案例分析、社会舆论和公众满意度、上级满意度等主观意见，需要采取量化归并的方式，力求使之转化为客观指标。

建立基础数据源，采集有效数据，要兼顾结果性数据（统计信息）和过程性数据（自采信息）、体制内数据和体制外数据、自上而下形成的数据和自下而上形成的数据，实现主观评估与客观评估的逻辑统一与功能互补互证。

根据这些要求，研究构建一套符合法律精神、符合当前实际的应急管理制度绩效评估体系，必将极大地发挥科学管理工具对政府应急管理制度建设的引导和激励作用，进一步提高正确履行应急管理职责的能力，持续改进工作，加强公民、法人和其他组织对政府应急管理工作的监督和参与，提升政府公信力、执行力、凝聚力和战斗力。

我们按照这个理论框架和评估方法，对应急管理制度绩效的评估结果如表1-3所示。

表1-3　应急管理制度绩效评估结果

类型	政府能力绩效	市场作用绩效	社会参与绩效
结构性制度	大	中	小
程序性制度	中	中	大
保障性制度	中	大	大

由政府应急管理制度的类型与绩效之间关系的研究，可得出这样几点初步结论和启示：

一是测量应急管理制度的绩效是一项系统工程，需要从组织-功能、运筹-关系、维护-控制等多维度、多层次、跨领域进行研究和实践。

二是研究应急管理制度绩效，应放在大环境中去考察，要把应急管理主体与外部效用有机统一起来。但是揭示和描述制度的本质，重点要从主体入手。

三是按照应急管理主体，可以将应急管理制度划分为结构、程序、保障三类模式。这是与体制、机制、法制建设相对应的。进行这方面的研究有助于发现制度创新的资源配置是否合理，发现“短板”，避免“单兵独进”或“一改了之”。

四是按照应急管理客体，可以将应急管理制度绩效划分为政府、市场、社会三个领域，这是与制度创新功效的重点发挥领域对应的。进行这方面的研究有助于发挥应急管理制度的综合性功能。

五是总起来看，结构性制度创新对政府产生的绩效大，市场绩效次之，社会绩效又次之；程序性制度创新，对社会产生的绩效大，政府和市场绩效次之；保障性制度创新，对市场和社会产生的绩效大，政府绩效次之。

第四节　中国应急管理制度的“立”与“破”

中国应急管理制度是在不断破除旧的体制、机制中不断发展的，但是中国创造性地实施了先立后破、立与破结合的做法，使得应急管理制度的建立和创新较为顺利地推进。因此，正确理解和处理应急管理制度创新过程中“立”与“破”的关系，是中国应急管理制度体系的一个鲜明特色，也是制度创新的宝贵经验，其实质就是坚持党对应急管理制度创新的全面领导；坚持不立不破，推动机构职能优化协同高效；坚持中央和地方“一盘棋”；坚持改革和法治相统一、相协调；坚持把制度创新贯穿改革全过程。

一、树立正确的制度“破立观”

邓小平在总结“文化大革命”的教训时高瞻远瞩地提出，要正确认识“立”与“破”的关系，不能认为只要“破”字当头，“立”就在其中了，“立”是“破”的目的，“破”之前要设计好“立”的方案，“破”之中要坚持实事求是的原则，“破”之后“立”要快、要新、要牢。在邓小平这一“破立观”的指引下，改革开放40多年来，我国先后进行的8次较大规模的政府机构改革，其中有多次涉及应急管理体制和机构，国家始终坚持正确的“破立观”，创造性地构建新制度的“立”，科学有效地推动了体制机制中弊端的“破”，为经济社会发展和各方面改革提供了强有力的支撑，取得了积极的成效。

党的十九届三中全会审议通过《中共中央关于深化党和国家机构改革的决定》和《深化党和国家机构改革方案》后，党中央审时度势，迅速指导各地区各部门坚持不立不破、先立后破的原则，协调有序推进党和国家机构改革。在“立”的方面，按照全面深化改革的战略思路深化党和国家机构改革，整体性推进中央和地方各级各类机构改革，加强和完善党的领导体系、政府治理体系和各方面的领导体制机制，强化党的组织在同级组织中的领导地位，更好发挥党的职能部门作用，完善公共服务和公共管理体制。在“破”的方面，革除党和国家机构在应急管理

职能体系中存在的障碍和弊端，坚持政府职能转变基本方向，深化转职能、转方式、转作风，强力推进简政放权、放管结合、优化服务改革。这次机构改革充分体现了我们党与时俱进、革故鼎新、守正出新的时代精神，进一步发展了正确的“破立观”，形成了许多新鲜经验，丰富和发展了中国特色社会主义理论体系。

二、增强制度创新的系统性、整体性、协同性

党的十九大报告指出，全面深化改革，要“着力增强改革系统性、整体性、协同性”。改革进入深水区后，问题千头万绪，矛盾错综复杂，过去的单项突破或局部突进的方式难以适应改革发展要求。党的十八大以来，以习近平同志为核心的党中央大刀阔斧、全面发力，统筹推进各领域重大改革，1 500 多项改革举措有序有力有效地得到落实和推动，重要领域和关键环节改革取得突破性进展，主要领域改革主体框架基本确立。改革之所以取得较快发展，与采用科学方法论有着密切的关系，这就是注重改革的系统性、整体性、协同性。经过艰辛奋斗，全面深化改革的框架搭建起来，改革的各方力量有效调动起来了，这个时候及时推出应急管理机构改革，如同进入“最后一公里”的努力，尤其需要坚持改革举措的周密、改革规则的配套、改革方案的合理。这次党和国家机构改革涉及的应急管理制度变革，同以往的经济体制、行政体制为主的机构职能改革有较大不同，将深化党委、政府、企事业单位、社会组织的改革以及行政执法体制改革、跨军地应急救援体制改革、地方机构改革等方面结合起来，一揽子安排，统筹推进，协调行动，致力于全面深化经济、政治、文化、社会、生态文明五位一体的体制改革和应急管理制度创新，致力于全面确立综合应急体制、社会应急体制、生态环境应急体制、国家安全体制，充分体现了“立”与“破”的总体统一，体现了更加注重改革创新的系统集成。实践证明，这样的设计有利于形成改革合力，克服和战胜改革中的复杂性、敏感性、艰巨性，正在产生“1+1>2”的效果。

从操作层面看，将机构改革的“立”与“破”统一起来，就是以问题为导向、以需求为导向、以目标为导向，将法制、规则、政策、管理打造成一个“综合体”，使之形成制度性合力。以问题为导向，就是继续深化解决前几轮机构改革中没有改革到位的体制机制建设，解决新形势新任务迫切需要党和政府以组织化优势为龙头来解决的新问题。以需求

为导向，就是按照“大部门体制”改革的要求，围绕全面深化改革总目标，在完善制度、科学治理上追求“对标”，补齐重大制度短板，调整深层利益格局。以目标为导向，重点是按照依法治党、依法治政的要求，重视运用法治思维和法治方式，使党和国家机构改革于法有据、依法进行。法制规范、政策管理的协同，就是使各项改革举措在价值取向、用力方向、行为走向上相辅相成，在治理手段和方式上相互配合，在实施过程中相互促进，在改革成效上相得益彰，产生共识、共振、共赢的效果。

改革的复杂性和高难度在一定程度上决定了创新的价值与意义。坚持“立”与“破”的系统性、整体性、协同性探索，不断认识和形成改革的压力、创新的动力、工作的路径、理论的逻辑，注重制度创新、制度巩固、制度完善相结合，把发展改革成果与防范弊病回归以及循环往复怪圈等方面并重，实践中既大胆又审慎、既蹄疾又步稳、既紧凑又有序，走出一条中国场景下制度变迁的现代化新路。

三、正确处理制度“立”与“破”的关系

制度变迁是一场革命。国家应急管理制度改革是一场刀刃向内、壮士断腕式的“自我革命”。改革不是细枝末节的修剪，而是对原有体制机制进行大刀阔斧、建梁架柱、系统重构的深刻变革。应急管理机构改革仅中央和国家机关部门、直属单位就涉及超过13个部门，改革调整幅度大，触及利益深，其中有的甚至是啃最硬的骨头，拆最牢的藩篱。改革中既有“破”的痛苦，又有“立”的艰巨。面对这样的改革，必须首先点亮前进的“航标灯”，树立起指路的“标志牌”，激发出改革的“精气神”。所谓“立”字当头，把“立”与“破”结合起来，就是树立新的理念，增强看齐意识，响应中央号召，对不适应、不适合甚至违背改革要求的认识进行反思和克服，对不适应、不适合甚至违背改革要求的行为坚决纠正、彻底摒弃。古话说得好，“一了千明，一迷万惑”。有了“立”的决心，“破”的勇气才能更大；“立”的理念和方案越是科学，“破”的智慧和方法就越是高超；具备了“立”的实力和自信，“破”的动力和自觉性就越强。唯有这样，才能动员和鼓舞广大公务员立足当前、着眼长远，统一思想、协调行动。反之，如果不能“立”起机构改革的战略和方向，就无法在策略和工作中贯通全程、抓住重点、带动全面；如果不能“立”起机构改革中坚强有力的思想政治工作，就无法放手调动全体

参与改革的单位和个人对机构改革的积极性和主动性，还可能导致人心涣散、无所适从；如果不能从机构、职能、编制、人员等方面“立”起新导向、新规则，就不能使地方和部门主动参与、积极有为；如果不事前严明纪律，就难以做到有令必行、令行禁止，甚至出现上有政策、下有对策。

事实上，“立”与“破”的统一是政治成熟、决策科学、敢于担当的具体体现。“立”的是初心和使命，牢记人民的嘱托，处处不忘责任，对党和人民的事业始终保持务实的进取观、强烈的事业心、高度的责任感，尽职尽责，恪尽职守，勇于担当，甘愿奉献。“破”的是矛盾和问题，增强忧患意识，克服因循守旧、自我满足思想，找准发力点，找到破解体制性障碍的路径。“立”与“破”的统一，是机构改革中运用解放思想、实事求是、团结一致向前看的“制胜法宝”的生动体现。

四、掌握制度“立”与“破”的辩证法

我国在应急管理制度改革中创造的不立不破、先立后破的工作经验，是符合唯物辩证法原理的。马克思主义认为，任何事物在发展过程中都需要经历三个阶段：第一阶段是确立和揭示事物的基本属性，哲学上称为“肯定”，即“立”；第二阶段是事物对自身规定性的扬弃，哲学上称为“否定”，即“破”；第三阶段是螺旋式回归到事物的本质上，哲学上称为“否定之否定”，即“立”与“破”的统一。机构改革在集思广益、总结历史经验教训的基础上制定《中共中央关于深化党和国家机构改革的决定》和《深化党和国家机构改革方案》以及在此文件指导下开展的一系列改革准备工作，就是“立”；中央和国家机关机构改革在 2018 年年底前落实到位，省级党政机构改革在 2018 年年底前机构调整基本到位，省以下党政机构改革在 2019 年 3 月底基本完成，这就是“破”；2019 年 7 月党中央召开深化党和国家机构改革总结会议，各级党政机关在机构改革结束后立即与原机构无缝衔接，开展工作，这就是在新的基础上的“立”。

运用好机构改革中“立”与“破”的经验，对于推进国家治理体系和治理能力现代化具有重要的启发和指导作用。国家治理现代化，是建设中国特色社会主义的全新任务，没有现成的答案，需要在改革发展中本着传承与创新一体、渐进与飞跃交替的原则，在求索中前行。国家治理体系和治理能力的“立”与“破”是一项系统工程，要处理好加强顶

层设计与发挥群众首创精神的关系，处理好现代型治理的“立”与传统型管理的“破”的关系，处理好改革中法治体系的“立”与“破”的关系，处理好人们思想观念的“立”与“破”的关系，就要求我们不断深化研究国家治理的理论，推动实践创新，建构“立”的体系和重点制度，同时要“破”掉传统管理体制存在的弊病，在创造新的治理体制的优势和制度优势中，增强整合意识，提升国家新型治理的有效性。只有全面把握国家治理变革中需要“立”什么、需要“破”什么、“立”与“破”如何统一和如何转化等辩证关系，才能为经济社会大发展大繁荣提供科学的理论依据，为实践提供思想基础。

应急管理制度的改革和创新不可能一劳永逸，随着外部环境和内部关系的变化，相对稳定的结构随时会被打破。我们要进一步总结和发展“立”与“破”的思想，推进制度体系更加完善、趋于定型，更好地推动国家治理体系和治理能力现代化进程。

第二章 中国应急管理制度演化

中国应急管理制度体系，从新中国成立初期建立到改革开放之前逐渐健全，再到改革开放后不断发展，总体演化态势可以概括为三句话：一是体制性制度综合化，即由专门的部门或机构应对单一灾害管理，过渡到综合应急管理；二是运行性制度协同化，即不断加强应急管理机构与其他部门之间的协调制度建设；三是保障性制度赋能化，即通过增强应急管理制度的权威性、枢纽性、专业性，促进应急管理制度与行政管理制度的融合。

第一节 新中国应急管理制度体系发展阶段

中国应急管理制度的创新与发展，每一阶段所实现的质的飞跃，与当代中国乃至世界的政治经济和社会历史发展情势、状况、需求相吻合，与中国灾害和突发事件演化的客观环境相联系，与行政管理体制改革的总方向相一致。新中国应急管理制度体系建设经历了三个阶段。

一、1949—1978 年：单一灾害管理＋人民战争

这一时期，灾害种类相对比较单一，主要是洪涝、地震等自然灾害，以及肺结核、鼠疫、血吸虫等公共卫生事件，形成了以“条条管理”为主的单一灾害管理。1950 年 2 月，中央救灾委员会成立，政务院副总理董必武兼任主任委员，参加的委员单位有政法委员会、内务部、财经委员会、财政部、农业部、水利部、铁道部、交通部、食品工业部、贸易部、中央合作事业管理局、全国妇联等。此后，相继建立地震、水利和气象等专业性或兼业性部门负责职能管辖范围内的灾害预防和抢险救灾。

整个社会生产服从于中央计划安排，在这样的整体背景下，中央政府是救灾的唯一责任主体，形成了“全国找中央”的防灾救灾局面，同时政府强调人民群众的力量，提倡生产领域中的灾害要自救互救。

二、1978—2006 年：单一灾害管理＋部门协调机制

这一时期，除了传统的自然灾害以外，伴随工业化和城市化进程的工业、交通等领域的事故和社会群体性事件开始大量出现，包括公路、民航和铁路领域的交通事故直线上升，以国有企业改革和土地拆迁为诱因的社会群体性事件成为影响社会安定团结的主要因素。在自然灾害领域，中央层面有国家减灾委员会、国家防汛抗旱总指挥部、国务院抗震救灾指挥部等部门议事协调机构，负责全国灾害管理的协调组织工作，分别对应承担日常具体工作的民政部、水利部和国家地震局的行政职能。关于新兴领域突发事件的应对，有 1991 年成立的中央社会治安综合治理委员会和 1998 年成立的中央维护稳定工作领导小组办公室，对口公安部；以及 2003 年成立的国务院安全生产委员会，对口原安全监管局。这一系列应急管理制度体系中的安全管理体系与部门间议事协调机构对口专业部门进行制度安排，成为这个时期的一个明显特点。应该说，2003 年以来，我国依托政府应急管理办事机构、议事协调机构和联席会议制度建立起来的应急协调机制，为我国突发事件应对工作实现历史性的新跨越做好了准备。同时，国家安全生产行政管理体制也逐步理顺。2003 年的国务院机构改革中，国家安全生产监督管理局从国家经贸委中独立出来，改为国务院直属机构。2005 年，国家安全生产监督管理局升格为国家安全生产监督管理总局，规格为正部级。应急管理制度越来越受到政府的重视。

三、2006—2018 年：枢纽机构抓总＋部门协调机制

众所周知，“非典”疫情暴露出我国公共领域存在的重大薄弱环节，成为加强和改进应急管理工作的机会“窗口”。面对各类突发公共事件数量持续上升、范围逐步扩大、表现形式多样化的特点，我国应急管理制度体系建设一年一个重点，从各个层面推进。2006 年，在国务院办公厅内部以总值班室为基础设立国务院应急管理办公室（简称国务院应急办)，全面履行政府应急管理职能。国务院各部门以及各级地方政府作为突发事件应急管理工作的行政主体，按照行业管理职责和区域管理职责进行

工作，国务院应急办统一负责协调和信息汇总。遇到重大突发事件，启动非常设指挥机构，或者成立临时性指挥机构，由国务院分管领导任总指挥，国务院有关部门参加，应急办服务国务院领导应急响应和决策。国务院应急办不取代各有关部门的应急管理职责，民政、公安、国土、环境、水利、安监等各有关部门都负有应急管理职责，相应都在各自部门内部设立应急管理机构，负责相关类别突发事件的应急管理。国家防汛抗旱、安全生产、海上搜救、森林防火、核应急、减灾委、抗震、反恐怖、反劫机等专项指挥机构及其办公室，发挥在相关领域突发事件应急管理中的指挥协调作用。地方各级政府是本行政区域突发事件应急管理的行政领导机构，负责本行政区域各类突发事件的应对工作；地方各级政府办公机构（办公厅、办公室）和相关部门相应履行应急管理办事机构、工作机构的职责。

自从2008年国务院机构改革提出我国行政管理制度改革按照“职能有机统一的大部门体制”总体要求以来，应急管理职能进一步整合的呼声越来越强烈，这在一定程度上推动了应急管理体制综合化建设。总的来看，这一时期中国特色应急管理体制模式对我国传统的应急管理体制在三个方面实现了突破与制度创新：一是从“事后型”体制向“循环型”体制转变，二是从“以条为主型”体制向“以块为主型”体制转变，三是从“独揽型”体制向“共治型”体制转变。我国形成了领导机构、指挥机构、执行机构、办事机构、咨询机构等各方面体系完整、职责明确、分工合理、整合的应急管理体制，有利于实现统一指挥、协调一致。

第二节　中国应急管理制度体系现状（上）

关于新中国应急管理制度体系的发展，我们将分两节展开研究。本节研究改革开放以来至2018年前的制度，下一节研究2018年以后的制度。

一、2018年之前的基本情况

改革开放以来至2018年前，中国中央政府层面逐步形成并长期实行国务院统一领导、各部门分类别应对各类突发公共事件的应急管理制度体系模式。尽管其间政府机构也有多次改革，但是主要特征是基本一致的，重点体现在以下几个方面。

（一）国务院统一领导的制度坚强有力

国务院是国家紧急事务管理的最高行政领导机构，统一领导各类突发公共事件预防和处置工作，设有国务院安全生产委员会、国家减灾委员会等组织领导机构，负责统一领导和协调相关领域的政府应急管理。遇到重大公共危机，通常是启动非常设指挥机构；或者成立临时性指挥机构，由国务院分管领导任总指挥，国务院有关部门参加，日常办事机构设在对口主管部门，统一指挥和协调各部门、各地区的应急管理处置工作。例如，2003 年发生“非典”疫情时，2004 年发生高致病性禽流感疫情时，国务院都成立了临时指挥机构，统一领导全国防治疫情工作。

（二）分类别、分部门管理制度开始实施

一种或几种相关重大公共危机由国务院对口主管部门为主负责预防和处置工作（见表 2－1），其他相关政府部门参与配合。国务院各应急管理部门为了应对职责范围内的重大公共危机，分别建立了各自的应急管理指挥体系、救援体系和专业管理队伍（见表 2－2），并形成了危机事件的预报预警机制、部际协调机制、应急管理救援机制等管理机制[①]。

表 2－1　重大公共危机与国务院对口主管部门（2018 年之前）

名称	种类	主管部门
自然灾害	水旱灾害	水利部（国家防汛抗旱总指挥部）
	气象灾害	中国气象局/有关政府部门
	地震灾害	中国地震局（国务院抗震救灾指挥部）
	地质灾害	国土资源部/住房和城乡建设部/农业部
	草原森林	国家林业局
事故灾难	交通运输	交通运输部/公安部
	生产事故	行业主管部门/企业总部
	公共设施	工业和信息化部
	核与辐射	工业和信息化部
	生态环境	国家环保局
公共卫生事件	传染病疫情	国家卫生和计划生育委员会
	中毒事件	国家卫生和计划生育委员会
	动物疫情	农业部

① 丁石孙．城市灾害管理．北京：群言出版社，2004.

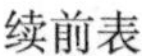

续前表

名称	种类	主管部门
社会安全事件	治安事件	公安部
	恐怖事件	公安部
	经济安全事件	中国人民银行
	群体性事件	国家信访局/公安部/行业主管部门
	涉外事件	外交部

说明：表中“行业主管部门”和“企业总部”是指矿山、石油、冶金、有色、建材、地质，机械、轻工、纺织、烟草、电力、贸易，公路、水运、铁路、民航、建筑、水利、邮政、电信、林业、军工、旅游等部门及其中央部门管理的大型企业。

表 2-2　国家专业应急管理救援体系（2018 年之前）

专业应急管理救援体系	国务院主管部门	管理层级	队伍、人员	职责
公安救援体系	公安部	各行政层级	各级公安和武警队伍	公安治安救援
消防救援体系	公安部	国家、省、市、县 4 级	2 600 个消防总队、47 个特勤消防大队和 279 个消防中队，共 12 万人	防火灭火、抢险救灾
地震救援体系	中国地震局	国家、省、重点市（县）3 级	国家紧急救援队，编制 230 人，区域和地方级紧急救援队伍正在组建之中	灾害救援
洪水救援体系	水利部	国家、省、市、县 4 级	19 支部队被确定为抗洪抢险专业队伍	抗洪抢险救援
核事故救援体系	工业和信息化部	国家、地方和核电厂 3 级	各级核应急管理指挥中心和核电厂	核事故处理救援
森林火灾救援体系	国家林业局	国家、省、市、县 4 级	7 个武警森林总队近两万人，各省市组建自己的森林防火队伍	森林火灾扑救
海事救援体系	交通运输部	国家、省两级	11 个沿海省级搜救中心，成立长江水上援救中心和 3 个海上救助局	海上搜救

续前表

专业应急管理救援体系	国务院主管部门	管理层级	队伍、人员	职责
矿山救援体系	国家安监总局	国家、省、市(县)、矿山4级	区域、重点矿山和矿山救护队和医疗救护中心	矿山事故抢险救助
化学事故救援体系	国家安监总局	国家、区域两级	国家化学事故应急管理救援指挥中心，8个区域抢救中心(挂靠国家安监总局)	化学事故应急管理
医疗救助体系	国家卫生和计划生育委员会	各级行政层级	各级紧急救援中心和医疗救治机构	紧急医疗救助

说明：表中未列入应急管理综合管理部门，这些部门对各类公共危机都负有相应的管理职责。例如，民政部负责各类自然灾害救灾救助工作和综合减灾项目实施（国家减灾委员会也设在民政部），属于综合减灾救灾部门。国家发改委负责对各类公共危机救援物资的统一调配和协调，负有综合协调管理的职责。国家安监总局对安全生产中的各种事故灾难负有监督管理职责等。

（三）分级管理、条块结合制度发挥作用

根据公共危机发生的规模程度和影响范围，分别由各级政府进行应急管理：跨省区、跨部门或特别重大的公共危机，由国务院及有关部门进行直接管理，地方各级政府予以协助配合；其他局部性的或一般性的公共危机，由地方各级政府负责处理，国务院有关部门可予以指导、支持和帮助，形成了条块结合的管理结构和应急管理响应机制。

（四）部门应急管理制度体系具有一定规模

负有直接处置公共危机职责的政府部门，都建有相应的应急管理指挥机构、信息通信系统、防灾设施装备、救援队伍，在公安、消防、医疗卫生、气象、地震、洪水、核事故、森林火灾、海事、矿山、环境保护等领域，建立了监测预报体系、组织指挥体系和救援救助体系，但完备程度参差不齐。

（五）国家应急管理法律制度体系趋于完备

我国相继颁布了有关应急管理的法律35件、行政法规36件、部门规章55件，如《突发事件应对法》以及部门应急管理规范等。

（六）应急预案制度框架体系基本形成

在以往各部门制定的应急预案的基础上，国务院办公厅组织国务院有关部门和单位进行应急预案编制和修改工作，初步形成了国家总体应

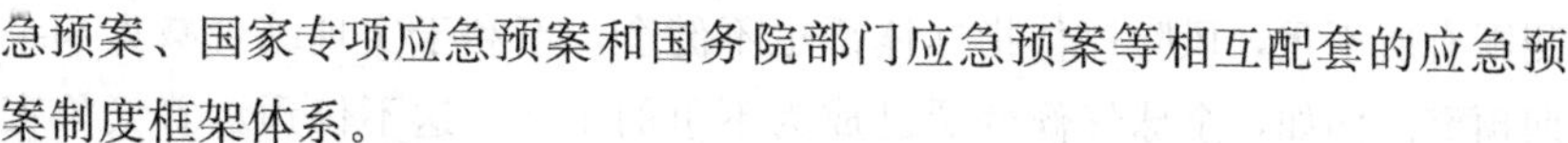

急预案、国家专项应急预案和国务院部门应急预案等相互配套的应急预案制度框架体系。

上述应急管理制度模式在我国应对突发公共事件实践中发挥了重要作用，也是进一步完善中央政府应急管理机制和组织结构的基础和起点。

二、存在的主要问题

（一）部门分割、协调不足

从组织管理看，各应急管理机构应对部门的垂直管理较为完备，但各部门之间的职责分工关系并不十分明确，职责交叉和管理脱节现象并存，缺乏统一协调。例如，对化学污染事故的应急处置，环保部门、生产运输部门、安全生产监管部门和地方政府都有各自的应急预案和措施，但如何统一行动、统一调配、相互配合，事先各部门协调不够，甚至互不知晓。从应急管理制度体系建设看，特别是在基础地理信息、信息通信、救援队伍和救灾装备的建设方面，存在着部门分割、低水平重复建设情况，影响了国家投入的有效性。例如，有关应急管理部门都有自己的应急管理信息系统，有的相当先进和完善，但相互之间没有形成制度化的信息通报和信息资源共享机制。从应急响应过程看，灾种主管部门一方面时常会感到管理和救援力量的资源紧缺，另一方面感到协调困难，其他部门现有应急管理力量和资源得不到充分利用，资源闲置。启用应急指挥部虽可弥补此缺陷，但其他应急管理阶段的协调问题并未得到真正解决。因此，加快建立健全应急管理机制，实现资源共享、协同行动，已成为亟待解决的问题。

（二）条块职责划分有待理顺

目前，在各种公共危机的分类分级标准口径、各级政府之间应急管理职责的划分、应急响应过程中条块部门的衔接配合等方面，还缺乏统一明确的界定，尚未完全形成职责明确、规范有序的分级响应机制。在实践中，应对公共危机原则上是小灾靠自救、中灾靠地方、大灾靠国家，但由于条块管理职责划分并不清晰，经常出现条块衔接配合不够、管理脱节、协调困难等问题。

（三）综合性风险评估有所不足

为了加强对灾害风险的监测，气象、地理、地震、卫生、防疫、统计等政府部门都建立相应的监测体系，开展有关灾害风险的预报预警工作，但从全局看，目前对灾害风险信息的综合利用、分析评估和趋势预测则有所不足，风险评估指标体系也不健全，不利于实现综合减灾和早期预警。例如，全球气候变暖已成为不争的事实，这不仅预示着气象灾害的成因出现新的变化趋势，而且对其他类型灾害形成也会产生规律性影响。但对于全球变暖与灾害风险发生之间因果关系的评估预测，主要局限于气象部门，其他部门则重视不够，这势必会影响到综合减灾的预见性和有效性。

（四）信息沟通和共享欠缺

信息沟通和共享欠缺主要表现在：第一，灾害风险信息报告的标准、程序、时限和责任不明确、不规范，缺乏统一的标准和要求，瞒报、缓报、漏报的现象时有发生；第二，各个应急管理信息系统相互分割，缺乏互通互联，难以实现信息资源共享；第三，缺乏综合性的信息平台和分析，无论是在信息收集汇总方面，还是在综合评估和预测预警方面，都有所欠缺。

（五）社会参与程度不高

提高应急管理能力，需要全社会的参与。各种非政府公共部门、社会组织、社区、企业、新闻媒体和公众在应急管理中都可以发挥积极的作用。从实践上看，目前对全社会防范风险和应急管理处置的教育、培训和演练工作不够，措施不到位，具体要求不明确，民众的社会危机意识、风险防范意识、自救互救知识和能力、主动参与程度都十分薄弱，社会参与的动员机制亟待加强。

第三节 中国应急管理制度体系现状（下）

2018 年，中国政府应急管理制度体系发生了较重要的变革①。这种变革并不是天外来客般地发生的，而是由渐变到突变的结果，渐变实际上是从 2006 年以来在各级政府建立枢纽型的“政府应急管理办公室”开始的。关于政府应急管理办公室这一部分的内容将在下一章具体研究。

一、2018 年发生的重大制度变革

在十三届全国人大一次会议上，李克强向大会提请审议《国务院机

---

① 本部分的某些内容在《应急管理部成立：背景、特点与导向》（作者高小平、刘一弘，发表于 2018 年第 5 期《行政法学研究》）一文中发表过。

构改革方案》的议案，建议组建应急管理部。2018 年 3 月 17 日，根据十三届全国人大一次会议批准的国务院机构改革方案，中华人民共和国应急管理部成立。3 月 19 日，全国人民代表大会决定王玉普为应急管理部部长。3 月 22 日，中共中央组织部有关负责人宣布中央关于应急管理部领导班子任命的决定，应急管理部实行双首长制，该部党组书记和行政首长由两人分别担任，应急管理部党组书记由黄明担任。同一天，应急管理部官方网站正式上线，取代原国家安监总局官网。4 月 16 日，中共中央政治局常委、国务院副总理韩正出席应急管理部挂牌仪式。4 月 18 日，新任应急管理部党组书记黄明就应急管理部的职责和定位、组建背景、近期工作重点和改革方向为社会做了解答。至此，一个崭新的国家机构全貌向社会展现。

二、应急管理部组建的时代背景

应急管理部的组建是中国共产党应对社会主要矛盾转化，立足国情、审时度势的产物。改革开放以来，国家各方面工作的重点是着力解决“人民日益增长的物质文化需要同落后的社会生产之间的矛盾”，政府职能围绕经济增长展开，以效率求发展。中国特色社会主义进入新时代，综合国力极大提升，人民物质生活水平显著提高，社会主要矛盾发生转化，需要着力解决“人民日益增长的美好生活需要和不平衡不充分的发展之间的矛盾”。良善的公共安全环境是人民美好生活需要的题中之义。随着我国现代化和城市化的进程加快，社会多元化、系统复杂性、技术不可控等因素对我国公共安全提出新的挑战。人民群众对于公共安全的关切度、感受度以及期望值愈发高涨。面对不断转化的社会主要矛盾，党中央从提出经济与社会协调全面发展到实现“四个全面”的战略目标，特别是 2012 年以来，面对时代和人民的新要求，以国家治理体系和治理能力现代化为着力点，提出总体国家安全观，健全公共安全体系，为满足人民日益增长的美好生活需要提供更加均衡、更加充分的保障。

应急管理部的组建是党和国家建设服务型政府，加强政府公共服务职能的具体成果。2003 年，我国政府在面对突发“非典”疫情的时候，暴露出我国公共卫生服务能力严重不足，反映了以经济建设职能为核心的行政管理体制不能适应经济社会发展需要的深层次矛盾。因此，2004 年以来，我国提出服务型政府的建设，明确了政府四项基本职能：经济调节、市场监管、社会管理和公共服务。结合大部制改革理念，围绕公共安全问题，将安全生产、消防救援、民政救灾、地质灾害、抗震救灾、防汛抗旱等专业应急管理的政府机构优化融合，做好应急管理大部制职能改革的“乘除法”。通过“放管服”改革举措，调整政府应急管理职能，推动政府在应对突发事件全过程中做到更大的“放”、更好的“管”、更优的“服”，确保为社会提供最基本、最优质的公共安全服务。

应急管理部的组建是顺应现代应急管理客观发展需要的崭新实践。纵观现代各国应急管理体系，一个基本特点是管理对象、管理职能、管理过程三个方面各自内部要素的高度统一，也就是实现三个统一。我国应急管理部的成立体现了这一要求。一是应急管理对象的统一。由一个国务院组成部门来统一管理自然灾害和生产事故等突发公共事件，反映出党和政府在现代复杂系统背景下对风险演化和灾害形式复合型特点的准确认识，即如何应对多因、多果和多形式的突发公共事件。二是应急管理职能的统一。新组建的应急管理部实现了应急管理职能的静态统一和动态统一。新部门整合先前分散在13个机构的应急管理职能，基本完成自然灾害和事故灾难领域内的全灾种管理的静态职能统一。应急协同职能从议事协调机构、联席会议、政府办事机构到现在的部门综合管理，基本完成政府应急管理职能从非常态化到常态化的动态职能统一。三是应急管理过程的统一。应急管理部成立后将有助于解决突发事件事前预防准备、事中响应协调、事后恢复善后全过程的组织困境。这次改革赋予应急管理部整体规划和指导的全过程应急管理职责；同时，也明确灾害和事故类突发公共事件的物资准备、预案演练，指挥应对和恢复善后的全过程管理职能。

在技术层面，组建应急管理部体现了这次党和国家改革所遵循的“优化、协同、高效”的整体思路。优化就是机构职能要配置合理、权责对等。协同就是履行职能要有统有分、有主有次。全灾种应对突发事件的特点使得传统以单一部门为主，其他相关部门配合来完成的管理方式捉襟见肘。政府机构中条条块块的格局导致风险研判、决策协调以及响应执行等过程各执一端、步调不一。高效就是要执行到位、流程通畅。应急管理职能在事前、事中、事后的各个环节要无缝衔接，技术标准、专业术语要统一，确保在应急管理中科学施策、精准发力、高效运行。

三、应急管理部体制实现的制度创新

应急管理部的成立，在很大程度上是为了解决我国应急管理体制中存在的突出问题。虽然本书前面已论述2018年之前我国应急管理制度体系存在的缺失，但是还没有专门针对政府应急管理办公室机构设置以后的体制问题进行细化研究。

制度存在的问题是促使制度创新和体制改革的根本原因。发现问题、承认问题和认识问题是党和政府始终坚持实事求是精神的具体体现，也是各项事业改革的初心。我国应急管理在各个历史时期不断取得进步的同时，也暴露出体制安排上的弊端，限制了其应对现代社会风险的能力。2018年机构改革成立应急管理部，突出体现把改革重点放在重要领域和关键环节，真正解决实践中阻碍党和国家事业发展、影响党的执政威信和人民利益的突出问题，达到真正深化改革的宏伟目标。现阶段，我国突发事件不断表现出新的特点，应急管理体系不断暴露出新的问题，并逐步演化为阻碍社会经济发展的突出问题。

随着信息化、城市化、经济全球化等复杂系统的发展，各种风险相互交织、相互联系、相互作用，风险隐患和突发事件的关联性、衍生性、复合性和非常规性不断增强，跨区域和国际化趋势日益明显，危害性越来越大；网络新媒体的快速发展，也加大了风险管控和应急处置难度。

通过抗击"非典"疫情，我们深刻地认识到，传统以部门为单位的管理方式，使得应急管理职能较为分散，权责不清晰；应急机制不健全，信息资源共享不充分，政策保障措施不完善；应急管理基础能力建设薄弱，重复建设；应急队伍救援装备和核心能力不强，应急物资储备结构不合理。针对突出问题，政府决策者和专家学者都在思考、整理和提出切实可行的应对方案。国务院领导同志在2003年4月的一次专家座谈会上讲，问题主要出在我国应对公共危机的体制和机制不完善，责任制度不健全。学界强调以完善综合性体系建设的方式加强我国应急管理能力建设。"非典"疫情发生后，我国政府积极总结经验教训，解决过度分工而导致的管理职能"碎片化"问题，进行机构和职能的有机统一。

党的十六届三中全会第一次明确提出"建立健全各种预警和应急机制，提高政府应对突发事件和风险的能力"，开始建立我国全面应急管理体系，并逐步形成以预案、体制、机制和法制为核心的"一案三制"应急管理制度体系，为保障我国人民生命财产安全、维护社会安全稳定发挥了重要作用。党中央、国务院关于"一案三制"的现代应急管理制度体系建设与学界关于应急管理综合化的建议相契合。危机、灾难、事故等词汇被统一定义为"突发公共事件"，危机管理、灾害管理、事故安全管理被统一定义为“应急管理”。国务院办公厅以国务院应急办为枢纽，沟通协调各部门各地区的应急管理工作，相对于之前的议事协调机构在职能综合协调方面更进了一步。“一案三制”将预案、体制、机制和法制协同建设，体现了全灾种、综合化的现代应急管理理念。

2008年，我国成功应对一系列重特大突发事件，充分展现了社会主义制度的优越性，体现了应急管理的政治优势和机制灵活性，同时也暴露出应急管理中主体关系不顺、局部运行不畅、条块联动不足等问题。很多问题属于应急管理体系中的结构性问题。同时，社会组织参与救灾的能力发展缓慢，受阻于政府应急管理体系发展的动力不足，有陷入行动缓慢的科层制困境的风险。

2003年以来，在我国应急管理体制中，枢纽机构抓总+部门协调机制的格局尽管发挥了一定的积极作用，但是在机构设置和职能划分等方面尚存在着成长的空间。

第一，统筹机构的权威性不足。在突发事件应急管理体制中，作为顶层的应急管理机构的权威性，是保证应急管理工作顺利进行的关键。美国、日本、俄罗斯、英国、意大利、加拿大等国都进行了应急管理体制方面的改革，整合政府各方面力量，建立了以政府主要负责人为首的突发事件应对机构，并在各级政府设立专门部门，负责突发事件处置工作的综合协调，提供统一的信息和指挥平台。我国的应急管理制度创新应向此方面努力。

第二，综合性职能部门缺位。很多政府除了建立政府高层协调和领导机构外，还建立专司应急管理的综合性职能部门。例如，美国在“9·11”事件后成立国土安全部（DHS），将原联邦应急管理局（FEMA）划归该部统辖。俄罗斯成立的民防、紧急情况和消除自然灾害后果部（简称紧急情况部），综合应对各类灾难，成为联邦政府的主要强力部门。英国虽然没有常设的内阁组成部门专司应急，但建有高层的紧急应变小组（CORB，又称眼镜蛇）、国民紧急事务委员会（CCC）、国民紧急事务秘书处（CCS）等系统化的应急管理领导机构。我国中央政府赋予发改委、民政部等部门承担综合应对突发事件的职责，但是此前一直未成立专司应急的政府组成部门。

第三，决策制度与规则不够规范。我国《突发事件应对法》和应急预案对应急管理的决策体系有明确的规定，但是在实践中由于应急管理职能分散在多个部门，决策制度难以统一，行动规则不易一致，决策核心、决策中枢、指挥机构、协调机构、处置机构多层面决策，系统内部职责划分不够清晰，任务执行、组织支援、协同管理、救援行动等各个环节容易产生脱节，属地管理为主的原则难以落实。

第四，区域与国际合作有待加强。突发事件的影响是不会局限在行政区域内部的，甚至往往超出国界，因此应急管理的区域合作成为各国应急管理体制建设中的一个特色。我国在应急领域的区域合作以及国际合作方面主要通过应急体系建设五年规划和临时性安排来实现，取得较大的成效，但是由于缺乏统一的组织主体和分级负责的主办机构，在一定程度上影响合作的力度和长远的考量。

第四节　应急管理部成立引发的政治和治理创新

应急管理部的成立是党和国家站在战略高度，用历史的眼光分析问题，用综合的思维方式优化方案，借助改革新时代政治契机的结果。不论是理论界还是实务界，对于我国应急管理所面临的问题认识都是清醒的，对于综合化的应急管理体制的期盼已经形成共识。新时代全面深化改革的目标已经明确，我国应急管理体制改革又一次吹响号角。

一、加快了应急管理制度综合化认知的进程

政策学家约翰·金登提出多源流框架，指出在政策问题更加明晰、解决方案更为可行、政治环境更为成熟的情况下，政府的议程将议题纳入集中解决的范围，完成政策和组织的变革①。

党的十八届三中全会描绘了全面深化改革的新蓝图、新愿景、新目标，确定了全面深化改革的总目标是“推进国家治理体系和治理能力现代化”；成立中央国家安全委员会统筹协调涉及国家安全的重大事项和重要工作；提出加强、优化、统筹国家应急能力建设，构建统一领导、权责一致、权威高效的国家应急能力体系。特别是 2014 年习近平提出了“总体国家安全观”，深化了对应急管理的认识，强调以整体的、全面的、联系的、系统的观点来思考和把握国家安全问题，以健全集中统一、高

① 萨巴蒂尔．政策过程理论．北京：生活·读书·新知三联书店，2004．

效权威的国家安全体制，构建立体化的公共安全网为目标。

2016 年 10 月，中央全面深化改革领导小组第二十八次会议审议通过《关于推进防灾减灾救灾体制机制改革的意见》，意见明确提出“坚持以防为主、防抗救相结合，坚持常态减灾和非常态救灾相统一，努力实现从注重灾后救助向注重灾前预防转变，从应对单一灾种向综合减灾转变，从减少灾害损失向减轻灾害风险转变”。2018 年 1 月，中共中央办公厅、国务院办公厅印发《关于推进城市安全发展的意见》，要求推进安全生产领域改革发展，“健全公共安全体系，打造共建共治共享的城市安全社会治理格局，促进建立以安全生产为基础的综合性、全方位、系统化的城市安全发展体系”。

党的十九大对我国公共安全和应急管理工作再次做出重要部署。报告提出社会治理体制的基本路径是“完善党委领导、政府负责、社会协同、公众参与、法治保障”，理顺公共安全治理体系与社会治理体系的内在关系，落实“党委领导、政府负责”的核心思想，体现“社会协同、公众参与”的整体格局，明确构建全方位、立体化公共安全网的要求。习近平指出，安全生产和自然灾害管理要统筹考虑，“树立安全发展理念，弘扬生命至上、安全第一的思想，健全公共安全体系，完善安全生产责任制，坚决遏制重特大安全事故，提升防灾减灾救灾能力”。自党的十八大以来，这一系列关于深化改革、国家治理体系、公共安全治理体系等领域内的思想和举措完成了应急管理行政体制改革的顶层设计。

党的十九届三中全会专门研究深化党和国家机构改革问题，下决心解决党和国家机构设置和职能配置中存在的突出矛盾和问题。党的十九届三中全会通过的《中共中央关于深化党和国家机构改革的决定》提出，要以国家治理体系和治理能力现代化为导向，统筹设置党政机构，优化政府机构设置和职能配置，统筹党政军群机构改革，使党和国家机构设置更加科学、职能更加优化、权责更加协同、监督监管更加有力、运行更加高效。

至应急管理部的组建，作为国家治理体系和公共安全治理体系的创新举措正式纳入党和国家的重大问题和关键环节的政治视野。实现我国公共安全治理体系的创新和建设中国特色应急管理综合化制度体系的认知进程加快了，新的篇章已翻开。

二、推进了应急管理制度与常态管理制度的融合

国家成立应急管理部这一重大制度改革，正在起到对政治发展、行

政创新、社会治理体系优化整合的重要作用，有助于更好地发挥“社会主义集中力量办大事”的政治优势和体制优势。

(1) 进一步形成统一指挥与协调联动的应急管理制度格局。自然灾害和事故灾难类突发事件的应对，由应急管理部进行统一领导和部署，融合公安、消防、水利、交通、民政、救援等政府部门职能，协调联动，打破条块分割、部门分割、地域分割、军地分割的界限，调动政治、思想、组织、人、财、物等各方面资源，形成协同应急救灾的巨大合力。

(2) 进一步加强社会动员能力建设与全民参与的制度建设。应对灾难时，政府主导、社会参与，既明确各级政府及其部门在突发事件应对中的主要职责，又对有关单位和个人在突发事件应对中的作用和地位做出规定。广泛进行社会动员，全民参与，政府、企业与第三部门之间有效地组合力量，形成政府主导、全社会共同参与的救灾局面，显示出强大的救灾社会动员能力。注重发挥各级党组织和政府的政治优势、组织优势、宣传优势、行政优势，能在极短的时间内，高效率地组织起社会各方面的资源和力量，投入各种突发事件应对中去，形成一方有难、八方支援的局面。

(3) 将常态管理制度与非常态管理制度有机融合。应急管理制度体系是一个前后有区间、内外无隔断、时间可延伸、空间可叠加的有机体。将预防与处置相结合，把突发事件的预防和应急准备放在优先的位置，既可以促进常态管理体系的创新，又有助于应急体系的升级换代。国家应急管理部的组建意味着应急管理职能常态化，既能完善应急处置的体制和机制、制度和措施，又能重点对突发事件的预防和应急准备、监测和预警做出系统而详细的规定。这主要表现在五个方面：一是建立处置突发事件的组织体系和应急预案体系，为有效应对突发事件做组织和制度准备；二是建立突发事件监测网络、预警机制和信息收集与报告制度，为最大程度减少人员伤亡、减轻财产损失提供前提；三是建立应急救援物资、设备、设施的储备制度和经费保障制度，为有效处置突发事件提供物资和经费保障；四是建立社会公众学习安全常识和参加应急演练的制度，为应对突发事件提供良好的社会基础；五是建立由综合性应急救援队伍、专业性应急救援队伍、单位专职或者兼职应急救援队伍以及武装部队组成的应急救援队伍体系，为做好应急救援工作提供人员保证。

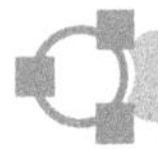

第五节 应急管理部成立后的制度发展趋势

组建应急管理部，以及地方各级人民政府设立应急管理行政机构，是创新应急管理制度体系、实现公共安全治理现代化的关键一步。继续抓住深化改革的历史机遇，进一步推进我国应急管理制度体系建设，是应急管理部成立后我国应急管理制度发展的大趋势。

一、统筹规划应急管理体制改革和创新

应急管理部的职责不仅局限在本部门，而且需要承担统筹规划与推动应急管理体制改革和创新的全面工作，在一定意义上说，是全国应急管理的“总抓手”。应急管理部要做好统筹规划应急管理体制改革和创新的顶层设计工作，从应急管理的基本理念到制度工具，从应急管理的系统目标、战略、规划到组织、实施、处置上，从中央政府层面体制机制设计到指导地方进行制度设计，从部机关到所属救援队伍包括分布在全国各地的直属消防部队的建设，从各级政府到各类社会组织之间的联动，从国内应急事务到国际交流合作，都要纳入工作体系，都需要积极发挥作用，推动形成统一、权威、高效、综合的应急管理体制。

二、建立应急管理部与其他相关职能部门的新型关系

按照扁平化、信息化的原则，设计新型部际关系，明确政府部门间应急管理事权划分的规则，加强所有涉及应急管理的机构职能、资源与力量的优化配置。应急管理部的核心职能不会与政府其他部门交叉，但是在一般职能上难免会重复。应急管理部承担着防范与应对各类突发事件的任务，这就需要科学划分其管理边界。强化应急管理机构的权威性和综合协调性是应急管理体制改革和创新的着眼点、关键点和落脚点。应急管理机构的工作，要以有利于优化组织应急资源分配，改变原体制结构性扩张所带来的资源不平衡、临时性、分散性以及单灾种分布状态，及时调用资源，确保应急处置及时、高效为基本原则。

三、建立跨界跨区域的应急管理协调合作机制

充分借鉴美、英、法、日、韩等发达国家的成功经验，打破行政区

划管辖边界，实施跨地区、跨部门、跨领域应急管理体系建设。探索建立应急管理资源补偿机制，提升应急管理区域合作的内在激励制度化水平。在灾害属地管理的基础上，强化区域内不同地方政府之间的横向协作，构建区域灾害治理体制。加强各地区、各部门以及各级各类应急管理机构的协调联动，做好纵向和横向的协同配合工作，形成政府主导、部门协调、军地结合、跨界协作、全社会共同参与的应急管理工作格局。

四、开展执法监督检查和新一轮立法

应急管理要坚持以良法促进制度创新、保障善治，就需要完善法制，加强执法监督，并适时开展新一轮立法和修法工作。《突发事件应对法》是应急管理领域的基础性法律，要以此法为依归，规划、组织、协调、指导应急管理执法，定期督促检查、监督执行情况，维护应急管理法制体系的权威性。加快组织制定《突发事件应对法》实施办法，推动各地各有关部门制定相关配套制度。定期召开应急管理法制研究和工作性会议，查找执法漏洞，集思广益，加快应急法制体系创新。伴随着机构改革，相应的一批法律需要修改调整。国家已启动《安全生产法》《危险化学品安全法》等立法和修法工作。相关法律在修改完成之前，由立法机关做出授权决定，作为过渡期政府新机构履职的法律依据，推动应急产业发展的法制建设。

应对危机，从一门专业的学问到一个专门的政府部门，从被动的"撞击–反应"式应急处置逐渐发展为全过程的科学管理，是应急管理制度发展的内在逻辑。国家治理、政府治理、社会治理的现代化呼唤应急管理专业化、综合化、法治化、现代化。应急管理体制从专业部门应对单一灾害发展为综合协调，从联席会议制度形式发展为政府部门管理制度设计，改革创新中组建的应急管理部已然成为公众瞩目的"明星"。创新是重构、再造与继承、接续的统一，是阶段性、跨越性与稳定性、连续性的统一。应急管理行政部门将继续保持原有应急管理办公室体制在承上启下中枢纽作用的优势，继续保持无部门利益、无行业垄断、无法外审批的特色，在简政放权、放管结合、优化服务改革中走在前列。应急管理部将不断创新发展"一案三制"理论、方案、制度和体系，提升国家公共安全治理的能力和水平，这是题中之义，也是众望所归之处。

第六节　面向国家治理现代化的整体性治理与专业化管理

在国家成立应急管理部以及各级政府建立相应的应急管理行政体系、综合化应急管理体制得到重大推进的时刻，我们还需要做一些冷静的、深层次的思考，从国家治理和政府治理现代化的视角，直面整体性公共治理与专业化应急管理这两者之间的协同和冲突，以及如何确定各自的边界、处理好这两者关系等问题①。

一、整体性治理与专业化管理冲突的理论

整体性治理理论认为，传统的以功能为导向的科层制模式导致政府职能重复分散，以客户需求为导向的新公共管理模式导致公共服务碎片化，为了解决上述问题，需要进行整体性治理。这一理论是由英国学者希克斯提出来的。1997 年，他在《整体政府》一书中第一次提出整体性治理的概念，就是以公众需求为治理导向，以信息技术为治理手段，以协调、整合和责任为治理机制，跨越组织功能边界，在政策、规章、服务、监督四个方面，对治理层级、功能、公私部门关系及信息系统等碎片化问题进行有机协调与整合，不断从分散走向集中，从部分走向整体，从破碎走向整合，为公众提供无缝隙、非分离的整体性服务，进而实现国家治理的包容性、整合性②。

1997 年，托尼·布莱尔执政的英国工党政府将整体性治理理论作为其政府改革纲领，提出与此紧密相关的协同政府概念并进行探索。1999 年，英国政府发布《现代化政府》白皮书，在对前两年工作进行总结的基础上推出“整体政府改革十年规划”。这一做法也迅速推广到经合组织国家和其他国家。

然而 20 多年过去了，整体性治理实践在所施行的国家并没有产生意料的良好效果，政府行政效率未见明显提高，反而在很多民众看起来只是“花架子”，究其原因主要是这一整体性治理思想没有找到一种恰当的

① 本部分的某些内容在《整体性治理与应急管理：新的冲突与解决方案》（作者高小平，发表于 2018 年第 6 期《公共管理与政策评论》）一文中发表过。

② 吴德星. 整体性治理理论与实践启示. 学习时报，2017-11-27.

组织载体去实现，目前和今后很长时间政府的组织基础显然还是韦伯式的科层制结构，这是一个绕不过去的坎①。

其中，“一个巨大的障碍是：政府的组织、管理和人事制度是为等级制政府模式而不是为网络化政府模式设计的，因此，两种管理模式在实际运行中经常会发生冲突。应该说，管理一大堆供应商网络与管理政府雇员的方式肯定不一样，它要求一种完全不同于政府及其公民已经习惯了上百年的公共管理模式”②。

纵观各国实行综合化应急管理制度体系应对突发事件的实践，可以发现在整体性治理与应急管理之间其实也存在着冲突，集中体现在以下几个方面：

一是政府管理工具之间的冲突。现代政府不是按照一个模具生产出来的国家机器。马克思说过，“手工磨产生的是封建主为首的社会，蒸汽磨产生的是工业资本家为首的社会”③。恩格斯也说过，“正如现代工具制约着资本主义社会一样，蒙昧人的工具也制约着**他们的社会**”④。他们明确地指出了以生产力特别是劳动工具为主要标志的生产力性质，制约着生产关系的基本属性和质与量的规定性。典型的农业社会和工业社会都已有确切地占据主导地位的劳动工具，而当前人类正处于工业社会向后工业社会过渡时期，劳动工具呈现多样性，尚未出现能够控制和主导其他工具的基本工具。

在政府管理领域也是这样。适用于工业文明的科层制、法制、标准、方式与适用于后工业文明的扁平化体制、多元主体参与的治理、非标准化的定制形式等并驾齐驱，难分伯仲，这种并存胶着状态还将延续相当长的时间。比如在中国，既有运用大数据、云计算等新技术于公共行政的政府部门，也有仅仅把计算机当作打字机的政府部门，还有压根儿没有电脑的政府部门；提供公共服务的既有政府直属的事业单位，又有与政府脱了钩但是仍然享有财政补助的事业单位，还有非政府组织的“民办非企业”。没有统一的或主导性的管理工具可供使用，而且各种工具之间相互存在矛盾，无法用一把钥匙开所有的锁，这就必然引起工具之间

① 竺乾威．从新公共管理到整体性治理．中国行政管理，2008（10）．

② 戈德史密斯，埃格斯．网络化治理：公共部门的新形态．北京：北京大学出版社，2008：19-20．

③ 马克思，恩格斯．马克思恩格斯全集：第4卷．北京：人民出版社，1958：144．

④ 马克思，恩格斯．马克思恩格斯全集：第36卷．北京：人民出版社，1975：170．

的冲突。

二是公共权力配置之间的冲突。整体性治理强调对分权和职能划分产生的碎片化进行整合，将公共权力的行使从以部门为主改为以政府为主，在政策制定、公民管理、规则履行中一律以集中统一为基本原则，表面上解决了部门间在目标与执行机制上的冲突，实质上产生了新的冲突——政府综合性权力过大，部门执行者权力资源不足。

整体性治理理论设计了减少综合权力风险的框架，从诚实、效率和有效性三个方面加以控制，但是面对权力的诱惑，诚实变得十分脆弱，为了所谓的效率、效益错误应用权力，成为比管理碎片化更大的风险，因为在任何情况下，权力膨胀和异化仍然是其本性。

三是责任归属之间的冲突。责任是现代行政的基本范畴，明确政府及其部门的责任是建设责任政府的前提。在严格的部门管理体制下，每个部门的责任是相对比较清晰的，而整体性治理所期望建立的部门内部的协调管理，如“一站式”“一窗式”的综合服务，在解决部门各自为政问题的同时，也掩盖了各部门的责任边界。在整体性治理框架下，多元治理主体的交互与渗透使治理主体间的边界模糊，在遭遇困难与失误的时候极易产生责任不清问题，很容易导致部门之间相互推诿或责任转嫁。

四是意识形态与管理科技之间的冲突。公共行政从属于政治，必然具有意识形态成分，但是公共行政又有很强的科学技术特性，“传统的公共行政理论依靠专家的管理经验和管理知识，而新的专业知识认为，可以通过经济学、统计学和实地研究中得来的分析技术客观地估算各个组织是否有价值。这些技术包括成本-效益分析以及效益-成本分析等”①，这些技术则不具有意识形态功能。在自然灾害、生产事故、公共卫生等领域的应急管理中，专业科技的支撑是具有决定性意义的，这就使得政府行政管理过程受到意识形态与专业化管理的双重压力。在部门化管理体制中，意识形态通过政府再传导到部门，比较容易理顺意识形态与管理科技之间的关系。但是在整体性治理体制中，意识形态会直接影响到组织的全域，部门的专业化管理科技往往被忽略，一旦部门运用其专业性进行管理和服务，又极易导致意识形态与管理科技的矛盾。

当然，从前瞻性研究的视角看，整体性治理是发展方向，其与专业化管理的冲突是局部的、阵发性的，将随着国家重点任务的变迁而变化。

---

① 穆尔．创造公共价值．北京：商务印书馆，2016：54.

德国思想家哈贝马斯认为，在人类历史上，政府有三大阶段，“起初是古典的维持秩序任务，然后是对社会补偿的公正分配，最后是应付集体性的危险情况”。哈贝马斯在这里是强调工业文明以来政府以提供福利性的公共服务为主要职能。他提出，在风险社会不断深入的条件下，国家形态应该是“安全保障型”的，这就是要在服务型政府的基础上建设高度情景化的行政实践方式。哈贝马斯的这些思想十分深刻①。

二、应急管理与常态管理的区别

应急管理与常态管理有着紧密的联系，它是日常管理的延伸，是公共治理结构在复杂条件下的一种反映，常态公共治理的结构在很大程度上也决定了应急管理的结构。在国际上占主导地位的应急管理体制从“单灾种应急管理”转向“综合化应急管理”的发展趋势，就与常态管理中开展的整体性治理这种走向不谋而合，这说明应急管理不是完全排斥常态管理的特立独行的“异类”。但是，应急管理与常态管理又有着重要的区别。常态管理的基本矛盾是组织的惰性与追求效率之间的矛盾，应急管理的基本矛盾是事件的不确定性与应急决策管理效率之间的矛盾。基本矛盾的不同必然导致具体管理结构和方式的不同。常态管理通常是线性的单向度的管理，应急管理则是非线性的、多向度的管理；常态管理一般奉行层级授权、区域界分、例外干预原则②，应急管理则需要坚持跨层级管理、跨区域管理、直接干预原则；等等。造成危机状态的突发事件往往都具有非典型特征，无法全部纳入近代以来的思维习惯和解决方案中，更不能根据既有的知识和思维方式去加以机械地应对。因此，应急管理在管理学意义上具有很强的特殊性，不是日常管理理论和方法的复制，需要建构“去典型化”的思维方式③。

根据应急管理的特殊性原理，应急管理需要按照专门化、专业化、专职化的要求进行制度安排。

---

① 哈贝马斯．在事实与规范之间：关于法律和民主法治国的商谈理论．上海：上海三联书店，2011.

② 美国管理学家泰罗认为，管理的秘诀在于合理地分权、授权，就是领导者将所属权力的一部分和与其相应的责任授予下属，而只有当面临例外的情况下，领导者对部下的工作进行干预。这样可以使领导者做领导的事，下属做下属的事，既可以让领导者有足够的时间考虑重大决策，又有利于在不失去领导权的前提下调动部下的工作积极性。

③ 张康之．从协作走向合作的理论证明．江苏行政学院学报，2013（1）.

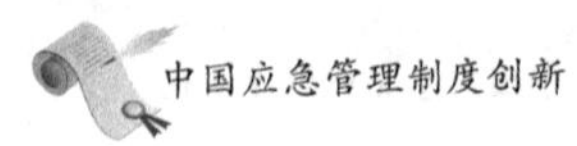

专门化，即在社会分工中对常态管理[①]与应急管理进行分工。社会分工是人类社会发展到一定的较高级阶段的产物。没有分工，就没有交换，也就没有市场经济。管理的分工也是管理本身发展到一定的较高级阶段的产物。一个组织把不同性质的工作任务划分成若干细化的板块，由不同的人去完成，就是管理的专门化，它有助于提高工作的质量和效率。应急管理专门化，就是根据突发公共事件的类别以及各类事件发生、发展、升级、评估、事后恢复的过程，确立相应的专门化的应急预案，应急管理体制、管理机制和法制，以缩短应急行动相应的启动时间，提高防范和抗击风险、应急决策和处置的能力与绩效。

专业化，即在制度设计中将应急管理与常态管理分开。专业是人类社会在分工基础上的进一步发展的产物。在科学技术研究、生产生活实践中，根据社会分工和自然界的特点，设立科学门类、技术门类、学业类别等，制订专业化研究、教学和工作计划，以实现科学发展、社会进步、人的素质的提升。从制度建设意义上讲，分开比分工的结构化程度更高。分工不能代替分开，只讲分工不讲分开，是一种倒退。应急管理知识图谱是一个不断与常态管理分开、逐渐形成自身学科核心、趋向于独立发展与独特前沿的整体性、融合性、现代性体系。尽管现代科技在进行着融合，但是专业化的方向并没有改变。应急管理专业化，就是把应急管理作为一门学问，与其他学问适度分开，建设一个有专业、有经验、有能力、负责任的应急管理型政府机构，打造一个应急管理学科，培育一支应急管理的学术、学者、人才队伍，普及应急管理知识和本领，在全社会形成尊重、敬畏、学习、研究、践行应急管理的风气。

专职化，即在资源配置中对应急管理与常态管理的人力资源进行分类。《国务院机构改革方案》提出，“综合性常备应急骨干力量，由应急管理部管理”。实行专门管理和政策保障，制定符合其自身特点的职务职级序列和管理办法，提高职业荣誉感，保持有生力量和战斗力。专职化是应急管理专门化和专业化的载体实现方式，是在社会分工和制度设计基础上的又一次飞跃。依据地震、矿难、火灾、水灾、旱灾、泥石流、山体滑坡、核辐射、传染病、危险化学品爆燃、海上原油泄漏等灾难和事故的特征，制定应急管理的职业资质规定，在国家公职人员、事业人

① “常态管理”是相对于非常态管理而言的，非常态管理主要是指应急管理；“常规管理”是相对于特殊管理而言的，特殊管理主要是指针对特殊管理对象的管理以及运用特殊方式的管理。

员、志愿人员中组建专职与兼职并举的职业化应急队伍，培育应急管理的职业意识、职业道德、职业态度、职业规范、职业行为、职业技能，学会在合适的时间、合适的地点，用合适的方式、说合适的话、做合适的事。

在应急管理部成立之前，我国实行的是少部分机构单一灾种型管理、大部分机构应急管理与常态管理混合型的应急管理体制，多数应急职能按照危机的类型、行业管理的定义进行分别设置。比如旱灾、水灾由水务行政部门管理，矿难及危险化学品爆燃、海上原油泄漏等事故由安全生产监管部门管理，地震应急救援由地震管理机构负责，泥石流、山体滑坡等地质灾害防治由国土资源管理部门负责，火灾处置由公安消防部门管理，草原防火扑火由农业行政部门负责，森林防火扑火由林业行政部门负责，救灾物资由民政部门、物资储备部门分别负责储备和发放。在这种体制下，应急管理分工过细，职能交叉，有协作但责任不明确，有专司其职的队伍但分属于不同的部门，这就导致政出多门、多头管理、重复建设，权责不统一，协调难度大，救援效率低。

分散管理应急事务的体制，实质是过度强调应急管理的特殊性，而对其普遍性关照不足，这与抹杀应急管理与常态管理的区别一样是另一个极端，在现代经济体系、政治体系、社会体系融合的社会条件下同样是不能适应需要的。

三、应急管理整体性治理的必要性与边界

党的十八届三中全会特别是党的十九大之后，国家各方面、各领域都在推进治理体系和治理能力现代化，按照党和国家机构改革的要求，推进整体化治理的改革。应急管理也随之适应这种现代政府治理的需要，在经历了枢纽型的“政府应急管理办公室”之后，开始进入综合型的“政府组成部门”的新时代。在中国应急管理体制迈向整体性治理目标的当口，面临着实现高综合化应急管理与更专业化应急管理的双重压力，需要“两面作战”，但是重点要放在推进整体性治理上，做到战略上讲共性，战术上讲个性，宏观上讲综合，微观上讲边界，避免“眉毛胡子一把抓”，或者“过犹不及”。

（一）全面加强党对应急管理的统一领导

我国政治体制是党对包括政府在内的各方治理主体的全面领导，这是中国特色社会主义的题中应有之义，是完全正确的、必要的、有益的。

党的领导包括党的代表大会、党的委员会、党委书记和委员（包括常委）、党委工作部门（如国安委、政法委）、党的各级领导干部等。党的各种规范性文件特别是党章对党的领导方式并没有十分具体明确地规定个人负责与集体负责之间的关系，没有规定党委首长负责制，在实践中很难界定是党委集体的权责还是个人的权责，因此，在应急管理领域贯彻党的领导需要明确在上述领导机构和领导干部中，由谁行使应急管理的领导权，如何行使应急管理的领导权，如何实施应急决策，党的机构（如国安委）和政府机构（如应急管理部）如何运作应急协同。

可供选择的方案，一是对适用《突发事件应对法》的事件，党委执掌领导权力，履行政治义务，政府执掌法定权力，履行行政义务；二是对超出《突发事件应对法》调适范围的非传统危机和复合叠加程度极高的突发事件，党委书记在得到党委会授权的前提下与行政首长共同担任指挥长（如平时工作配合不默契的，可由书记担任正指挥长，行政首长担任副指挥长），共同承担政治、法律、管理、道义义务。对一般性事件，需要明确政府的责任，动辄党委书记上手，反而可能削弱党管大事、管全局的能力。

（二）提升专门应急机构的综合化水平

整合若干部门的管理职能，建立行政资源相对集中的应急管理部，是实现应急管理体制综合化的关键举措。据统计，我国目前的应急管理部已将同级党和国家机构中约30%的应急资源归于其中①，尽管相比美国的国土安全部整合了联邦政府各部门55%以上的应急资源②有一定差距，但是毕竟实现了重大跨越，理论上可以实现总揽全局、牵动上下、辐射左右的功能了，预测其在应急状态下调动各方面资源的能力和实施救援的效率将比原先分散在各个部门有成倍的提高。一个集中程度比较高的部门需要防止的问题主要是工作重心安排与注意力分布的不当。1979年，卡特政府组建美国联邦应急管理局，主要任务是应对自然灾害。2001年美国遭遇“9·11”恐怖袭击之后，成立了国土安全部，联邦应急管理局成为国土安全部下属的一个工作机构，主要职责是反恐，保护美国本土安全。仅仅4年后，卡特里娜飓风袭击了美国密西西比州，新奥尔良全城被淹，而国土安全部应急救援效率很低，联邦应急管理局负责

---

① 笔者根据国务院部门“三定”规定中相关职能配置的表述统计。

② 笔者根据美国联邦政府部门组织法中相关职能配置的表述统计。

人在飓风登陆后5小时才指示派遣1 000名救援人员"在两天内"赶赴灾区，灾难发生后10多天还有大量浮尸漂在水中无人清理，最终官方统计的死亡人数是至少有1 836人。

可见，一个部门工作重心的变化会直接影响到工作效率。处理好应急管理的集中与分散、重点与一般的关系，成为整合职能后新部门的新困惑，需要在理论与实践中破解。

（三）共同责任主体的建构

党的十八大以来，应急管理被纳入常态管理的大体制框架，实行"党政同责、一岗双责"。在我国，党的领导和依法行政是高度统一的，党作为执政主体，在政治上领导政府，必然要承担相应的政治责任、领导责任、服务责任和管理责任，所以，尽管按照《突发事件应对法》，应急管理的法定责任主体是政府，但同级党委同样需要承担共同的责任。党政同责不仅意味着党对应急工作责任的增强，而且是整体性治理在责任层面的一种表达方式——强调共同责任主体的建构。完善责任体系，需要建立党政合作机制，重点是在突发事件中党委书记与行政首长对危机共识的形成、分工配合的灵活性与指挥协调的一致性，都需要有具体的问责制度加以确定，需要有合适的管理工具予以应用，需要有新型科技手段特别是大数据技术给予支撑。

（四）多元化救援体系的形成

社会力量参与应急救援，是实现整体性治理的必不可少的环节。从2008年汶川地震之后，各地政府、民政部门、地震管理部门、共青团系统、社会团体、企事业单位、民间组织等对社会力量参与救灾的体制、机制建设和宣传、培训、科普做了大量工作，大幅度提高了群防群治、自救互救水平，参与人数和参与深度以及多元化救援体系都有了一定的发展，为新成立的政府应急管理部门在今后的应急救援中能做到一呼百应、八方驰援打下了良好的基础。同时，这种多元化救援体系正在从事中救援向事前预防、事后恢复延伸，呈现出立体式风险应急管理格局。进一步发展多元参与的应急管理制度体系，重点要从社会治理结构上突破，将应急管理领域的社会参与拓展到现代性社会建设的层面来思考。

一个与社会主义市场经济相适应的社会，不能仅靠政府实施公共服务来解决所有市场失灵的问题，还要运用社会救助来弥补市场失灵和政府公共服务的不足。一个与社会主义民主政治相适应的社会，不能仅靠政府建立民主制度来解决政治民主的所有问题，还要学会动员和引导民众自觉有序地参与到创造民主机会中来。而多元化应急管理正是适应了这样的需要，也只有建构了这样的社会参与制度，应急管理领域的社会参与才能够持久健康发展。

（五）坚持属地管理为主原则

如果说整体性治理是一种耗散系统，那么属地管理原则就像是在容器底部加热的水，决定着整个容器中水的温度①。属地管理为主原则是借鉴国际法上司法管辖权概念的转化应用。司法管辖权是指确定自然人、法人或其他组织等的司法问题由谁行使管辖权的意思，一般分为四种：所在地管辖，即属地管辖；所属国家管辖；属人管辖；属地为主兼属人的混合管辖。应急管理工作具有复杂性、广泛性、繁重性、具体性等特点，光靠各级领导的亲自管理是不够的，必须把任务层层细分，划分出各自独立又相互联系统一的细小属地，落实属地责任，形成"事事有人管、人人有专责"的局面，才能确保工作有序、有效开展。属地管理为主原则较好地满足了这一要求，有助于体现不同层级的职责，有助于强化整体性治理的意识，提高应急管理的绩效。深化改革属地管理体制，落实属地管理为主原则，重点要处理好属地管理与行业统筹的关系，既要吸取以往"条条专政"的教训，提出任何地区、任何单位都必须坚持落实属地管理的措施，没有例外，又要对铁路、电力、石油化工、远洋运输等跨地区、流动性大的行业明确应急管理的责任。

第一，要在"条"与"块"之间划分明确的责任，当地政府对应急管理承担监督责任，上级主管部门、行业管理部门承担日常管理责任。第二，要对不同的企业进行分级分类，即什么样的企业、什么样的工程、什么样的设施"属地"到哪一级，不要除总部机关（总公司）以外的所有分公司、子公司及其所属单位统统往下"属地"，结果哪一级都是"二传手"，反而造成责任不明。第三，要把相应的监管手段适当下放。比如安全设施"三同时"的审查监督、承包承租单位的资质审查、安全生产制度落实等情况督查考核诸如此类的权限和手段可以下放给当地有关部门和安全生产监督管理部门，使责任和手段基本配套。只有这样，才能上下一致、左右协调地开展应急管理工作，真正发挥属地管理为主应有

---

① 普里高津等人在著作《结构、稳定与涨落的热力学理论》中举例说明什么是耗散结构时说：下方加热的液体，当上下液面的温度差超过某一特定的阈值时，液体中便出现一种规则的对流格子，它被称为贝纳尔流图像，对应着一种很高程度的分子组织，其实质是液体中的一种耗散结构。

的功效。

四、应急管理专业化管理的逻辑与行动

普遍性是指事物发展的常见性和必然性，贯穿于事物发展过程的每个方面、每个阶段。特殊性是指事物发展的异常性和偶然性，在事物发展过程的每个方面、每个阶段都有不同的特点。普遍性是相对的，特殊性是绝对的，普遍性寓于特殊性之中，是对特殊性的抽象。

美国学者皮特斯指出："采取任何一个特定的治理模式都必须考虑到与之相适应的背景。""任何改革的尝试都意味着人们对政府部门存在问题的根源有一个清晰的认识。因此，这些新的模式都试图将公民对其政府感到焦虑和不满的模糊感觉，转化成一组具体的因果关系。而任何将复杂的社会和政治制度结构化的尝试都不免过于简单。"①

当前，我们在思考政府部门应急管理工作的复杂性时，往往趋向于采取情景治疗法，这自然需要对非常态管理的特殊性、专业性进行抽象，剥离其整体性的普遍状态，但是这不能因此就得出结论说应急管理不需要系统化的治疗法②。反过来说也是如此，在强调综合化应急管理所具有的整体性治理特征的时候，同样不能忘记其内在的自身特殊要求——应急管理作为不确定性最集中、决策风险最高、管理难度最大的非同寻常的管理，是一门专业性很强的管理科学——否则就容易出现一种倾向掩盖另一种倾向的情况。

在依据整体性治理与应急管理的逻辑、原则和规律，设计、构建和实践应急管理体制时，需注意以下几个问题：

一是应急管理的"两个积极性"。应急管理行政部门成立之后，对危机的专业性管理显然增强了，而它的非专业性优势会不会损失？如果不损失，那么应该怎么发挥原有的优势？在政府枢纽机构中建立的"应急管理办公室"，具有直接在行政首长身边协助指挥和管理的优势。这就需要在应急管理体制上进行重新设计。比如，是不是可以于现在的应急管理部增加一项国务院应急办的职能（一套机构两块牌子）？这样，中枢机构的管理资源得以继续保留。应急管理涉及很多部门，原来是各部门为主，现在是应急管理部为主，那么应急管理部要以专门机构的身份积极

---

① 郑春燕. 行政. 北京：生活·读书·新知三联书店，2017：338-339.

② 范维澄. 国家突发公共事件应急管理中科学问题的思考和建议. 中国科学基金，2007，21（2）.

协调各部门的应急工作，那些剥离了应急职能的部门（如公安、林业、水利、地质行政部门）要防止产生消极依赖性，所有的其他部门（特别是卫生行政部门等没有整合到应急管理部的部门）与应急管理部的关系要界定（包括各自的定位都需要重新考量）。在法定部门职责之外，还要考虑法律和应急预案修订，比如突发事件在哪一个级别上各部门应进行哪些法定的启动、响应、协同、联动。这样才有利于调动政府和部门、政府危机应急管理部门和其他部门的积极性。

二是专业应急力量的技术性。专业性技术是应急救援的核心能力。原先应急力量是分属在各个部门，这些部门的应急力量在原来加强日常科技发展、技能培训中都会得到一揽子安排，而脱离了这些部门后，应急队伍便容易产生“隔膜”。应该迅速在部门之间建立技术传递的“通道”，使得这种交流成为常态。没有被整合到应急管理部的机构，要让应急管理部的专业技术在那里得到覆盖，这也是成立应急管理部的应然性制度初衷。社会参与的志愿者应由应急管理部统一进行专业技术培训和管理，或由该部牵头，引入其他主管部门的培训机构和专业人才，实施归口管理。

三是应急管理中信息共享。应急管理制度体系是一个开放的复杂系统，它包括风险评估、监测监控、预测预警、决策指挥、救援处理和恢复重建等相互关联的关键环节，这些环节的有效运行涉及多地区、部门等多个主体间的信息互通和资源共享。在政府各部门信息共享尚未实现的情况下，应急管理实践呼唤在突发事件应对中建立临时性信息共享机制，这或许也可以为常态下部门信息共享、案例共享、经验分享提供新的思路、新的范本和手段，形成应急管理对常态管理的“倒逼”。在这方面，应急管理部要在内部各司局、各处室率先建立扁平化体制和信息共享机制，并在常态中规范运行，在非常态中检验其成效。

四是应急管理的责任界定。毫无疑问，作为政府部门的应急管理行政部门，是首要的应急管理责任者，在一级政府体系中，在属于行政部门管辖的灾种范围内，应对的成败、工作的绩效，主要在应急管理行政部门，而不是同级党委政府。要创新建立应急管理问责制度体系，订立应急管理工作人员免责条款，明晰相关条件，结合专业性评估，考量工作压力与责任追问之间的平衡，确定一个责任阈值，用量化的平时和应急状态下的压力适当进行减责或免责。

五是应急管理的方法创新。人类历史在国家管理形态和方法上可以划分为三大阶段：农业社会实行“统治”，工业社会实行“管制”，后工业社会实行“治理”。应急管理在工业社会迈向后工业社会的进程中，总体而言是逐步实行“治理”，但是其“治理”的方式也有特殊之处——往往在特定的时候要将统治、管制、治理三种方式合而用之。在危机状态下，政府要用强制手段进行管理，就是要临时剥夺一部分原来常态下个人和组织的权利，用强力来推进工作。但是这种“三合一”的管理是在强调专业性的基础上应用的，如果不强调专业性强制就会变成专制，那就不符合现代体制要求，是与国家治理现代化背道而驰的。

第三章 应急管理制度创新机理

机理是为实现某一特定功能，一定的系统结构中各要素的内在工作方式以及诸要素在一定环境条件下相互联系、相互作用的运行规则和原理。应急管理制度创新机理是一个复杂的系统，具有多维性。我们从三个方面进行研究：一是从应急管理制度本身的发展趋势、创新路径、创新要素的维度进行分析，二是从应急管理制度创新与其他公共管理制度创新的关联性的维度进行分析，三是从应急管理制度的边界、应急管理与风险管理的关系的维度进行分析。

第一节 应急管理制度创新机理分析框架

按照“中心−边缘”模型理论，在应急管理制度创新机理的三个分析维度中，对应急管理制度本身的分析居于中心，是关键性创新机理；从应急管理制度本身的发展趋势、创新路径、创新要素的维度和其他两个维度进行的分析居于边缘，是辅助性分析。

一、应急管理制度与行政管理制度在分析方法上的异同

行政管理制度是指由国家宪法和法律规定的有关国家行政机关的产生和组成、组织结构、职责权限、活动方式、运行程序以及行政管理主体间相互关系的规则的总称，是国家行政机关的设立与变更、职权配置、运行程序、工作方式的规范性约定；在制度层面，创新体现为政府机关及其工作人员在理念、体制、机制、规则、方式方法等方面发明创造和实践验证的过程。从抽象意义上讲，应急管理从属于行政管理，应急管理的要素和过程从制度上看与行政管理并无二致，但是从现实意义上讲，

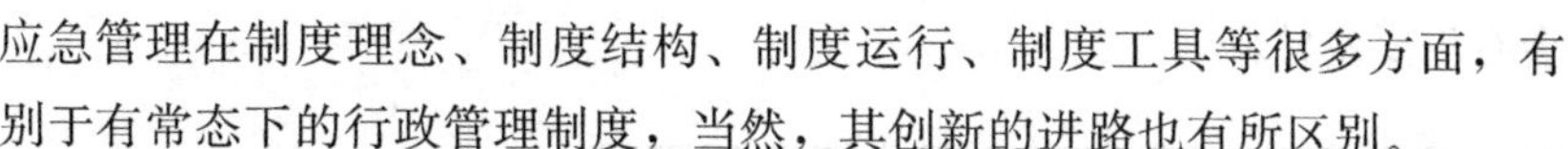

应急管理在制度理念、制度结构、制度运行、制度工具等很多方面，有别于有常态下的行政管理制度，当然，其创新的进路也有所区别。

应急管理制度理念是在对行政管理制度理念进行创新的基础上形成的，即在辩证地“否定”常态中行政管理的清规戒律后才能建立起来。这些理念包括应急管理新的使命及理论、新的价值诉求及理论，以及相应的新概念、理论或范式等。没有这些创新，就无法重新定义在应急管理视阈中的行政问题，就无法认识应急管理制度的本质，也就无法提供应急管理的制度性解决方案。行政管理制度理念可以指导应急管理制度理论的假设、价值、信仰和规则认知，但是不能以此为终端，而是将行政管理制度理念的创新作为应急管理制度理念创新的先导。

应急管理组织制度创新，也不是简单意义上的行政管理体制改革。政府行政权力配置的基本结构调整，具体表现在行政职能配置和行政机构设置上，两者在这些领域具有共同性。但是应急管理制度要在实践中动态地调整行政职能、组织结构和功能。权力相对固定的行政法制规定与不断权变的应急法制规定的有机结合，是应急管理组织制度创新的重要原理。

应急管理运行制度创新，也与行政管理机制创新有很大的不同。行政管理机制创新是在静态行政组织机构和职能设置条件下对行政管理系统或具体领域中各要素的机理性特征、要素之间的关系进行再造、重构。应急管理运行制度创新既涉及组织形式、管理方法、内外管理流程和协调沟通等方面的行政流程，又更多地体现到管理制度的动态运行中，凸显瞬时性效率、极限性标准规范和连续性运作等制度的作用。

应急管理制度工具创新，既是依附于行政管理体制机制的具体规章制度和履职方式的技术改进手段①，又是需要创造与之不同的特殊的一套工具。应急管理工具性制度是一组以相关法律、法规和部门规章为依据的政府应急管理工作形式，往往是打破常态运行模式的产物，是“应急措施”的制度化，并需要体现在应急管理的各项具体职能之中。

行政管理体制性制度的结构性功能、机制性制度的运行性功能，都需要具体制度工具帮助实现。政府职能是否履行到位，有赖于履行职能方式的改革和创新②。应急管理制度创新也是这样，但是在表现形态上

---

① 我们认为，制度创新作为行政管理体制机制创新的实现可以看作广义政府创新、政策创新和履职方式创新，但不能单独作为行政管理制度创新来看待。

② 高小平，孔繁斌．政府履行职能方式的改革和创新．中国行政管理，2012（7）．

会有重要差异。

二、应急管理制度创新机理分析框架概述

我们可以通过三个方面的研究，解剖应急管理制度创新的基本机理。一是按照“历史-现实-逻辑”框架理论，从应急管理制度本身的发展趋势、创新路径、创新要素的维度进行研究，这属于历史性分析；从应急管理制度创新与其他公共管理制度创新的关联性的维度进行研究，这属于现实性分析；从应急管理制度的边界、应急管理与风险管理的关系的维度进行研究，这属于逻辑性分析。

自新中国成立以来，我国积累了丰富的灾害管理的经验，其中包括制度创新的经验。总体特点是在部门专业化分类管理的制度框架长期渐进演进的基础上，不断推进跨灾种、跨部门、跨阶段和跨区域的综合协调，其中，有三次是比较集中的综合化方向的制度创新，形成鲜明的机理性创新的基本路径和总体性态势。第一次是20世纪80年代末，结合灾害管理框架下的防灾抗灾减灾过程的综合趋势，以综合减灾为理念，建立了政府防灾减灾职能，在部门管理的基础上建立议事协调机制，实现了从政治化向科学化转变的综合灾害管理。第二次是在21世纪“非典”疫情后，以综合应急为理念，以“统一领导”提高了应急管理的权威，形成了应急管理办公室作为权威枢纽机构抓总、综合协调部门管理的体制，试图实现“全灾种”和“全过程”相统一的综合应急管理。第三次是2012年以来，结合总体国家安全框架下的公共安全治理体系的综合趋势，以总体国家安全观为统领，以应急管理部门牵头实现应急管理职能常态化的多主体协调网络，达到公共安全治理的目标。在灾害、应急、安全领域的三次综合化制度创新代表了中国应急管理制度在长期部门专业管理的基础上，协同、优化和高效的制度创新历程。

新中国成立初期，受经济社会发展水平限制，灾害种类相对单一，主要集中在水旱、洪涝、地震等自然灾害。党和政府逐步建立了农业部、气象局、地震局、水利部、海洋局、林业部、地矿部等专业性减灾机构。在行政管理体制高度集中和灾害技术较为落后等因素影响下，我国的灾害管理的核心以自然灾害救助为主，关注灾害发生之后的“抗灾”和“救灾”环节。中央政府是救灾的唯一责任主体，包揽救灾工作的一切，形成了“全国找中央”的高度集中的灾害管理体制。地方政府在救灾方面仅仅负有上报灾情和发放救灾款等方面的责任，中央根据地方政府反

映的灾情来统一制定灾害管理政策。从行政制度角度来说，新中国成立初期没有真正有计划地做好防救相结合的制度安排。

改革开放以后，随着国家经济社会快速发展，中央政府通过有偿使用和无偿使用相结合的办法，逐步克服灾后对单纯救灾款的依赖程度。试行救灾经费包干办法分担中央和地方的救灾责任。以服务救灾为目的的备灾制度开始建立。救灾物资从临时调拨和捐赠方式过渡到物资采购和储备的制度化轨道上来。从新中国成立到改革开放初期，应急管理制度主要以灾害管理制度为主，政府针对水、旱、虫、饥、疫等传统灾害，建立以职能部门分类管理为主的基本制度框架。直到 20 世纪 80 年代末开始发生变化，综合灾害管理制度创新逐步展开，现代灾害管理制度体系建立。进入 21 世纪，以 2003 年“非典”疫情为起点，综合应急管理制度创新进一步完善和丰富了中国现代行政管理制度体系。自 2012 年，在总体国家安全观指导下，公共安全治理制度创新成为国家治理体系和治理能力现代化建设的重要内容。

第二节 历时性的应急管理制度创新机理

应急管理制度在历时性表现中的主要形态是政府应急管理职能的逐步综合化，这反映在行政管理体制、公共管理体制的基本面。对于行政管理制度创新形态进行机理分析，可以通过梳理新中国成立以来我国应急管理制度发展及其创新形态，来认识应急管理制度创新的总体机理——历史性规则和运行原理。

一、基于综合减灾的应急管理制度创新机理

从新中国成立到改革开放初期，以单一救灾和备灾为主的灾害管理制度逐渐建立。各单类减灾系统进行的单项减灾工作，对灾情和减灾措施缺少全面系统的调查和分析①。这一状况到 20 世纪 80 年代末开始发生变化，防灾减灾理念和制度开始建立，以“减灾、防灾、抗灾、救灾”为基础的现代灾害管理制度体系逐步形成，主要体现在综合统筹协调能

① 国家科委全国重大自然灾害综合研究组. 中国重大自然灾害及减灾对策（总论）. 北京：科学出版社，1994：1.

力、应急救助能力，以及灾害管理工作的社会化水平等方面显著提高[①]。

随着全球自然灾害发生及其致损程度不断加深，以及致灾和防灾的科学技术长足进步，1987 年 12 月 11 日，第 42 届联合国大会通过第 169 号决议，决定将 1990—2000 年的 10 年定名为“国际减轻自然灾害十年”，旨在通过国际上的一致行动，帮助发展中国家建立自然灾害预警系统和防灾结构。1988 年 12 月 20 日，第 43 届联合国大会就开展“国际减轻自然灾害十年”活动的内容与模式做出相应的决议。秘书长德奎利亚尔呼吁各成员国成立相应的国家级委员会。

为了积极响应联合国号召并参与国际减灾活动，1989 年 4 月，中国政府成立中国“国际减灾十年”委员会。委员会最初由 28 个单位组成，一年后，增加至 32 个[②]。委员会下设办公室和专家委员会，之后建立自然灾害管理中心和若干区域中心，负责组织减灾技术培训、信息交流、灾害评估，为政府救灾减灾提供决策依据。2000 年 10 月，中国“国际减灾十年”委员会更名为中国国际减灾委员会。2005 年 4 月，中国国际减灾委员会再次更名为国家减灾委员会，负责研究制定国家减灾工作的方针、政策和规划，协调开展重大减灾活动，指导地方开展减灾工作，推进减灾国际交流与合作。彼时，国家减灾委员会是在国务院领导下的部际议事协调机构，由 34 个国家部、委、局、军队及社会团体组成，办公室设在民政部，行使部间的协调职能，在充分发挥各职能部门积极性的基础上，试图把分散的力量形成合力，从全局和战略上研究减灾事业[③]。

伴随着中国国际减灾十年委员会成立，中国灾害管理制度逐渐建立了以“综合减灾”为基础的现代灾害管理体系。转变主要包括几个方面：

首先，就灾害管理过程而言，以“灾害救助”为核心的管理思路转向把减灾、防灾、抗灾和救灾结合起来，以预防为主的指导思想。减轻自然灾害风险，增强抵抗灾害的能力更为积极、主动和有效。而传统灾害救助集中在挽救生命财产、减轻对经济发展破坏的被动的和临时的行为。

其次，对灾害是社会属性和自然属性的结合，灾害管理与社会系统

---

① 蒋积伟. 1978 年以来中国救灾减灾工作研究. 北京：中共中央党校，2009.

②③ 张德江. 关于我国开展国际减灾十年活动的情况和今后意见：中国国际减灾十年委员会秘书长张德江同志在中国国际减灾十年委员会第二次全体会议上的报告（摘要）. 中国减灾，1991 (1).

互动关系的认知更加明确。从“抗灾救灾与生产相结合”发展到“防灾减灾与经济社会发展相统一”的新理念，灾害管理的重心从纯自然的致灾因子研究和工程防御措施扩展到人类对灾害的行为反应。其一，把自然灾害纳入国民经济和社会发展规划，充分考虑自然灾害对于国民经济和社会发展的影响指数，短期有效对策和综合治理的长远规划相结合①。其二，减灾战略把消除人类盲目活动、建立防灾规范、恢复和建设生态环境放在第一位。

再次，形成七大类自然灾害及其相互关系的综合性认识，减灾工作不限定于某个具体灾种，不限定于减灾的某个具体环节。灾害管理是一项综合性工作，每一次灾害都涉及气象部门、水利部门、部队、民兵、公安部门、财政部门等，需要各个方面做好每一阶段的灾害管理工作②。统筹考虑各类自然灾害，统筹整合各方面资源，加强自然灾害监测预报预警、灾害防御、应急准备、紧急救援、转移安置、生活救助、医疗卫生救援、恢复重建等领域的工作。

最后，在科学认识灾害和灾害管理的基础上，政府对于灾害管理的职能性质认知也发生变化。减灾不带政治色彩，被公认为人道主义事业③。政府和社会是灾害管理的共同主体，需要透明、开放。减灾工作不仅仅是政府部门的事，像保险公司、红十字会等社会经济组织、群众团体也要积极地参与④。

综合减灾理念指导自然灾害综合管理取得一系列制度创新的同时，也暴露出其体制机制上的局限性。其一，救灾减灾方针是“预防为主，防、抗、救相结合”，但防、抗、救工作分别由不同的部门负责，缺乏统一的组织领导，在某种程度上妨碍了救灾减灾方针的贯彻执行，综合灾害管理过程“脱节”。其二，以专业部门为主体（如水利、农业、气象、地震、海洋等），以跨部门议事结构为协调的灾害管理制度不能有效地克服在应对自然灾难过程中部门横向协调沟通的“碎片化”问题。同时，自然灾难与公共卫生、生产事故等社会性强的事故灾难并不在国家减灾

---

① 田纪云. 田纪云副总理在中国“国际减灾十年”委员会成立会议上的讲话. 灾害学，1989 (3).

② 李贵鲜. 在中国国际减灾十年委员会第四次全体会议上的讲话. 中国减灾，1994 (1).

③ 张德江. 关于我国开展国际减灾十年活动的情况和今后意见：中国国际减灾十年委员会秘书长张德江同志在中国国际减灾十年委员会第二次全体会议上的报告（摘要）. 中国减灾，1991 (1).

④ 同②.

委的职能范围内。国家减灾委、国家防汛抗旱总指挥部、国务院抗震救灾指挥部、国家森林防火指挥部等议事协调结构，指挥协调能力有限。议事协调结构明显具有临时性和过渡性的特征，在协调方面缺乏足够的行政强制力。仅仅依靠议事协调结构，难以完成应急管理。其三，过度集中的灾害管理制度使得地方的防灾减灾和积极开展风险管理的动机和能力不足，中央和地方分工模糊，责任划分不清。这一系列“条块分割”的问题在2003年“非典”疫情过程中全面爆发。学界对我国突发事件应急机制不健全，处理和管理危机能力不强，一些地方和部门缺乏应对突发事件的准备和能力等问题形成共识。

（一）体制创新：减灾职能部门化

这一时期的综合化灾害管理体制创新是以中国国际减灾十年委员会为引领，民政部为主管部门，国务院各部门密切配合的抗灾救灾综合协调体制。主要表现在：

第一，以防灾减灾为基础的灾害管理成为政府重要职能。新中国成立以来，由于缺乏指导和协调防灾工作的专门部门，防灾主要依附于水利、林业和农业等部门工作，非一项独立的政府职能。中国国际减灾委员会成立后，负责专门领导和指导综合减灾，是一个发生灾害后能迅速做出决策的有权威的机构①。各级政府陆续成立与中央“中国‘国际减灾十年’委员会”相适应的协调机构，确定一位领导同志主管②。通过设置相应的灾害分级管理系统，加强各级政府减灾职能，在救灾资金分级负担的基础上，合理划分救灾责任，建立救灾经费分级负担的现代救灾工作模式，强化了地方政府防灾减灾的意识和职责。

1998年，国务院机构改革将原经贸委负责的救灾协调职能改由民政部承担。中央层面形成以民政部门为主，逐步形成一个国家救灾中心，包括防灾、抗灾、救灾几个主要环节的综合灾害管理制度安排③。整体上，形成了“中央统一决策，政府各部门分工负责，以地方政府为主”的现代灾害管理体制。

---

① 田纪云. 田纪云副总理在中国“国际减灾十年”委员会成立会议上的讲话. 灾害学，1989（3）.

② 张德江. 关于我国开展国际减灾十年活动的情况和今后意见：中国国际减灾十年委员会秘书长张德江同志在中国国际减灾十年委员会第二次全体会议上的报告（摘要）. 中国减灾，1991（1）.

③ 同①.

第二，秉持“防灾减灾与经济社会发展相统一”的理念，将减灾防灾工作纳入党和政府重要议事日程。在中央层面，把减灾工作纳入国民经济发展规划。1990年，《中共中央关于制定国民经济和社会发展十年规划和“八五”计划的建议》对减灾工作做了总体部署。1994年，《中国21世纪议程》经国务院第十六次常务会议审议通过，提出加强防灾减灾工作的总目标，在国家层面上把提高对自然灾害的管理水平、加强防灾减灾体系建设以及减少人为因素诱发、加重自然灾害作为议程的重要内容。1998年，国务院颁布《中华人民共和国减灾规划（1998—2010年)》，进一步确立减灾在保障国民经济和社会可持续发展中的基础地位。该减灾规划是第一部国家减灾工作规划，是政府一个时期内减灾管理的重要法律法规依据。2007年，《国家综合减灾“十一五”规划》强调综合减灾能力建设。在落实“减灾与可持续发展”理念方面，1994年国务院颁布的《中国21世纪议程》明确了减灾在可持续发展中的重要地位，即减灾是保障国家可持续发展的基础之一，减灾是改善人民生活质量的重要保证，减灾也是促进资源合理开发的环境保障。1998年制定了《全国生态环境建设规划》，加强综合治理，逐步协调人与自然的关系。

第三，灾害管理职能的重心和主体更为丰富。在明确政府救灾减灾责任的同时，社会组织的作用也得到进一步完善。以1993年11月全国救灾救济工作座谈会的召开为界，逐步改变了过去单纯依赖政府救灾的体制，基本形成了政府和社会协同救灾的局面，全面提高了全社会对自然灾害的综合防范和抵御能力。通过“减灾规划”等综合化制度安排明确政府、学校、医院、部队、企业、社会组织和公众在防灾减灾救灾工作中的责任和义务。例如，借1998年国务院机构改革的契机，民政部决定在全国民政部门范围内推行机构改革，转变职能，提高救灾的社会化水平。政府逐步从事务性工作中逐步解脱出来，把主要精力放在宏观管理、出台政策、制定法律法规、规范服务上，把一些事务性的工作委托给各种社会团体、群众组织及志愿者，使救灾工作逐步走向社会化①。2001年1月召开的全国民政厅（局）长会议明确指出，各级民政部门必须把主要精力放在政策法规的研究拟定和修改完善上，放在指导和监督政策法规的执行上，高质量地履行好政府部门的职责，扮演好政府部门的角色②。

① 民政部副部长在全国灾区倒房重建暨灾民过冬生活安排会议上的讲话。

② 多吉才让部长在2001年1月召开的全国民政厅（局）长会议上的讲话。

第四，灾害管理职能性质从依靠经验的政治动员转向以科学为基础的现代管理方式。灾害管理的功能目标从注重政治效益到政治与经济效益并重。从 20 世纪 90 年代开始，救灾工作中的政治因素越来越少，经济和社会发展的考虑越来越多。随之建立救灾物资储备制度，在救灾物资的筹集、加工、仓储、运输、发放等工作环节上探索切实可行的与市场体系接轨的工作方式。灾害信息管理基本实现了救灾信息由“封闭保密型”向“公开透明型”的过渡和转变。积极开展国际合作，学习外国灾害管理的经验、有效工作方法和先进技术，争取国际减灾援助等成为灾害管理职能的重要内容①。

（二）综合减灾机制创新：跨部门议事协调机制

如前所述，体制创新的核心在于建立了以防灾减灾为基础的灾害管理职能。中国“国际减灾十年”委员会成立后既承载着综合减灾的管理职能，同时又发挥了综合协调的机制作用。先前由于缺乏一个强有力的协调机构，协调工作大多也只能流于程序，难有实质性的举措。委员会作为一个由国务院领导的部际协调机构，成员囊括所有与灾害有关的国家部委，负责协调国家重大减灾行动和指导地方的减灾活动，承担灾害管理的对外联络和相关的协调任务。例如，1994 年底，委员会组织协调灾害管理主要部门共同编写《中华人民共和国减灾规划（1998—2010 年）》；1995 年起，协调“中国减轻自然灾害中心”的立项工作②；1998 年，协调完成《中华人民共和国减灾规划（1998—2010 年）》③。截至 2003 年底，与应急管理相关的国务院议事协调机构共有 16 个（指挥部 7 个、领导小组 5 个、委员会 4 个）④。

落实防灾减灾的理念和职能必须建立现代化的综合灾害信息管理制度。一方面，完善自新中国成立以来的分灾种的灾害信息系统。全国已形成气象监测预报网、水文监测网、地震前兆观测系统、农作物和森林病虫害测报网、海洋环境和灾害监测、森林和草原火灾监测、地质灾害勘查及报灾等系统，但主要灾害管理职能部门建立的分灾种的、先进实

① 李贵鲜．在中国国际减灾十年委员会第四次全体会议上的讲话．中国减灾，1994（1）．

② 范宝俊．中国国际减灾十年委员会工作报告和今后工作建议．中国减灾，1998（4）．

③ 中国国际减灾十年委员会副主任兼秘书长范宝俊在中国国际减灾十年委员会第六次全体委员会议上的讲话．中国减灾，1995（4）．

④ 何艳玲．中国国务院（政务院）机构变迁逻辑：基于 1949—2007 年间的数据分析．公共行政评论，2008（1）．

用的灾害信息系统不能适应部门间减灾综合信息交流的需要。另一方面，建立在委员会协调下的各相关部门沟通、会商、通报灾害信息的制度；"充分利用各有关部门的基础地理信息、经济社会专题信息和灾害信息，建设灾害信息共享及发布平台，加强对灾害信息的分析、处理和应用"①，逐渐建立以"国家减灾中心"为枢纽的部门间信息交流和共享机制。1994 年，建立了自然灾害综合信息系统。从 1995 年开始，委员会组织了中国减轻自然灾害中心的立项工作②。2002 年，正式建立"民政部国家减灾中心"，综合、协调各专业部门的减灾信息工作，大大支持了国家减灾综合信息系统建设及减灾信息技术的共享水平③。

另一方面，建立中国自然灾害灾情统计体系，建成国家、省、市、县四级灾情信息上报系统，健全灾情信息快报、核报工作机制。1990 年 6 月 20 日，民政部下发《关于加强灾情信息工作的通知》，试图解决灾情信息反映不及时问题，试图建立"快"与"准"相适应的灾情信息制度④。从 1993 年起，民政部联合国家统计局颁布了灾情统计制度，并着手建立全国性的灾情信息管理系统。经过几年的地方试点和推广，全国灾情信息管理系统已经正式建成并投入业务化运转，实现了灾情信息的快速传递和及时沟通。

"减灾委"成立以来，以民政部门为主的灾害管理跨部门议事协调机制逐渐理顺。以救灾物资储备制度、综合性立法及信息共享与报告等一系列机制创新支持了救灾减灾过程中的综合统筹协调能力。

（三）工具创新：科学化＋法制化

整体来看，从依靠经验的政治动员转向以科学为基础的现代管理方式。灾害管理科学化的基础是强调依靠科学技术作为防灾减灾抗灾的根本途径，逐步改变"人海战术"、手工操作的落后状态⑤。首先，科学技

---

① 国务院办公厅关于印发国家综合减灾"十一五"规划的通知. 中国政府网，2007-08-05.

② 范宝俊. 中国国际减灾十年委员会工作报告和今后工作建议. 中国减灾，1998 (4).

③ 中国国际减灾十年委员会、民政部关于救灾捐赠工作的总结. 中国减灾，1992 (1).

④ 凡发生特大灾情，省（区、市）及省级民政厅（局），要在灾害发生后的 24 小时内，用电话、电传或电报报给民政部。从灾害发生之日起，每天都要报告，一天一报，或一天几报，灾情稳定后还要做综合报告。

⑤ 张德江. 关于我国开展国际减灾十年活动的情况和今后意见：中国国际减灾十年委员会秘书长张德江同志在中国国际减灾十年委员会第二次全体会议上的报告（摘要）. 中国减灾，1991 (1).

术开始大规模运用在灾害监测、预警、评估系统和信息管理系统等多个方面。除采用常规监测手段外，广泛应用了卫星云图、数值预报模式及现代通信等手段。中国灾害监测预警能力和水平的提高，为各级政府及时组织防灾抗灾工作提供了保障。在灾害快速评估方面，遥感监测技术、地理信息系统、全球定位系统及网络通信系统等得到应用①。多年后，我国已建立起从中央到地方的水文、气象、海洋、生物、地震及地质灾害的监测、分析、预报系统，形成了遍布各地、相互交织的灾害监测、预警系统，已普遍利用气象雷达、气象火箭、飞机航测、卫星接收等航空航天和陆基遥感技术②。

以“减灾工程”为基础的项目建设也是科学管理的具体措施。国家主要针对大江大河的水患地区，大面积的农作物干旱和病虫害多发地区，重点地震、地质灾害和风暴潮危险区，城镇及公路、铁路沿线的泥石流、滑坡频发地段，进行了大规模的减灾工程建设。例如，以“长江三峡大坝工程”和“小浪底大型水利枢纽工程”为代表的大江大河减灾工程③。同时，减灾工程与生态环境建设、社会经济发展结合起来，既有三北防护林、沿海防护林、“封山植树、退耕还林”为主的重大减灾工程，也重点加强对滑坡、泥石流易发地区和中小河流、中小水库的综合治理④。

同时，以综合立法的形式保障综合减灾以制度化形式得到持续推进。减灾作为其中的一个领域纳入了《中国21世纪议程》，与国家的“九五”计划和经济社会发展长远规划相衔接，为综合减灾提供顶层设计和制度保障。1998年，国务院颁布《中华人民共和国减灾规划（1998—2010年）》，此外还包括《水土保持法》《防震减灾法》《消防法》《防洪法》等国家法律。1998年后，民政部作为救灾协调部门，为共同制定规章制度和法规提供了便利条件。例如，在总结1991年和1994年南方大灾救灾工作经验的基础上，民政部着手建立救灾物资储备系统。1998年7月31日，民政部、财政部联合下发了《关于建立中央级救灾物资储备制度的通知》。2003年开始施行的《中央级救灾储备物资管理办法》，规范了中央级救灾储备物资的种类、数量及其经费管理，对救灾物资储备制度的

---

① 中国国际减灾十年活动回顾：中国国际减灾十年委员会副主任多吉才让在2000年国际减灾日座谈会上的讲话. 中国减灾，2000（4）.

②③ 民政部部长、中国国际减灾十年委员会副主任多吉才让在亚洲减灾大会上的讲话. 中国减灾，1996（2）.

④ 国家综合减灾“十一五”规划. 中国政府网，2007-08-05.

建设具有重要意义。

政府也开始运用专项预案支持防灾减灾工作。民政部领导在 2001 年全国春荒救济工作座谈会上，要求各省要根据本地灾害种类和灾情特点等因素，因地制宜制定各级的救灾预案，提高灾害应急反应能力和水平，以全面推进救灾预案的制定工作。从 2003 年 7 月 2 日吉林省制定《突发性特大自然灾害救灾应急预案》起，重庆市、辽宁省、黑龙江省、甘肃省、青海省、福建省等省份都先后建立起了省级自然灾害应急预案。2004 年 6 月 23 日印发的《民政部应对自然灾害工作规程》（修订稿），对自然灾害等级进行了分类，并分别提出了应急程序和办法，使救灾工作更加有序化。最终形成了相关应急预案和技术标准配套的防灾减灾救灾科学工具。

二、基于应急管理制度综合化的创新机理

2003 年 7 月，党中央、国务院召开全国防治非典工作会议，胡锦涛在会上指出："通过抗击非典斗争，我们比过去更加深刻地认识到，我国的经济发展和社会发展、城市发展和农村发展还不够协调；公共卫生事业发展滞后，公共卫生体系存在缺陷；突发事件应急机制不健全，处理和管理危机能力不强；一些地方和部门缺乏应对突发事件的准备和能力。我们要高度重视存在的问题，采取切实措施加以解决，真正使这次防治"非典"斗争成为我们改进工作、更好地推动事业发展的一个重要契机。"温家宝提出：争取用 3 年左右的时间，建立健全突发公共卫生事件应急机制，提高突发公共卫生事件应急能力。

几乎与抗击"非典"同时，党和国家领导集体确立了全面、协调和可持续的科学发展观，政府确定了服务型政府的基本方向。应急管理体系建设与加快推进政府管理创新结合起来，寓应急管理于服务型政府建设中，在连续性的管理和服务发生中断的情况下，通过应急系统实现政府工作的连接，提高政府适应外在环境变化的能力。综合应急管理体系作为科学发展的基本制度保障和服务型政府的具体体现，成为行政管理制度创新的题中之义。

2003 年 10 月，党的十六届三中全会通过《关于完善社会主义市场经济体制若干问题的决定》，提出"建立健全各种预警和应急机制，提高政府应对突发事件和风险的能力"。2004 年 9 月，党的十六届四中全会通过《关于加强党的执政能力建设的决定》，从加强党的执政能力和政府执行

力的层面，进一步提出“建立健全社会预警体系，形成统一指挥、功能齐全、反应灵敏、运转高效的应急机制，提高保障公共安全和处置突发事件的能力”。2006 年 10 月，党的十六届六中全会通过《关于构建社会主义和谐社会若干重大问题的决定》，正式提出了我国按照“一案三制”的总体要求建设应急管理体系。至此，这三次党中央的全会基本完成了我国应急管理体系框架的蓝图设计工作。

以综合应急管理理念为指导，逐步形成以“对象上全灾种、过程上全过程、结构上多主体”① 为特点的、以“一案三制”为框架的综合应急管理体系。全灾种覆盖自然灾害、事故灾难、公共卫生事件、社会安全事件，被抽象为具有更大包容性的“突发事件”，试图总结应急管理对象的共性。全过程贯穿预防与准备、预警与监测、救援与处置、善后与恢复等各个阶段，统称为“应急管理”，全面扩展“预防为主，防、抗、救相结合”的综合灾害管理过程。多主体意味着继续调动各级政府及其各部门、企事业单位以及社会的积极性。

综合应急管理框架性下基本形成了政府统一领导，政府应急管理办公室综合协调，分别以民政部门为主管理自然灾害、以安监部门为主管理事故灾难、以公安部门为主管理社会安全，以及分别以卫生健康委员会和食药监部门管理传染病防治与食品安全的应急管理体制机制。过去十多年实践表明，综合应急管理对于自然性较高的自然灾难和传染病防治等突发事件管理效果较好，对于以人为原因为主的食品安全、事故灾难和社会安全类的突发事件不尽如人意。以科层体制为基础的应急办在值守应急、信息汇总和综合协调方面提高了应急管理的权威，但是在面对专业性较强的应急工作方面显得捉襟见肘，发挥作用有限。因此，在综合应急管理制度创新的基础上，需要在理念上具有更大包容度的概念，在管理权力上能够解决“全过程”与“全灾种”相统一的职能配置。

（一）体制创新：应急管理职能系统化

在服务型政府理念指导下的应急管理职能是社会管理和公共服务职能的一项重要内容。2006 年 6 月 15 日出台的《国务院关于全面加强应急管理工作的意见》提出，要“健全分类管理、分级负责、条块结合、属地为主的应急管理体制，落实党委领导下的行政领导责任制，加强应急管理机构和应急救援队伍建设”。2007 年 8 月 30 日，第十届全国人民代

① 童星. 中国应急管理的演化历程与当前趋势. 公共管理与政策评论，2018，7（6）.

表大会常务委员会第二十九次会议通过的《突发事件应对法》，标志着“一案三制”初步确立。自此，在制度层面上，中国由综合防灾减灾阶段直接迈向了综合的应急管理阶段①。《突发事件应对法》明确规定，“国家建立统一领导、综合协调、分类管理、分级负责、属地管理为主的应急管理体制”。

国务院各部门以及各级地方政府作为突发事件应急管理工作的行政主体，统一管理之前分属不同部门的四大类事件的全过程，形成“统一领导”的制度安排，提升了应急管理工作的权威性和重要性。应急领导权的行使方式如下：通过常设组织领导机构与非常设指挥机构结合行使决策指挥权、部门协调权、资源调动权、重大事项决策权。遇到重大突发事件，启动非常设指挥机构，或者成立临时性指挥机构，由国务院分管领导任总指挥，国务院有关部门参加。在自然灾害应急领域，主要有国家减灾委员会、国家防汛抗旱总指挥部、国务院抗震救灾指挥部和国家森林防火指挥部等。在社会安全领域，有与中央政法委员会合署办公的中央社会治安综合治理委员会。在公共卫生领域，2010 年 2 月，国务院设立食品安全委员会对全国食品安全工作进行综合协调和督查指导，以及临时成立的如防治非典指挥部等传染病应急议事协调机构。

各专业部门如民政、公安、国土、环境、水利、安监等发挥专业优势，仍然负责相关类别突发事件的应急管理。国家防汛抗旱、安全生产、海上搜救、森林防火、核应急、减灾委、抗震、反恐怖、反劫机等专项指挥机构及其办公室，开展相关领域的突发事件应急管理工作，基本形成了主要由民政部、水利部、地震局等牵头管理自然灾害，由国家安监总局等牵头管理事故灾难，由卫生健康委员会牵头管理突发公共卫生事件，以及由公安部牵头负责社会安全事件的四大类“分类管理”体制。

为解决“行业管理”和“统一领导”的对接问题，2006 年在国务院办公厅内部以总值班室为基础设立国务院应急办，充分发挥综合协调的运转枢纽作用，而各专业部门则发挥专业应急优势进行“分类管理”②。国务院应急办（国务院总值班室），承担国务院应急管理的日常工作和国务院总值班工作，履行值守应急、信息汇总和综合协调职能，发挥权威枢纽作用并抓总。

---

① 童星，张海波．基于中国问题的灾害管理分析框架．中国社会科学，2010（1）．

② 高小平．中国特色应急管理体系建设的成就和发展．中国行政管理，2008（11）．

依据突发事件的程度和范围，参照中央“统一领导、综合协调、分类管理”的模式进行“分级负责”和“属地管理”，地方各级政府成为本行政区域突发事件应急管理的行政领导机构，负责本行政区域各类突发事件的应对工作。截止到2007年底，所有的省级政府和市级政府、92%的县级政府都已成立或明确了应急管理领导机构；所有的省级政府和96%的市级政府、81%的县级政府成立或明确了应急管理办事机构①。此外，2006年底，由33个领域的40名专家组成的国务院应急管理专家组成立。综合性的应急管理专家委员会在继承原有部门管理建立的专家委员会较偏重技术因素的基础上，增加了管理专家、法律专家等。

整体上，按照“统一领导、综合协调、分类管理、分级负责、属地管理为主”的原则，从机构设置看，枢纽机构抓总，从中央到地方，非常设应急指挥机构和常设办事机构基本全覆盖。从职能配置看，应急管理机构在法律意义上明确了在常态下编制规划和预案、统筹推进建设、配置各种资源、组织开展演练、排查风险源的职能，规定了在突发公共事件中采取措施、实施步骤的权限，给予政府及有关部门“一揽子授权”。政府在突发公共事件中职能“缺位”问题基本得到解决。从人员配备看，既有负责日常管理的从中央到地方的各级行政人员和专司救援的队伍，又有高校和科研单位的专家。在充分利用现有政府行政管理机构资源的情况下，一个依托于政府办公厅（室）的应急办发挥枢纽作用，协调若干个议事协调机构和联席会议制度的综合协调型应急管理新体制初步确立。

（二）机制创新：枢纽机构抓总＋部门协调机制

2004年9月，党的十六届四中全会通过的《关于加强党的执政能力建设的决定》要求：“建立健全社会预警体系，形成统一指挥、功能齐全、反应灵敏、运转高效的应急机制，提高保障公共安全和处置突发事件的能力。”2006年6月，《国务院关于全面加强应急管理工作的意见》指出，要“构建统一指挥、反应灵敏、协调有序、运转高效的应急管理机制”。

信息不畅是2003年“非典”危机最重要的教训之一，建立畅通的信息发布渠道成为应急管理体系建设的重要任务。《突发事件应对法》明确

① 国务院发展研究中心“应急管理行政体制建设研究”课题组．应急管理行政体制的历史演进和存在问题．调查研究报告，2017（189）．

规定："履行统一领导职责或者组织处置突发事件的人民政府，应当按照有关规定统一、准确、及时发布有关突发事件事态发展和应急处置工作的信息。"在信息报告和发布方面，2004 年 2 月 11 日，国务院召开第 39 次常务会议，原则通过《关于改进和加强国内突发事件新闻发布工作的实施意见》。2004 年 1 月，全国传染病与突发公共卫生事件网络直报系统运行，标志着中国传染病疫情监测、报告手段和能力发生质的飞跃，逐步实现"横向到边、纵向到底"的疫情监测报告系统的建成。2007 年，《国务院办公厅关于印发突发公共事件信息报告情况通报办法（试行）的通知》发布。

2003 年以来，我国逐渐形成政府应急管理办公室枢纽抓总，议事协调机构与部门间联席会议统筹的"虚实结合"应急协调机制①。自 2008 年开始，我国重点加强了地区之间、部门之间、条块之间、军地之间的对接，推动应急协调从以往依靠行政命令的强制型模式向依靠自发自愿的自主型模式转变②。议事协调机构的精简和规范被整体性地纳入 2003 年和 2008 年的国务院机构改革中。其中，由主办部门牵头进行协商的部门间联席会议制度得到迅猛发展，成为各部门进行沟通协调的新的工作机制。据统计，截至 2013 年底，与应急管理相关的部际联席会议制度共有 20 多个③。

（三）工具创新：预案集成＋综合立法

在"一案三制"框架下，应急预案作为应急管理的重要工具，成为应急管理体系建设的龙头，是应急理念的载体，对体制和机制做了明确规定。制定预案，实质上是把非常态事件中的隐性的常态因素显性化，对历史经验中带有规律性的做法进行总结、概括和提炼，形成有约束力的制度性条文。自 2003 年到 2005 年，我国基本建立了总体应急预案、重大活动应急预案、专项应急预案、部门应急预案、地方应急预案、企事业单位应急预案六个层次的"横向到边、纵向到底"应急预案体系。

应急管理工作平台建设也是这一时期应急管理工具创新的突出表现。国务院制定了"十一五"期间应急平台建设规划并启动了这一工程。国家统一指挥、功能齐全、先进可靠、反应灵敏、实用高效的公共安全应急体系技术平台为构建准确、快速、一体化的应急决策指挥和工作系统

---

① 钟开斌．从强制到自主：中国应急协调机制的发展与演变．中国行政管理，2014（8）．

② 中国行政管理学会课题组．政府应急管理机制研究．中国行政管理，2005（1）．

③ 同①．

提供支撑和保障。

以《突发公共卫生事件应急条例》为起点、《突发事件应对法》为引领的应急管理综合性立法取得系统性进步，支持了全灾种和全过程的综合应急管理。2004 年国务院颁布的《全面推进依法行政实施纲要》将应急管理全面纳入依法行政领域。2008 年汶川地震后的《汶川地震灾后恢复重建条例》体现了国家运用法治力量加强应急管理和应急管理法治化的魄力和能力。

三、基于总体国家安全观的应急管理制度创新机理

2013 年，党的十八届三中全会强调，全面深化改革的总目标是完善和发展中国特色社会主义制度，推进国家治理体系和治理能力现代化。在政治和行政管理制度顶层设计愈发明确的背景下，立足新时代我国国情和灾害事故特点，2014 年 4 月 15 日，习近平主持召开中央国家安全委员会第一次会议，提出总体国家安全观的战略决策。总体国家安全观强调要统筹外部安全和内部安全、国土安全和国民安全、传统安全和非传统安全、自身安全和共同安全。中国国家安全内涵和外延比历史上任何时候都要丰富，时空领域比历史上任何时候都要宽广，内外因素比历史上任何时候都要复杂。从本质上看，总体国家安全观强调以整体性思维认识错综复杂、相互依赖的各类安全关系并加以统筹协调①。它将管理的重点从事后处置前移到风险管理，奠定了公共安全治理的基本框架。

在国家治理体系和治理能力现代化目标和总体国家安全观的统辖下，包括应急管理在内的整个公共安全都被作为国家治理体系内容纳入国家安全的范畴。作为指导国家安全工作的科学理论，总体国家安全观对提高综合防灾减灾救灾能力和应急管理能力，维护社会公共安全具有重大意义，我国由此开始形成全面的公共安全治理的理念和思维。此后，一系列党和国家的重要会议和文件阐明和丰富了总体国家安全观的内容。

2012 年，党的十八大提出要加强公共安全体系建设。2013 年，党的十八届三中全会围绕健全公共安全体系，提出食品药品安全、安全生产、

① 王宏伟. 总体国家安全观视角下公共危机管理模式的变革. 行政论坛，2018，25(4).

防灾减灾救灾、社会治安防控等方面体制机制改革任务。2014 年，党的十八届四中全会提出加强公共安全立法、推进公共安全法治化的要求。2015 年 1 月中共中央政治局会议审议通过的《国家安全战略纲要》，提出坚持党对国家安全工作的绝对领导，坚持集中统一、高效权威的国家安全工作领导体制。2015 年 5 月 29 日，中共中央政治局就健全公共安全体系进行第二十三次集体学习。习近平提出，要“努力为人民安居乐业、社会安定有序、国家长治久安编织全方位、立体化的公共安全网”，特别强调食品药品安全、安全生产、防灾减灾救灾、社会治安防控等方面体制机制改革任务，以及加强公共安全立法、推进公共安全法治化的要求。2015 年，《政府工作报告》两次在阐述社会安全问题时，都同时提到“国家安全和公共安全”。2015 年《国家安全法》实施，将总体国家安全观这一国家战略进一步制度化，落实了公共安全治理体系和治理能力现代化实施路径①。健全包括应急管理在内的公共安全体系成为国家安全工作的题中之义。

2016 年 12 月，中共中央政治局审议通过的《关于加强国家安全工作的意见》等相关法律法规和政策文件，都强调必须坚持总体国家安全观。2017 年初，国务院印发的《国家突发事件应急体系建设“十三五”规划》提出，要在“十三五”期末建成与有效应对公共安全风险挑战相匹配，与全面建成小康社会要求相适应，覆盖全灾种、全过程、全社会共同参与的突发事件应急体系②。在 2017 年 2 月 17 日举行的国家安全工作座谈会上，习近平提出：“要加强交通运输、消防、危险化学品等重点领域安全生产治理，遏制重特大事故的发生。”党和国家领导人站在国家安全的高度来审视安全生产问题。2017 年，习近平在“7·26 讲话”中特别强调要坚决打好防范化解重大风险的攻坚战，不仅着眼于全面建成小康社会，而且着眼于国家安全大战略。2017 年的党的十九大报告，把“坚持总体国家安全观”列为构成新时代坚持和发展中国特色社会主义的十四条基本方略之一，对公共安全和应急管理工作也提出了具体要求，其中包括“打造共建共治共享的社会治理格局”，“树立安全

---

① 第 29 条规定：“国家健全有效预防和化解社会矛盾的体制机制，健全公共安全体系，积极预防、减少和化解社会矛盾，妥善处置公共卫生、社会安全等影响国家安全和社会稳定的突发事件，促进社会和谐，维护公共安全和社会安定。”

② 杨克勤．落实总体国家安全观　推进新时代公共安全体系建设．中国应急管理，2017（12）．

发展理念，弘扬生命至上、安全第一的思想”，“健全公共安全体系，完善安全生产责任制，坚决遏制重特大安全事故”，“提升防灾减灾救灾能力”。

在新时代，公共安全是国家安全的重要组成部分。应急管理的本质被界定为“公共安全治理”①。应急管理既服务于公共安全，又服务于国家安全。从状态的角度来看，公共安全是应急管理所追求的目标；从能力来看，应急管理是维系公共安全的手段②。整体上，在综合应急管理到公共安全治理的转变的过程中，核心体现在从管控型应急管理转向网络结构型共治的立体化公共安全治理体系、从侧重事后响应为主转向以风险治理为基础的全过程公共安全治理体系，试图构建风险、安全与应急一体化，构筑覆盖事前、事发、事中、事后于一体的全流程，形成源头治理、动态管理、应急处置相结合的公共安全治理体系。因此，在全灾种、适度回收的前提下，专业分类管理落实风险、灾害与应急的全过程管理。

从“灾害”到“应急”，从“应急”到“安全”，三次制度创新实现了质的飞跃，每一次制度创新都是在前一次的基础上发展而来的。20 世纪 80 年代末以来，在灾害管理领域提出“减灾”理念，实现从传统救灾工作到现代灾害管理工作的转变。2003 年“非典”疫情以后，以“一案三制”为框架的全灾种、全过程的管理形态填补了中国综合应急管理制度的空白。2012 年以来，以总体国家安全观为指导的应急管理实现常态化管理。立足经济社会发展的现实基础，应急管理制度持续创新优化，为挽救人民生命财产安全、保障社会稳定发展、完善各级政府服务效率和质量以及提高党的领导水平和执政水平提供了基本保障。

第三节　现实性的应急管理制度创新机理

政府应急管理制度在不同时期创新的领域体现于体制、机制和生态层面的一系列改革措施，不仅推动建立了现代灾害管理制度、综合应急管理制度和公共安全治理制度，而且在现实层面继续拓展，与应急管理

① 钟开斌. 中国国家安全体系的演进与发展：基于层次结构的分析. 中国行政管理，2018 (5).

② 王宏伟. 总体国家安全观下的公共安全与应急管理. 社会治理，2015 (4).

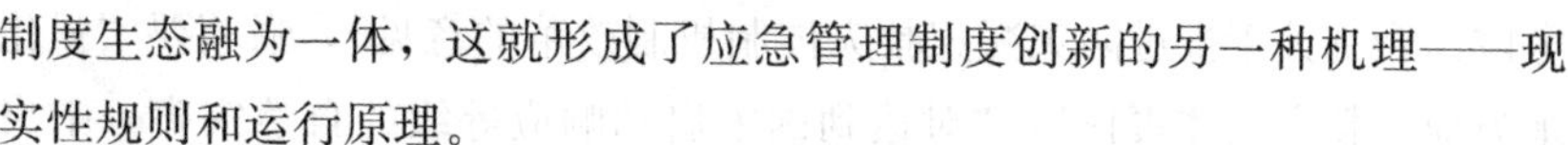

制度生态融为一体，这就形成了应急管理制度创新的另一种机理——现实性规则和运行原理。

一、体制创新：应急管理职能常态化

党的十八大以来，以习近平同志为核心的党中央提出国家治理体系和治理能力现代化战略目标，开始重构应急管理体系，建立中央国家安全委员会这一中共中央关于国家安全工作的决策和议事协调机构，实现公共安全与国家安全之间的有机对接。根据《国家安全法》，坚持党对国家安全工作的领导，建立集中统一、高效权威的国家安全领导体制。各级党委书记成为应急管理和公共安全的第一责任人，实行党政同责的制度。四大类事件领域的管理体制得到了结构性的重塑和创新。

在公共卫生突发事件领域，2012 年，国务院正式印发《卫生事业发展"十二五"规划》，提出"到 2015 年，形成指挥统一、布局合理、反应灵敏、运转高效、保障有力的突发公共事件卫生应急体系"。党的十八届三中全会提出，"完善统一权威的食品药品安全监管机构，建立最严格的覆盖全过程的监管制度，建立食品原产地可追溯制度和质量标识制度，保障食品药品安全"。2019 年 5 月 9 日，党中央、国务院印发《关于深化改革加强食品安全工作的意见》，提出到 2020 年，基于风险分析和供应链管理的食品安全监管体系初步建立；到 2035 年，基本实现食品安全领域国家治理体系和治理能力现代化。

在社会安全领域，2015 年 4 月，中共中央办公厅、国务院办公厅印发《关于加强社会治安防控体系建设的意见》，提出"形成党委领导、政府主导、综治协调、各部门齐抓共管、社会力量积极参与的社会治安防控体系建设工作格局"。

在安全生产领域，2016 年 12 月，新中国成立以来第一个以党中央、国务院名义出台的安全生产工作的纲领性文件《关于推进安全生产领域改革发展的意见》，特别对安全监管过程中的"责任"做了明确的规定：实行"党政同责、一岗双责、齐抓共管、失职追责"的安全生产责任体系；按照管行业必须管安全、管业务必须管安全、管生产经营必须管安全和谁主管谁负责的原则，厘清安全生产综合监管与行业监管的关系；严格落实各类企业主体履行安全生产法定责任。

在自然灾害领域，习近平 2016 年在河北唐山调研考察时指出，要"从应对单一灾种向综合减灾转变"。2016 年 12 月 19 日，中共中央、国务院出台《关于推进防灾减灾救灾体制机制改革的意见》，强调要"强化地方应急救灾主体责任"，"对达到国家启动响应等级的自然灾害，中央发挥统筹指导和支持作用，地方党委和政府在灾害应对中发挥主体作用，承担主体责任"。

2018年党和国家机构改革标志着国家开始系统性重构应急管理体系，以统筹、优化、科学为原则对应急管理领域的各项职能进行重组和完善。应急管理职能由非常态转向常态，试图在四大类事件的每一个领域建立由一个强有力的核心部门牵头、各方协调配合的应急管理体制。综合性改革的方向始终是最大限度加强统筹协调能力。新时期，应急管理部、卫生健康委员会、公安部形成大政府应急管理的三大机构核心，以应急管理部为牵头组织的多主体协同网络①。

应急管理部门主要牵头自然灾害和事故灾难领域的应急管理工作，但整体应急统筹职能较为明显，能尽快推动形成统一指挥、专常兼备、反应灵敏、上下联动、平战结合的中国特色应急管理体制。其职责定位是"防范化解重特大安全风险的主管部门，健全公共安全体系的牵头部门，整合优化应急力量和资源的组织部门，推动形成中国特色应急管理体制的支撑部门，承担提高国家应急管理水平、提高防灾减灾救灾能力，确保人民群众生命财产安全和社会稳定的重大任务"②。在发挥专业优势的基础上，试图实现应急管理综合、统筹、协调的目标。例如，灾害救助是民政部门的优势，应急管理部纳入水利部门防汛抗旱的预防职能后，水旱灾害管理将实现防灾减灾救灾相统一③。中央与地方政府进行了权责划分。一般性灾害由地方各级政府负责，应急管理部代表中央统一响应支援；发生特别重大灾害时，应急管理部作为指挥部，协助中央指定的负责同志组织应急处置工作④。应急管理系统内部的垂直关系将进一步加强。

同时，公安消防部队和武警森林部队转制成立综合性消防救援队伍，与安全生产、地震应急等应急救援队组成综合性应急救援队伍，作为应急救援的综合性常备应急骨干力量，承担防范化解重大安全风险、应对

---

① 张海波．新时代国家应急管理体制机制的创新发展．人民论坛·学术前沿，2019(5).

② 丁怡婷．当好守夜人　筑牢安全线：人民日报专访应急管理部党组书记黄明．劳动保护，2018(5).

③ 陶鹏，童星．灾害社会科学：基于脆弱性视角的整合范式．南京社会科学，2011(11).

④ 王勇．关于国务院机构改革方案的说明．中国政府网，2018-03-13.

处置各类灾害事故的重要职责，由应急管理部管理，实行统一领导、分级指挥。应急管理部建立整合的灾情报告系统，并统一发布灾情信息。

二、机制创新：应急管理运行总体化

2012 年，党的十八大以来，应急管理制度创新的重点主要体现在加强、优化、统筹国家应急能力建设，构建统一领导、权责一致、权威高效的国家总体化应急机制上。

一是优化机构职能运行。建立科学合理、权责一致、履职到位的职能运行体系。现代风险的复杂性决定了相当多的灾害和事故都不能由单一部门来独立解决，从过去设置议事协调机构或联席会议来临时克服应急响应过程中的职责边界模糊、权责不对等困难的实际效果看，导致应急决策效率低下的概率仍然比较高。

二是优化高效协同装置。建立有统有分、有主有次的运行责任装置。全灾种特点使得传统以单一部门为主，其他相关部门配合来完成的管理方式捉襟见肘。政府机构中条条块块的格局导致风险研判、决策协调以及响应执行等过程消极敷衍履职，步调不一。高效就是要履职到位、流程通畅。组织层面，事前、事中、事后的应急职能分布在不同部门，很难将突发事件演化的自然过程衔接起来；同时，术语不统一、标准不一致等技术问题也导致整个应急管理过程得不到高效运行。

中央国家安全委员会作为高层次的决策和议事协调机构，可以调动党、政、军及全社会的力量，形成合力，共同应对危害国家安全的重大和特别重大事件。《国家安全法》第 49 条规定："国家建立中央与地方之间、部门之间、军地之间以及地区之间关于国家安全的协同联动机制。"新时期，中央国家安全委员会可以成为突发事件应急协调的最终保障①。总结各领域机制创新，主要体现在综合化的，以主体部门为核心的协调机制、部门联动机制和预防性的风险防控机制。

应急管理部门加强各级减灾委员会及其办公室的统筹指导和综合协调职能，充分发挥主要灾种防灾减灾救灾指挥机构的防范部署与应急指挥作用，建立部门联动机制。例如，自然灾害防治工作部级联席会议制度。再如，应急响应，由应急管理部门派出联合工作组到现场统筹协调救援工作，配合地方党委政府指挥处置重大灾害。前方是联合工作组，

① 王宏伟．总体国家安全观下的公共安全与应急管理．社会治理，2015（4）．

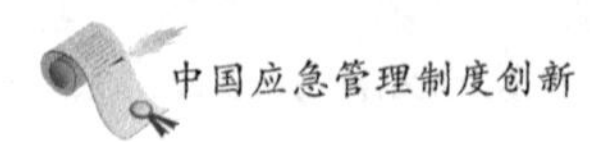

后方是联合会商、联合指挥，改变了过去各个部门派工作组、各个部门进行单项的救灾救援，把各个部门的资源统筹在一起①。应急管理部组建以来，经过实践，已初步探索形成了全国应急救援“一盘棋”的组织指挥机制、防范救援救灾一体化运作模式、“一个窗口”对外的信息发布模式，探索了一套行之有效的抗洪抢险技战术打法，探索了以加强党的政治建设统领一线抢险救灾工作的有效形式②。

三是探索建立和完善防范救援救灾一体化的运行机制③。比如，社会安全领域加强实战型指挥中心建设，集110接处警、社会治安突发事件应急指挥处置、紧急警务活动统筹协调等功能于一体的指挥决策机制；健全部门联动机制；建立和完善社会治安形势分析研判联席会议制度、社会治安重点地区排查整治工作协调会议和月报制度等；推动建立多地区多部门共同参与的治安防控区域协作机制，增强防控整体实效。同时，完善社会矛盾排查预警和调处化解综合机制；落实重大决策社会稳定风险评估制度；建立滚动排查、及时预警机制；形成调处化解矛盾综合机制；健全社会治安形势分析研判机制。运用物联网、互联网＋、云计算、大数据等新技术改善和创新应急管理工具，从过去部门分散的多门式运行到一楼式整合，再到统一共享的数据平台建设，进一步加强风险治理能力和推动综合应急协调职能落地。运用新技术管理提高应急管理的效率和科学性，坚持信息共享支持综合化改革方向。应急平台保障能力进一步增强，天地一体、互通共享的立体化应急通信服务保障网络基本形成，应急物资综合保障能力快速提升。

三、生态创新：应急管理制度系统化

现代应急管理制度强调系统化、生态化，即不仅自身要适应系统化的性状要求，还要与外部制度生态环境相融合。这是应急管理制度创新的重要机理。

我国应急管理制度创新就是与行政管理体制改革相结合、与公共政策优化相结合、与政府管理方式创新相结合、与法治政府建设相结合的产物。

---

① 国新办就应急管理部组建以来改革和运行情况举行发布会. 中国减灾，2019 (3).

② 本刊综合. 适应新形势　探索新机制：从“山竹”应对看应急管理部如何探索应急管理新机制. 中国应急管理，2018 (8).

③ 同①.

（一）应急管理制度体系建设与行政管理体制改革相结合

我国推进应急管理制度体系建设，是在加快和深化行政管理体制改革、建设比较完善的社会主义行政管理体制的背景下进行的。2003 年以前，行政管理体制改革的重点是革除体制中不适应社会主义市场经济的因素，主要是做“减法”。2003 年以后，政府职能转变进入一个新阶段，即既做“减法”，更做“加法”，加强政府社会管理和公共服务职能。党的十八大以来，我国政府不断强化社会管理和公共服务职能，逐渐从计划经济条件下的管制型政府向适应社会主义市场经济、社会主义民主政治、社会主义和谐社会建设的服务型政府转变，对应急管理的重视成为加强社会管理和公共服务职能的有效措施，充实和完善了政府管理职能，保证了改革、发展、稳定各项政策的贯彻落实，维护了经济社会的正常秩序。同时，应急管理体系建设与转变政府职能的有机结合，也大大增强了国家加强应急管理的动力，增强了国家管理体制和治理体系的协调性。

（二）应急管理制度体系建设与公共政策优化相结合

我国通过创新公共政策，推动应急管理体系建设，也走出了新路子，不仅使应急管理工作得到有力的政策支撑，而且有助于从整体上实现政府决策科学化、高效化。

一是运用公共政策调整应急管理力度。中央制定了一系列居安思危、预防为主、预防与处置并重的政策。围绕加强政府应急管理职能，每年出台若干项政策，重点解决几个有条件解决的问题，滚动部署。例如，从重点围绕应急预案编制，推动突发公共事件预防工作开展，到全面推进社会预警体系和应急救援、社会动员机制建设，加强应急管理体制建设；从加强应急能力建设，促进应急管理工作步入正规化、系统化的轨道，重视培训、演练和科普宣教工作，到应急管理工作进基层，将应急管理工作纳入干部政绩考核体系，重点加强企业应急管理工作，建立专兼结合的基层综合应急队伍，逐步推进各个层面的工作和整个应急体系建设，由各地各部门狠抓落实，并结合实际细化工作部署，制定了相应的配套措施。

二是发挥公共政策规划对应急管理体系建设的引导作用。国家制定了国家突发事件应急体系建设五年规划、安全生产五年规划、国家综合减灾五年规划、国家防震减灾规划、全国山洪灾害防治规划、地质灾害防治规划、全国森林防火中长期发展规划、气象防灾减灾规划、三峡库区地质灾害防治总体规划、七大流域防洪规划等相关规划，对应急管理建设内容提出了明确要求和指南。

三是提高政策制定的科学化水平和强调政府的执行力。在时间维度上，强化政策过程的作用，强调应急管理是对突发公共事件事前、事发、事中、事后全过程的管理；在空间维度上，促进政策集群的形成，强调建立不同政策之间的有机联系渠道，形成政策的扩散作用，将政府常态政策与应急政策相互配套、相互促进，由此，形成比较完整的“政策过程链”和“政策群”，提高了科学决策和顺畅执行的能力。比如国务院将《国家汶川地震灾后恢复重建总体规划（公开征求意见稿）》全文公布，向社会征求意见，欢迎国内外各界人士，特别是灾区广大干部群众提出意见和建议，以便进一步完善，充分体现了政府决策科学化、民主化程度的提高。

（三）应急管理制度体系建设与政府管理方式创新相结合

政府管理和服务创新，是指政府组织对结构流程、行为方式的改进，探寻和建立合理的政府运转模式，从而确保社会资源能够得到最优化配置，确保最大限度地实现公共利益。把应急管理制度体系建设与加快推进政府管理方式创新结合起来，就是寓应急管理于服务型政府建设中，在连续性的管理到服务发生中断的情况下，通过应急系统实现政府工作的连接，提高政府适应外在环境变化的能力。这既符合应急管理内在规律，又适应行政管理创新要求，有助于全面提高行政效能。北京市东城区首创的万米单元网格化城市管理方式，就是从突发公共事件预防、管理到处置的全过程设计的一种模式，建成后对日常行政管理同样发挥了积极的作用。东城区将全区 25.38 平方公里的范围每 1 万平方米面积为一个独立的管理单元，划分为 1 652 个网格，按照功能区划，将 6 大类 56 种城市部件和 7 大类 33 种城市事件问题都赋予 8 位代码，实施市政全面管理，凡是与居民生活有关的问题，如井盖丢失、公共设施损坏、垃圾渣土堆积、占道经营、无照游商、乱贴小广告、群体事件等，都有流动巡视的监督员通过配备的“城管通”，通过城市管理特别服务号，第一时间、第一现场将城市管理问题的各类信息及时发送到监督中心，迅速予以解决。现在北京各区县、全国 60 多个城市（区）推广了这套系统，在国际上也引起关注。法国、美国、加拿大、印度等国家的专家和政府官员前来参观。法国政府信息化顾问白尔纳先生说，北京市东城区城管新模式非常有意义，给法国政府在行政管理、信息化以及网络化建设等方面带来启发。2005年5月，在美国举办的微软全球移动应用开发合作伙伴大会上，比尔·盖茨特意介绍了中国北京市东城区政府运用移动应用技术支持政府办公的业绩，并称赞这种城市管理新模式是一项“世界级案例”。又如，我国在特大台风、地震等突发公共事件中将大量受灾人群迅速转移；党政机关干部和广大公务员冲在抗灾第一线，领导干部亲赴一线督战指导，亲力亲为；在救灾工作中特事特办，简化流程；很多地方开展平安社区建设、建立安全信息员制度等，凸显了政府管理方式的创新和工作作风的转变等。

（四）应急管理制度体系建设与法治政府建设相结合

应急管理法治化是法治政府建设的必然要求。我国在法治政府建设的过程中把应急法制体系作为重要组成部分。长期以来，我国法学界和实务界对行政应急性原则在行政法律制度建设中的应有地位和作用重视不够，制约了应急法制建设，也成为法治政府建设的“瓶颈”。应急管理作为特殊状态下的一种管理，必须做到有法可依、有法必依、执法必严、违法必究。就“非典”疫情的前期来看，当时缺乏相关的法律法规，造成突发公共事件状态下权力运行的失序。2003年5月，国务院快速出台了《突发公共卫生事件应急条例》，包括预防与应急准备、报告和信息发布、应急处置、法律责任等相关内容，虽然现在看来并不完备，多以原则性的描述和约束为主，但条例的出台还是给抗击“非典”工作提供了行动依据，增强了政府行为的合法性。2004年国务院颁布的《全面推进依法行政实施纲要》提出，“建立健全各种预警和应急机制，提高政府应对突发事件和风险的能力，妥善处理各种突发事件，维持正常的社会秩序，保护国家、集体和个人利益不受侵犯”，将应急管理全面纳入依法行政领域。2008年汶川地震后，国务院快速出台了《汶川地震灾后恢复重建条例》。这些都体现了国家运用法治力量加强应急管理法治化的魄力和能力。

第四节 逻辑性的应急管理制度创新机理

应急管理制度创新是一个不断在新的起点上发展的逻辑过程。从认识论和方法论的意义上看，应急管理制度创新的机理要适应三大逻辑：第一，在新时代如何认识风险，怎样防范和应对风险，即“风险社会”逻辑；第二，建设什么样的应急管理制度体系，怎样建设比较完善的应急管理制度体系，即“风险-危机”逻辑；第三，国家和地区的应急管理制度体系与促进经济社会协调发展是什么关系，怎样通过加强应急管理制度建设推动国家治理体系、治理方式和治理能力创新，促进经济社会又好又快发展，即“风险社会-平常社会”逻辑。这就形成了应急管理制度创新的第三种机理——逻辑性规则和运行原理。

一、风险社会的逻辑

习近平指出，要“学习掌握事物矛盾运动的基本原理”，“学习掌握唯物辩证法的根本方法，不断增强辩证思维能力，提高驾驭复杂局面、处理复杂问题的本领”①。对风险社会、风险治理等问题，我们必须以辩证思维进行科学考量，才能发现和掌握蕴含于其中的社会矛盾运动规律。

管理学、社会学、政治学关于社会冲突的研究，或多或少都与贝克、吉登斯和卢曼等人的名字联系在一起。贝克提出的“风险社会”这个概念，在实际应用中，已远远超出了词义本来的内涵，不单是指社会中有风险，也不仅仅是表述社会的高风险性，甚至不是如人们常说的“人情社会”“熟人社会”“小政府、大社会”的那个“社会”，说社会风险的广泛性和普适性，而是指世界已进入可以用这个词（风险社会）来指代全部时代的“社会”。该理论风靡于世，在社会科学界、政策研究界和公众中产生了越来越显著的影响。人们认为，“风险社会”很好地描述和分析了我们所处的社会结构特征，为理解现代社会的发展和现代化进程中面临的挑战提供了新视角，为制定相关的政策提供了有益的思路。然而，需要注意到，贝克等人提出的“风险社会”虽然是一个普遍性、制度性范畴，但仍然具有相对性、有限性和针对性，是与“阶级社会”对应的，是在讲述现代性新特征的时候进行的一种归结，是对将时空的后现代性与前现代性区别开来的明显特质的一种描述。其本意是说，现代性的发展使得社会变迁步伐加快、范围扩大以及出现空前深刻的风险的这样一种社会状态，或者说这样一个时代的特征——社会进步的阴暗面对社会和政治的影响越来越大，人类面临着威胁其生存的由社会自身所制造的风险，如工业对人类的危害及对自然的破坏，科学技术导致的不确定性增加，某些突发事件可能导致或引发的社会灾难，以及社会政策需要进行调整，治理制度需要重构。毫无疑问，当今世界最重要的特征是社会

---

① 习近平．辩证唯物主义是中国共产党人的世界观和方法论．求是，2019（1）．

大转型，现代化建设的普遍性就是现代性的张扬，风险、挑战、机遇已成为基本面。但是，风险社会指出的是限定在特定历史阶段中社会状态和社会发展中的一些较为突出的倾向。在风险社会的意义上，提供给人们的是思考时代性问题时的一个理论视角、一个“类型学”上的分析方法。

在用风险社会讲解社会现象的时候，思维是不能信马由缰的，需要划定边界。诚如探讨市场经济条件下政府的职能，必须通过明确政府与市场、政府与社会的关系，划定政府的边界，才能正确定位政府职能，搞清楚政府该发挥什么作用、不该发挥什么作用，划出风险社会的边界，也是意在定位风险社会理论的适用范围，它能说明什么、不能说明什么。那么，边界可以从三个意义上进行研究：一是要全面分析风险社会概念的适用范围；二是要分析风险社会的绝对性与相对性、普遍性与特殊性；三是要分析风险与危机之间的关系在前风险社会、风险社会的条件下有何联系、有何区别，即在风险-危机关系的表现上风险社会与传统社会相比较，有什么新的变化。显然，风险社会是对现代性的一种新说法、新概括，并且仅限于此。之所以提炼出风险社会这个概念，是为了导出如下的结论：在一个凸显现代性的社会中，社会风险比任何传统性社会更大，因此现代性标志着社会风险已放大为风险社会了。但是，导致现代性发酵为风险来源的罪魁祸首是什么呢？是高度复杂性。这种复杂性是社会发展配制出的一杯“鸡尾酒”——将传统社会的文化、制度、行为与现代化进程中的新文化、新制度、新行为结为一对兄弟，前现代、现代和后现代的社会结构特征在现今的社会结构层面以及运行层面同时存在于同一个社会体之中。在现代化的进程中，多样化的目标和路径总是与主旋律交相辉映、相辅相成、并行不悖的。

因此，哪怕我们全部从现代性的负面效应来考察现实世界，社会风险也不具有唯一性，同样呈现出复合性和多样性。换言之，社会风险并不一定导致风险社会，以现代性为特征的风险社会并不是现代化的全部图纸。连贝克自己也说：“假如一切都成了危险，某种程度上也就没有什么是危险的了。”[①] 社会不是一个单面体，而是连续性的复合系统。集合论认为，连续统是一个拥有多于一个元素的序集。既然我们很难对传统的东西进行简单的价值判断，更无法否认传统与现代的交织是任何一个

① 贝克. 风险社会：新的现代性之路. 北京：译林出版社，2018：28.

历史发展时期都具有的客观规律性事实，那么，社会现象就不能或者说难以用“风险社会”进行全景叙事，更不可能用它解释一切领域、一切地方、一切事件。

对人类社会的综合性哲学概括，从另一侧面看，也是怎样认识当今世界的“主题”。中国在20世纪80年代初提出了“和平与发展”的时代主题这一重要论断。这一时代主题的概括包含了两层意思：和平与发展是当今时代发展的主流和方向，和平与发展又是当今时代的主要内容和需要解决的根本问题。和平与发展是时代主题的论断丰富和发展了政治学、社会学、国际关系学的时代观，为我国和很多国家分析形势、制定政策、创新制度提供了必要的理论依据。现今人类的两大主题仍然是和平与发展。只要这一点不改变，不论哪个国家、哪个民族、哪个区域，是战乱、贫穷或者是高度发达，也不论这个国家、民族、区域的文明程度处于农业社会、工业社会抑或是后工业社会，都不会改变整个世界的基本格局。因此，我们不能简单地用一个风险社会的范畴来概括和取代社会的时代性。

因此，我们可以认为，风险社会理论虽然包含了哲学的思维，却并没有达到哲学的境界，其研究基本属于社会科学的范畴。

二、“风险-危机”的形式逻辑

在“社会”这个概念的语境中，风险是不可或缺的组成元素，由风险发展为危机的情形是十分常见的现象，风险、危机是社会发展的重要驱动力。但是，风险并不一定导致危机，危机未必一定由风险转化而来。另外的情形也同样司空见惯，比如非常规危机往往就与人们熟知的因果关系不同，未必是由可知的风险发展而来，或者也不一定与不可知的风险有关。

自然界和人类社会就其最终的本体论而言，是符合决定论原理的，即社会发展走向、人的行为活动、事件的演化是存在着客观的因果规律的，是可以根据先前的条件、经历进行预测未来的。然而，在一定阶段的社会、一个特定的社会活动圈中，则是无法完全套用因果规律做出准确解释的，它是按照人的变化着的生产、交换和消费等实践活动，以及政治、文化、意识形态活动，相互作用所形成的活生生的图景，是一次没有底稿的创作，社会千姿百态、变幻无穷的魅力就在于相对的决定论与绝对的非决定论的统一。社会风险与社会危机之间的关系，便存在于这个社会的矛盾运动之中。

社会中的矛盾表现为三种状态：差异、争执和对抗。差异，是社会丰富性的基本特征。“世界上没有两片完全一样的树叶”，差异成为表征事物相互区别和自身区别、事物内部和事物之间产生分歧的客观性，以及导致矛盾加剧的可能性。争执，是社会复杂性的主要特征。争执的前提是利益相关者处于一个共同体中，争执的结果一方面是新的平衡的开始，另一方面是矛盾激化的先兆。对抗，是社会跳跃性的主要特征。对抗是由内在特殊矛盾决定的一种运动方式。社会风险并不存在于社会差异之中，它只是社会争执和对抗状态的写照。风险社会是对社会争执和对抗状态的概括，它提供的是人类历史活动舞台的一侧。德国著名古典哲学家费尔巴哈曾试图将人、社会等的基本概念进行理性抽象，将社会中的其他现象抽象掉，提取出普遍的“类”，他说：“自然科学的领域，从量的范围来说，对于个人完全是一种无法全面认识的，莫测高深的领域。谁能够同时数天上的星宿，又数昆虫身上的肌肉和神经呢？……但是个别的人所不知所不能的事，人们集合起来就会知道的，会作到的。”这种观点被马克思主义经典作家称为“不确切的、肤浅的表述”①。科技发展到今天，我们只会知道面前有更多的未知世界，而不可能得出“人们集合起来就会知道”自然的全部这样的结论。马克思批评费尔巴哈是把幻想“塞进自己的头脑”②。马克思主义认为，社会是现实的、具体的、发展的，在历史上出现的社会不是抽象的、僵死的，不能把它当作一般范畴来考察。我们在研究风险与危机的时候，不能重复费尔巴哈的错误，不能脱离具体分析来建构风险与危机的线性函数等式。

中国正处于社会转型时期，随着社会主义市场经济体制的建立和公民权利意识的觉醒，社会发展的制度本体与制度环境正在发生着巨大的变化。中国人在享受着现代化发展成果的同时，也在吞食现代性带来的苦果。生态环境的不断恶化、超大规模的人口流动、社会阶层大分化大组合、个人利益结构多元化等，都表明社会发展的双重价值体系之间的内在矛盾性。尤其是在我们身边发生的一系列突发事件，使人强烈地意识到，风险社会就在中国。加强对风险社会的研究，在理论上和实践上都极具现实意义。然而，尽管风险大小可以成为社会稳定的晴雨表，却

---

① 列宁．列宁全集：第55卷．2版增订版．北京：人民出版社，2017：58.

② 高小平．从费尔巴哈的“类”到马克思主义的“社会”．江苏师院学报（社会科学版），1982（2）.

未必能决定是否一定会直接由某些风险导致某种危机的发生。

形式逻辑学在考察事物间的相互联系与依存条件关系时有“必要条件”“充分条件”“充分必要条件”三种，我们据此可将风险与危机之间存在的逻辑关系设定为假言命题，提出三种假言推理，亦即将风险（A）与危机（B）的关系分为三类：

一是“必要条件关系”的假设。必要条件的关系形式是说，如果有A而未必一定有B，如果没有A，则必然没有B，则A就是B的必要条件；换句话说，如果由结果B能推导出条件A，我们就说A是B的必要条件。例如，“我们要坦诚地向人大代表和人民群众报告工作，创造条件让人民群众批评政府，充分听取和吸收人民群众的意见，不断提高政府工作水平”①。这里的“让人民群众批评政府”就是“不断提高政府工作水平”的必要条件，有人民群众批评政府未必一定能提高政府工作水平，但是不承受人民群众批评政府的“风险”，就必定导致无法提高政府工作水平的“危机”。再如，“长时间的干旱和高温，加之守护人员严重失职，会导致森林火灾”。在这里，“干旱”“高温”以及“守护人员严重失职”多个条件相加并且是在同时存在的情况下，共同构成森林火灾的原因，不是某一个条件就成为森林火灾的原因。也就是说，风险转化为危机的可能性是有的，但是需要多个条件并存才会发生危机。此类风险虽然为数较少，但不能因为风险全部聚集齐全的概率较小，就认为没有危机的条件。就邻比冲突而言，如果没有邻比设施设址这个“因”，则必然不会发生邻比冲突这个“果”，但即便有邻比设施设址，如果没有信息泄露，或者公民权利意识不强、组织化能力不足、对设施风险的认知不足等，也未必就会发生冲突危机。所以，一般而言，对那些拟建设施来说，邻比设施设址仅仅是邻比冲突“危机”的必要条件。

二是“充分条件关系”的假设。充分条件的关系形式是说，如果有A就有B；如果没有A也未必没有B，那么A就是B的充分条件。例如，“下大雨了，地面湿滑”。这里的下大雨，就是地面湿滑的充分条件，体现的是必然性。但是地面湿滑的原因可能有多种，未必是下雨，也许是前面车辆油品泄漏。在风险、危机研究领域，这种条件关系是最为多见的，并且是已设置了一个前提条件——二者之间存在因果关系。比如

① 温家宝主持召开国务院第六次全体会议讨论《政府工作报告（征求意见稿）》. 人民日报，2012-02-01.

"风险-危机"模型就指出，灾害后果是自然因素与社会因素相互作用的结果，导致危机发生的原因分为两个部分，即面对危险的暴露程度和特定人群的敏感度，于是，脆弱性被视为具有静态性与结果导向性。对那些已经建成运营的设施来说，只要它对设施周边存在真实可见的负外部性影响，就必然会引起周边居民反对而引发冲突危机，但公民反对建成运行的设施有时不一定就是因为这些设施对周边地区存在负外部性影响。也就是说，在建成运行的邻比设施引发的冲突中，建成运行的邻比设施往往只是引起冲突危机的充分条件。

三是"充分必要条件关系"的假设。充分必要条件的关系形式是说，如果有 A，则必然有 B；同时，如果有 B，也必然有 A，那么 B 就是 A 的充分必要条件，反之亦然。对风险与危机的这个关系的假设，即在某种风险与该种危机之间画等号，只存在于人类早期蒙昧阶段、近现代实验室里、理论推理之中，在现实社会中则是不可能存在的。邻比冲突的无数案例告诉我们，在现实情境中是不会出现如此简单的因果关系的。一般来说，邻比设施的设址并不是引起冲突"危机"的充分必要条件。

事实上，在少数情况下，风险是危机的必要条件，即没有某种风险，必然没有该种危机，而有该种风险未必有该种危机。在多数情况下，风险是危机的充分条件，即如果有某种风险就有该种危机；如果没有某种风险也未必没有该种危机。风险是危机的充分条件假设，在邻比冲突中也是最普遍的现象，即如果有某种风险，就必然有该种危机；如果有某种危机发生，不一定有该种风险在前。网络社会中的风险与危机之间关系复杂化发展的趋势，需要我们多研究"充分条件"引发的危机，也就是更多地具体分析形成危机的多元机理，而不要简单地从风险社会的固有概念出发去套千奇百怪的危机，去做"错也不错""用也没用"的无效功。

在现实多样性的世界中，风险与危机之间的交集，原因与结果之间的关联，比逻辑推理和语言分析复杂得多，人类目前的认知能力和科技手段，尚不足以完全搞清楚来龙去脉。最近大家关注的大数据技术，强调非因果的关联性，这很可能会成为对风险、危机问题研究的一个新突破口。

三、"风险社会-平常社会"的辩证逻辑

可以与"风险社会"并列在一起进行观照的命题，可以用一个词语：

平常社会。风险社会是当今社会的重要特征，平常社会也是当今社会的重要特征。

第一，社会基本矛盾没有变。现在社会的基本矛盾仍然是生产力和生产关系、经济基础和上层建筑的矛盾。社会基本矛盾在具体国家、具体发展阶段的表现形式，叫作社会主要矛盾。在中国社会，我们处在社会主义初级阶段，主要矛盾是人民日益增长的美好生活需要和不平衡不充分的发展之间的矛盾。这个主要矛盾与之前的“人民日益增长的物质文化需要同落后的社会生产之间的矛盾”是同一个矛盾，只不过是该矛盾在新时代的一种转化形态。讨论矛盾的“转化”是在矛盾同一律的框架中进行的，突破了矛盾的同一律就无法转化，正如鸡蛋可以转化为小鸡，而石头不能转化为小鸡，因为鸡蛋与小鸡具有同一律，而石头与小鸡不具有同一律。既然社会的基本矛盾、主要矛盾没有变，就说明我们的社会还是在平常的“区间”中运行，没有也不能改弦更张，不走老路，也不走邪路，始终坚持以经济建设为中心，把发展当作硬道理。同时，也需要依据主要矛盾转化的实际，适当调整具体工作的方针和政策，更好地体现社会公平和法治正义：对常态下的社会冲突，应该按照常态管理的思维来主动施策；对规范的非常态社会冲突，也可以按照“有底线的”常态管理方式去解决；只有对超过了极端的临界状态，即规范状态恶化的冲突，才需要采用应急管理的策略。

第二，社会常识没有变。常识是指人所共知的事实，是这些基本事实中包含的人们可以自然而然理解的道理，即常理，以及依于这些理解而生的基本判断力。在我们这个理论泛滥的时代，绝大多数人在绝大多数时候是靠常识来解释形形色色的困惑的。反过来，当理论陷入困惑的时候，我们需要回归常识。现今一些地方热衷于动不动就做顶层设计、总体规划、行动纲领，一些学者醉心于做数理模型、量化分析，看上去很有道理，而且精致漂亮，但这些东西如果是基于常识又高于常识，那么就有价值；如果等于常识或背离常识，就还不如按常识办事。

关于学术界比较热门的研究——“邻避冲突”，陈宝胜教授提出了一个独到的见解，认为应该用“邻比”一词代替“邻避”一词，更加符合此类冲突的实际情况，这样概括更能够反映其理论蕴意①。

“邻比”得与“比邻”通用。《新华字典》注解，“比”，是靠着、挨

① 陈宝胜. 邻比冲突及其治理模式研究. 北京：中国社会科学出版社，2018.

着的意思。中国古代的“邻、里”是一种管理制度。《周礼·地官》说，“五家为邻，五邻为里”。广义的邻比，就是近邻、邻近、邻居、邻里、街坊的意思。“邻比”的历史悠久，运用广泛。杜甫在《兵车行》中有“生女犹得嫁比邻”。王勃的《送杜少府之任蜀州》中的“海内存知己，天涯若比邻”更是脍炙人口、历久弥新的佳句。把“邻避”改为“邻比”，其意义在于将特殊性放大为普遍性，使偶然性寓于必然性之中，把非常态性降低为平常性。邻里之间哪有不产生矛盾的，在这个意义上说，邻比冲突就与街坊乡亲的斗嘴、跳广场舞的大妈与喜欢安静的人之间的争论、这个街区与那个街区的纠纷、邻里联合起来与外部的冲突并无二异。当然，邻比冲突不等同于邻里矛盾，而是聚焦于公民反对在自家附近建设或运营一些可能对周边地区存在某种负外部性影响的设施所引发的社会利益冲突这一特殊社会现象。但是，通过常识性地解构“邻比”问题，指出其与普通邻里矛盾的异中之同，以及同中之异与异中之同之间的关系，便把那些人为强加于其上、不当提升了邻比问题的“理论”摆到了需要再研究的位置上，使自己的成果更加接近社会认知的“地平线”，同时也把平常社会的真实情形展现在我们眼前。

第三，中国当下的社会治理体制和运行机制正在发生重大变化，这种变化恰恰是使中国社会越来越进入平稳发展的新常态的动力源泉。不能把邻比冲突当作一种泛化的、抽象的社会现象，当作风险社会理论框架下的现代化进程中的“自反性”来进行研究，而要立足于现实需要，从中国特色社会主义现代化建设的阶段性特点和中国公共管理的制度优势出发，考量国际经验，解剖中国案例，评估政府能力，提出解决邻比冲突的中国方案。比如，国际上的邻比冲突大多是国家在推行某些对社会整体而言是必要的政策时，政策的目标地区却强烈反对把当地作为政策目标的一种“草根运动”。该类现象展现出特定的大众自我矛盾的态度，在中国和其他国家是有区别的，对于诸如兴建高铁、高速公路，选址工业开发区、PX项目、核电厂、火葬场、监狱、收容所等许多领域，都有不小的差异。在分析邻比现象不同国家之间共同点的同时，需要特别关注特殊性。我国与西方国家在经济发展程度、市场秩序完备性、社会治理有效性等诸多方面不尽相同，导致发生的邻比事件和邻比冲突在原因、方式、烈度、参与者等方面与西方国家有着很多不同之处。基于这样的指导思想，在概括国际上通行的典型治理邻比冲突的四种模式的时候，必须弄清对我国治理的可借鉴性和应用边界，可以从各个模式的治理主体、治理机制、治理方法和治理绩效加以区分。受“底线治理型政府”形塑而成的政府强制型模式的特征是治理主体单一，偏重政府强制力的运用，对特别必要型邻比设施设址有积极意义，但容易激化矛盾，治理的综合绩效不彰。市场主导型模式的特征是治理主体多元化，发挥多元市场机制的激励作用，能有效降低治理成本，增强治理效用，但在面临意见分歧大和伦理困境多的情况下，该模式的局限性便凸显出来。设施管理型模式的特征是鼓励以企业为中心的多元参与，注重设施形象管理，治理成效显著，但适用性有限。社区治理型模式的特征是以社区治理为中心，引入多元参与，积极发挥以社区治理为核心的多元治理机制的作用，倡导间接治理和自主治理，具有积极意义，但需要有较完善的社会发育作为治理条件。不同的邻比冲突治理模式及其治理机制之间存在的差异是相对的，目前正在呈现模式融合和方法互嵌的趋势。可见，平常社会的形态在国际社会中也是一种常态。中国社会越来越进入国际化发展的新常态、新阶段。

提出“平常社会”不是为了掩盖社会风险，而是为了正确地看待风险，防止夸大风险，特别是为了提醒人们要看到夸大风险的风险。夸大风险的最大风险是不当地提高了人们的应激敏感度，而这样是很容易引发过激反应的。美国《国家紧急状态法》自 1976 年颁布以来，历届总统共宣布过 58 次国家紧急状态，其中小布什任期内 13 次，奥巴马任内 12 次，这 58 次国家紧急状态中目前尚有 31 个还在生效。2019 年 2 月 15 日，美国总统特朗普宣布签署“国家紧急状态”行政令，目的仅仅是解决修建美国与墨西哥边境墙的财政资金问题。在宣布命令后，特朗普与第一夫人梅拉尼娅手牵手前往海湖庄园度假①。这难道不是对“平常社会”与“风险”“危机”之间关系的一种拷问吗?

安全感取决于安全本身和对安全的心理预期。假设客观的社会安全状态是一个常数，每个人对安全的心理体验有一个平均值，那么社会总体性安全感就完全取决于社会对安全的主观预期。夸大风险就是将主观感觉中的具有局限性与欺骗性的要素进行放大：看到飞机在天上飞，就认为它是风险最大的一种交通工具，却不顾数据表明飞机发生重大事故的概率约为三百万分之一，是所有交通工具中危险最小的这个事实；看

---

① 特朗普宣布美国进入紧急状态后，与第一夫人牵手度假.(2019-02-16). http://www.sohu.com/a/295183747_120092943.

到科学技术发展带来的“双刃剑”效应越来越大，就认为新兴科技是未来最危险的风险，却不顾科技发展对于防风险的最终推动作用，风险的可控性比之前各种社会历史时期大得多的客观事实；看到核武器、核工业对人类的威胁和对环境的破坏，却不顾有了核武器使得传统意义上的世界大战不再会发生这个事实……

研究有关风险社会和风险治理的理论，要从学理上解决一种倾向掩盖另一种倾向的问题，防止有人通过夸大风险而实现不可告人的政治图谋，防止政府随意使用“被逼”的与民众对抗的粗暴方式。还是那句老话：中国在发展中遭遇的问题最终要用发展的方法予以解决。把中国的事情办好，关键在于坚持发展是第一要务。依靠政治体制改革、行政管理体制改革和社会治理制度创新，解决妨碍发展的负面问题包括邻比冲突，应当成为主渠道。

四、抗争冲突机理与应急管理制度创新

社会性冲突是否完全适用危机管理理论？对于这个问题是有争议的。《突发事件应对法》和《国家突发公共事件总体应急预案》中对发生的自然灾害、生产事故、公共卫生事件都有级别的规定，即按照突发事件对社会危害程度、影响范围等因素，将自然灾害、事故灾难、公共卫生事件分为特别重大、重大、较大和一般四级，唯独对社会安全类的突发事件未规定级别。这说明社会中的冲突甚至群体性事件，其发展并不是按照危机从萌芽期到爆发期，再到高峰期，然后逐步进入消退期这样的路径一步一步演化的，一般不会是一个完整的生命周期，其规律需要另行研究。

研究社会性冲突的方法和路径，不仅可以分别从常态管理研究和非常态管理研究两个方面进行，也可以把这两个方面结合起来、打通之后进行。这就是将社会冲突纳入国家或区域治理体系中，从治理主体、治理制度、治理环境、治理结构、治理机制等方面进行研究，比如提出以问题驱动治理方式改进，防范与化解社会冲突升级，或提出以政策驱动治理制度改进，减少社会冲突的发生，或提出以危机驱动治理方式改进，都是走得通的研究路数。问题驱动的社会冲突研究，是一种以认知行为为引导的研究方法，因为问题本身就是疑惑，“从无疑中发问”，“在有疑处求解”，可以找到打开迷宫大门的钥匙。政策驱动的社会冲突研究，是一种以制度行为为引导的研究方法，因为治理制度是在治理政策环境中

实现变迁的，也只有在行动中才能有效治理社会冲突。危机驱动的社会冲突研究，是对问题驱动导向的复归，只不过在这里的“问题”已经不是认知状态的“疑惑”，而是事实状态的“爆发”，好像是本来存在于心中的疑惑一直没有得到解答，有一天就突然“破口而出”了。

用平常心来做不寻常之事。这与保持危机感、增强风险和危机意识，是不矛盾的，是一致的。但是，要把这两者统一起来，难度不小。很多的时候，一遇到抗争冲突，便自然而然地想到了应急管理，而往往误用了应急管理，使得效果不佳，甚至适得其反。那么，如何判断在社会冲突中应该按照常态管理的方式去解决问题，还是应该用应急管理的方法去解决问题呢?

首先，要看总体治理能力。当应急管理在技术层面的努力不能消除设施的负外部性影响，而发展技术、加强管理可以达到降低邻比设施危害、减小设施危机发生概率的目的时，同样有助于消解邻比冲突。这里，如何增进信任是解决邻比冲突、实现邻比有效治理必然要面对的难题。显而易见，增进信任，对政府总体治理能力有很高的要求：总体治理能力不足时，往往很难有效形成社会信任，因而需要按照应急管理的思维来处理社会冲突；而总体治理能力高，已经或能够有效确立社会信任时，则可以按照常态管理的思维来解决社会冲突问题。与此同时，两个根本利益的冲突之间不存在优先解问题，尤其当其中还涉及社会环境正义的政治伦理问题时更是如此，这就是公共利益悖论的不可治理性，是邻比冲突治理的关键难题所在。环境不正义和社会不公正的双重扭曲使邻比冲突治理问题已经不仅仅局限于环境领域或技术问题，它涉及更为深刻的利益冲突和社会伦理问题。邻比设施负外部性影响破坏的不仅是环境，它还在很大程度上影响了社会群体之间的公平正义和环境伦理。如前所述，从政治环境伦理视域来看，邻比冲突体现了环境不正义的伦理本质。社会冲突内蕴的利益冲突的复杂性、根本性以及政治伦理、技术问题等，都需要政府有很高的总体治理能力；能够有效调节社会利益冲突、能够坚持以人民为中心的利益导向、坚持环境正义和政治伦理、有效治理邻比设施负外部性影响时，可以秉持常态管理的思维；而不能兼顾各方利益、难以真正以人民为中心、不能确保环境正义和社会公平时，可以选择应急管理的方法来应对社会冲突。

其次，要看矛盾的性质。邻比冲突问题源于邻比设施的负外部性影响，因此，邻比冲突治理的相关问题也主要围绕邻比设施而展开，邻比设施是邻比冲突治理问题的核心。邻比设施类型多样，主体利益关系复杂，从实际邻比冲突治理案例来看，邻比设施的必要性程度、设施现存状态以及负外部性影响对象是影响邻比冲突治理具体路径选择的重要因素。多元协作型治理主要根据这三种类型划分标准所做的分类对邻比冲突进行类型化治理。大量案例研究表明，不同邻比设施设址的负外部性影响并不相同，有的邻比设施设址危害公民身体健康甚至生命安全，有的邻比设施设址仅仅是影响风景，有的邻比设施设址降低公民财产价值或者导致公民心理不适，有的则可能多种影响并存。因此，不同邻比设施设址引发的矛盾冲突的性质也各不相同，需要采取的治理策略自然也应不同。对此，需要根据邻比设施的存在状态、必要性程度、负外部性影响等具体类型和冲突情境，对邻比冲突采取“类型化”的治理方式。这实际上就是说要根据不同的矛盾性质来选择具体的冲突治理方式——常态的矛盾，用常态的治理方式；危机情境，采用应急管理的策略。例如，对于影响生命安全或身体健康的必要性邻比设施引发的矛盾，政府要慎重对待，按照应急管理的方式予以处理，而对仅仅是影响风景、导致公民心理不适的必要性邻比设施，则要按照常态冲突处理的策略，在要求各方增强公共精神的同时，根据具体情境，以政治智慧和宽容情怀化解冲突，“让他三尺又何妨”① 不失为一个好的选择。

最后，要看发展的需要。发展是第一要务，也是解决邻比冲突的基本思路。当前，我国正处于实现中华民族伟大复兴的关键时期，国内矛盾和问题凸显，国际竞争日趋激烈，世界局势风云变幻，经济社会生活中的各种矛盾只有通过发展才能得到根本解决，社会冲突治理也是如此。有研究表明，根据其对经济社会发展和社会公共利益的必要性程度，可以将邻比设施分为“强必要型”设施、“中必要型”设施、“弱必要型”设施，设施的必要性程度是影响设施治理路径的关键因素。“强必要型”设施对经济社会发展不可或缺，如垃圾处理设施，这类设施对经济社会发展和社会公共利益具有一定的不可或缺性，但其负外部性影响的存在往往使其设址必然面临一定的反对或冲突。此类设施设址引发的冲突因而需要政府按照经济社会发展和公共利益的需要来做出政策决策，也要

① 清朝康熙年间，大学士张英收到一封家书，信中说老家的人因为三尺宅基地，和邻居起了纷争，要张英利用影响力，疏通关系，赢得这场官司。张英阅罢来信后，提笔回信并附诗一首：千里修书只为墙，让他三尺又何妨？万里长城今犹在，不见当年秦始皇。家里人看完张英回信后，主动给邻居让出了三尺宅基地。

求公民按照有为社会公共利益做出一定牺牲的公共精神的需要来做出行为选择，对这类设施设址引发的冲突应该按照常态化的路径来进行决策。而对“中必要型”设施和“弱必要型”设施，则可以按照应急管理的思路来进行应对。对中国式邻比冲突生成的历史制度背景进行分析可以得知，邻比抗争行动主体的形成，源于公民的权利意识觉醒与成长；导致邻比冲突产生的社会背景，与环境保护运动的兴起和现代科学技术知识的发展有关：现代民主政治的发展也为邻比冲突形成了一定的政治空间。大量案例研究表明，简单地套用外国的治理模式或者粗暴地使用传统控制方式，都是不适应我国现代化建设和发展要求的。优化应急管理体系，需按照国家治理现代化的总体要求，正确处理国家、市场、社会三者关系的基本原则，兼顾国家、企业、公民三者利益，转变政府治理理念和治理方式，增强政府在治理过程中的公开化和透明性，发挥多元主体和多元治理机制的积极作用。

在中国未来的发展中，我们既要正视风险，防范冲突，化解危机，更要由表及里、洞察本质，把常态管理体系和治理能力建设放到重要位置上来，坚持制度自信，发挥好制度的根本性、全局性、长期性、稳定性作用，将改革开放 40 多年来形成的发展势头保持下去，不断显现中国制度的伟大力量，更好地推动国家治理、政府治理、社会治理现代化。

第四章 公众参与和应急管理制度创新

中国实行社会主义市场经济制度和社会主义民主政治制度，同时正在不断创新社会治理制度，社会主义市场经济、民主政治和社会治理都具有一个共同的特征，就是人民的主体地位，党的路线方针政策、国家治理的各项制度都需要按照以人民为中心的原则来确立和行使。在社会主义民主政治和市场经济的政治经济条件下，公众是不是有效地参与应急管理，关系到国家治理体系中的应急管理体系能不能实现现代化，换言之，社会参与是应急管理制度的本质特征，是应急管理制度创新得以实现的关键点①。

第一节 共识转化为制度的条件

中国具有的社会主义“集中力量办大事”的体制优越性，构成了中国应急管理制度的基本选择和主要依据。若以辩证法的观点看，“集中力量”有时候恰恰是“分散力量”，即“把集中与分散结合起来”，或“集中寓于分散之中”。这说明，对分散的多元的主体参与集中的应急管理的判断很容易达成共识。但是，要把规律性的共识转化为制度性的共识，还需要破解许多个性的、内在的、隐蔽的特殊规律。具体到不同领域，之所以会以这种方式而不是那种模式进行变迁，很大程度是制度本身与外部环境的相互作用和多重制度逻辑参与的结果。

---

① 本章部分内容曾以《公众参与逻辑下的应急管理制度变迁》（作者朱婉菁、高小平，发表于2019年第5期《浙江学刊》）为题发表。

一、公众参与的制度创新假设

从国外政府建设应急管理制度的做法和经验来看，大多都是在经历了某类重大突发事件后意识到体制的缺陷进而有针对性地进行改革创新，但不能就此广泛推论这种模式具有普适性。关键的问题就在于寻求导致每一次创新和改革在我国应急管理体制中出现的可归纳的普遍性因素。根据新制度经济学的效率假说，每一次制度变革的出现一定是当时制度环境下的效率选择结果。事实与经验也证明，自2003年“非典”疫情之后，国家在应急管理上所做的“一案三制”制度性安排，在政治、社会、经济绩效上的反应十分明显，而之所以我国的应急管理体制建设会在“非典”疫情之后出现结构性的转向，很大程度是因为现有的应急管理体制难以继续维持突发性事件下制度的稳定性和安全性。可以定论的是，这种制度变迁的动力并非来自制度的自我调整，而是与外部环境不断互动调试的产物。或者说，制度的变与不变，在制度本身已具备确定性的条件下，是由制度环境即外部不确定性所决定的。因此，我们有理由认为，公众参与的制度环境及其变化，对于应急管理制度变迁具有重大的约束作用。

诺思在《制度变迁与美国经济增长》一书中将制度环境定义为一系列用来建立生产、交换与分配基础的基本的政治、社会和法律基础规则①。在这里，作为社会基本规则的制度环境仅仅是被视为制度变迁的外生变量，自身并不受其他因素的影响。显然，这种定义过于狭隘，当制度环境的影响作用于制度形成了新的制度安排时，这些安排会进一步构成对制度变迁的约束条件。诺思本人后来也通过引入“路径依赖”(path dependency）概念，对制度环境的外延进行了扩大。

我们将公众参与作为制度环境提出的对于应急管理制度变迁的重要作用，包含了三个设定。

第一，制度环境及其变化对制度变迁的约束作用来源于不断变化的外部政治社会环境改变了对应急管理的制度需求，这种改变既具有客观性又具有暂时性。客观性在于当制度创新契合当时的制度环境时，确实提高了制度绩效；而暂时性则是源于“适应于变迁之时环境的制度本身会越来越不适应于环境的变化”②。新制度经济学强调需求与供给的平衡，而制度

---

① 诺思．制度变迁与美国经济增长．上海：上海人民出版社，2019.

② 黄少安．关于制度变迁的三个假说及其验证．中国社会科学，2000（4）.

“帕累托最优”则是实现了制度需求与供给之间的均衡。这一假说并不是否认中国改革的政府主导模式，而是强调在中国的政治社会情境中，在这种自上而下的强制性制度安排过程中，需求的“外压模式”与供给的“内在困境”这一客观事实共同推动政策议程设置，影响制度变迁的方向和强度。但是这个假说在验证中国应急管理制度变迁的时候难以避免落入失之以宽、没有直指问题核心的窠臼。因此，需要引入第二个设定。

第二，制度变迁受到公众参与的影响，即公众在应急管理中的主观态度和客观参与行为在一定条件下可以转化为特定的制度环境和制度需求。然而，公众对应急管理体制创新的需求，并不一定必然导致制度变迁的出现，其中意识形态的主观推动作用甚是关键，可以说，对制度的需求加上意识形态才是应急管理体制制度变迁的充分必要条件。因此，公众参与行为能否进一步成为引发制度变迁的导因，又需要进一步考量。于是，在此需要提出第三个设定。

第三，公众参与的制度建设，推动了公众参与的实践行为，能够获取主流政治意识形态的承认及社会利益。这一点实质上是由中国的政治制度决定的。以人民为中心，是诠释党的根本政治立场和价值取向的基础，是认识中国社会发展的阶段性特征、历史方位以及国家事业发展大局的根本出发点，是深刻把握人民群众需要呈现多样化多层次多方面的特点以及应急管理发展规律的落脚点。基于此，公众参与作为制度环境直接进入制度主体，与制度价值、制度工具、制度实践相统一，具体则通过公众对制度变迁的影响力和话语权得以实现。

二、公众参与的制度环境形成

因应同时存在制度需求的“外压模式”与供给的“内在困境”，制度变迁的动力也主要来自两个部分：第一部分是因应制度环境变化的主动改变，第二部分则是应对制度环境变化的被动改变。被动改变与主动改变的最大区别在于如果将制度变迁的力度和方向视为是由不同利益集团之间的利益博弈结果所决定的，那么作为核心行动者的政府，则是在外部环境深刻转型变化的影响之下，意识到自身与不同利益群体的博弈力量对比发生了明显的改变，因此才被动开启制度变迁的政治机会窗口①。

① 沈荣华，王扩建．制度变迁中地方核心行动者的行动空间拓展与行为异化．南京师大学报（社会科学版），2011（1）．

显然，这部分所对应的制度环境和制度需求的改变，政府之外的行动者或称利益群体则是最大的“助推者”。在这里，公众的客观参与行为起到了决定性的作用。为公众广泛而普遍的参与行动提供绝佳机会最显著的莫过于进入21世纪以来互联网及技术的普及带来的一系列社会结构性的改变。新技术条件下的网络社会具有“结构倒置”效应：传统的强势群体在网络上处于弱势，而传统的弱势群体在网络上则处于强势①。正是这一“结构倒置”让原本那些处于“集体失声”的人从“后台”走到了舞台的最前端。

2003年的“非典”疫情，从一个医学的流行病问题，演化升级为严重的社会危机，不仅疫情先后波及10多个省份，而且都随之出现了大规模的流言、谣传、抢购以及群体性恐慌②。当时政府危机意识不足以及地方保护主义等诸多因素桎梏，介入行动缓慢，官方消息的封锁和瞒报，导致疫情蔓延，民间谣言四起。公众无法从官方新闻媒体获取的有关“非典”的信息，却可以在网络上由通信技术的发展而得到。有关资料显示，在官方新闻媒体发布有关“非典”的信息之前，就已经有41%的中国民众知道了“非典”比较真实的情况以及危害性。以广东为例，2003年4月8日记录到了4 000万条短信，4月9日记录到了4 100万条短信，4月10日记录到了4 500万条短信③。北京退休军医蒋彦永于2003年4月4日通过电子邮件将公开信发送给了中央电视台和凤凰电视台，在电子邮件没有得到回应之后，蒋彦永接受了美国《时代》周刊的采访，让世人知道了“非典”在中国的情况。随着疫情的公开，且“非典”跨出中国大陆，到达中国台湾和香港、东南亚、北美，以及世界上其他地方后，“非典”正式进入中国政治领域，中国政府面临着国内外巨大的压力。时任国务院总理温家宝在4月29日出席在泰国举办的有关“非典”的东盟会议时坦诚承认，中国在应对“非典”疫情上存在着“缺乏预防和控制经验，应对机制不健全，一些地方和部门工作不力”等问题④。若没有广泛的公众参与，其后果的严重性更加不可估量。

---

① 张海波，童星. 当前中国社会矛盾的内涵、结构与形式：一种跨学科的分析视野. 中州学刊，2012 (5).

② 周晓虹. 传播的畸变：对“SARS”传言的一种社会心理学分析. 社会学研究，2003 (6).

③ 郑永年. 技术赋权：中国的互联网、国家与社会. 北京：东方出版社，2014.

④ 温家宝总理在中国-东盟领导人关于“非典”问题特别会议上的讲话. (2003-04-29). http://www.gov.cn/ztzl/content_355352.htm.

2011年的"7·23"甬温线动车事故更加凸显了这种巨大社会结构性转变中所形成的既具有偶然性又具有必然性的制度变迁动力。彼时，恰逢社交媒体勃发，作为议题显著度高的突发事件在微博上的持续发酵，极大地推动了公众参与。从国务院常务会议临时决定调整、充实事故调查组，并数次提高赔偿标准，到公众对掩埋车头行为的广大质疑直接导致了时任上海铁路局原常务副局长被记过处分，以及虽然事故调查报告显示事故原因和运行速度并无关系，但之后高铁管理部门仍主动降速等。这些政策调节的结果在很大程度上都可以归结于高度的公众参与。而其中的关键就在于新通信网络技术引发的国家与社会关系的结构性改变，虚拟社会与现实社会的相互嵌入，拓宽了社会大众的政治表达渠道，让更多的社会主体参与政治改革的进程。技术引发的制度变革表现在技术的应用本身所带来的社会问题迫使我们不得不去谋求制度变革的方案而加以解决①。那些看上去属于临时性的政策调整，在经历了一段时间的验证后，便自然进入了制度内涵中，直接引起制度变迁的发生。

无论是当年的"孙志刚事件"所推动的收容遣送制度的废除，还是"非典"疫情后信息公开制和官员问责制的出台，互联网时代的公众参与所导致的制度与政策的调整虽然不是常态，但比以往任何时期都要更有助于结构的优化和价值的澄清与重塑。偶然突发性事件中作为行动者的公众性聚集，加剧了矛盾与冲突性的制度需求，不同组织边界的打破以及制度的不确定性，提供了很多的空间让制度行动者能够战略性地实现其目标②，并自下而上形成一种巨大的"势"，而政府则必须"因势而变"，将新的制度需求纳入制度设计的轨道。

反观主动的制度创新和调整，虽意指政府在制度供给层面主动有效匹配当下的制度需求，但亦能从中体察公众参与推动之下所搭建的制度变迁与政治行动之间的因果链条。随着全球自然系统不稳定性的增强以及社会风险的加剧，突发公共事件的频率亦不断增加，应急管理体制的缺陷弊病不断凸显。进入新时代以来，党关于"部分地区、国家仍处于不安宁之中"的战略判断，以及"中国将继续发挥负责任大国作用，积极参与全球治理体系改革和建设，不断贡献中国智慧和力量"的承诺，都表明中国政府要长期面对来自国内和国际社会的诸多考验，而这也决

① 张康之. 论社会治理中技术与制度的辩证法. 甘肃行政学院学报，2013 (2).

② 刘玉焕. 混合社会组织合法性的获取：基于壹基金的案例研究. 中国软科学，2014 (6).

定了在应急管理层面会更强调主动将应对社会风险为主要构成要素的行政领域纳入国家的政治控制轨道中，积极有效地应对和管控来自不同领域、不同层面的风险。无论是宏观战略定位的转变还是中观层面政治体制改革的实践，无论是国内治理模式转型的需要，还是因应国际社会对中国制度变革的需求，根本的原因都在于新时代我国社会主要矛盾已经转化为人民日益增长的美好生活需要和不平衡不充分的发展之间的矛盾，而社会基本矛盾是社会发展和制度变迁的根本动力。

第二节 公众参与的应急管理制度创新过程

公众参与作为应急管理制度环境对制度创新产生直接的影响，是社会主义民主发展的结果，也是新技术特别是信息和网络技术迅速发展以及政府行政管理体制改革步伐加快耦合的产物。

一、公众参与的信息化过程

和上文中政府因应原本游离在制度设计轨道边缘的公众需求而被动改变不同的是，在这里，社会行动落在制度轨道中切合政府改革方向而助力推动制度的变迁。从计划经济进入社会主义市场经济，伴随深化改革进一步地简政放权，政府可直接调配利用的资源日益稀缺，为保证其主要任务与目标的完成，必须“集中力量办最重要的事”，其逻辑结果必然是进一步地做出有所为、有所不为的抉择，全能型行政体制下的应急管理体制势必也要退出政治领域。但是伴随社会现代化进程中系统风险和复杂性的增加，应急管理领域的“空白地”亦在不断扩大，而各类社会主体对专业化、高效化的应急管理需求却与日俱增。由体制外的力量填补政府“撤出”或“力有不逮”的空白迫在眉睫。其实，政府在20世纪后期之所以接纳了公众参与的主张，之所以愿意按照参与治理的思路去采取某些行动，那是因为其控制力弱化而不得不做出妥协①。因此，政府对通过市场化手段和依靠社会组织，改变传统政府与市场和社会之间力量对比的“此消彼长”到“共生互补”，在应急管理领域提供创新和可持续解决方案寄予了厚望，此时，社会力量在社会矛盾的推动和政府

① 张康之．论主体多元化条件下的社会治理．中国人民大学学报，2014（2）．

改革的牵引下，通过自身的策略性行动，极大地助力政府完成职能的转型和“有序退出”。

据不完全统计，在2008年汶川地震中有300多家社会组织参与到一线救援工作中，催生了如蓝天救援队等众多灾害救援民间组织。而在这之后，各地政府、地震管理部门、共青团系统、社会团体、企事业单位、民间组织等对社会力量参与救灾的体制、机制建设和宣传、培训、科普做了大量工作，为新成立的政府应急管理部在今后的应急救援中能做到一呼百应、八方驰援打下了良好的基础①。长期以来，由于社会组织管理体制的约束，不少民间组织面临着生存困境和发展限制，但是通过参与灾害应对不仅证明了自身存在合法性及价值，亦有效促进了中国社会体制改革的进程和治理的现代化转型。可以说，政府通过将大量原本在制度外生长的社会组织吸纳进制度化的轨道成为应急救灾的常态化力量，所依赖的是作为制度行动者的社会力量的参与，而能否将其作为支撑自我解构、转型的一种外部结构性力量则视乎政府的改革观念，这与下文所要论述的公众参与在多大程度上能够契合主流政治行政主张以及社会意识形态息息相关。

二、公众参与的制度化需求

行动者既是受结构和制度约束的客体，也是推动制度变革的主体，而且无论是政府对制度的主动调整还是回应现实困境下的制度变迁，其背后都有行动者权力关系的博弈作用，而公众的参与行为无疑是最有力的权力触点之一。但公民参与作为一部分人的行为，且多为体制外、非制度化的行为，能否形成与制度创新之间的这种必然的因果机制依然需要推敲。假说中提出制度变迁的出现主要是为了获得意识形态的承认和利益，当整个社会系统中形成了对应急管理体制创新的客观需求时，一种新的制度安排被视为高效率的替代，但是这种替代是否最终会真正进入制度设计以及实施，则要视其是否获得主流政治意识形态的认可，换而言之，必须证明公众参与价值与主流政治意识形态的高度契合。

诚然，发生在中国的众多变革无不涉及的是一个一直萦绕在中国政

① 高小平. 整体性治理与应急管理：新的冲突与解决方案. 公共管理与政策评论，2018（6）.

治发展进程中的重要命题："如何借助权力关系的变化和调整来促进体制变革，同时又如何通过体制的变革和创新来规范变化了的权力关系。"①因此，获得主流政治意识形态认可的前提就是体制创新或新的制度安排能够进一步增进权力的协调问题。应急管理一般被看作"一个内在的、集权性的管理情境"②，这也是被各国实践所证明的相对高效的管理体制。但突发事件又具有明显的地方性，所以应急管理在强化权力集中的同时又强调属地管理为主，即通过"授权"提升地方的应急能力。这也是我国国家治理中一直存在的深刻矛盾，即一统体制与有效治理之间的矛盾，无论自上而下的由国家和政府主导的制度变迁抑或自下而上公民意识日渐成熟下的行动主义，都无法回避中国政治环境中存在着两个充满活性的张力：进一步提升地方的治理有效性，以及强化地方政府对中央政权的向心力。而公众参与却刚好架构起了两个"张力"自由切换的桥梁。安全问题与其他政治经济活动不同，应急资源对于社会而言有着巨大的代价和成本，而且在应急管理过程中更多体现的是打破常规的"非常规化特点"，具体在政府治理模式上就表现为从"行政发包制"或"松散关联制"转化为"高度关联化"。我国自2003年旋即开始系统建立以"一案三制"为核心内容的现代应急管理体制，正式开创应对突发性事件的统一指挥局面；到2018年应急管理部的组建，可以说是在正式组织制度上厘清了自上而下"所有权"与"控制权"之间的关系，以集中统一为基本原则，强调对分权和职能划分产生的碎片化进行整合，以组织制度化的形式实现权力的重新配置。集权传统在这里有着巨大的优势。特别是党的十八大之后，鉴于深化改革实践的需要，有效集权这一政治价值导向成为领导层所认可的共识。但任何集权形式要发挥优势，就必须有为其正当性（合法性）辩护的必要。而公民逐渐进入"公域"，参与和影响政府的决策，与政府形成良性互动的关系则最大程度上解决了权力与体制之间的紧张关系，并证明了集权的正当性。中国语境下强调的公共参与，除了承继哈贝马斯所说的平等、理性的对话之外，更重要的在于政府首先要在法律、制度等方面向公众提供行动的场所以及赋予行动的合法性，这为集权优势提供了民主价值的辩护。而应急管理领域集中力量办大事的治理模式，作为一种超常规、动态化的公共利益调试器，

---

① 林尚立．权力与体制：中国政治发展的现实逻辑．学术月刊，2001（5）．

② 胡杨．危机管理的理论困境与范式转换．郑州大学学报，2007（2）．

公民参与则佐证了这种利益调试的公正性，并印证了中国社会主义体制下社会自治与集权下的“积极政府”共存的合理性。

总之，公众参与作为应急管理制度环境之所以形成以及制度之确立，是新技术特别是信息和网络技术迅速发展与政府行政管理体制改革步伐加快之间耦合的必然结果，也是制度环境和制度需求在政府中实现了相互统一的结果。

第三节　公众参与强化制度变迁的路径

制度变迁是一个渐进过程，公众参与打破了自上而下的制度变迁的既有动力，扩大了原有内部制度冲突的范围。因此，公众参与既为在短期内加速制度创新提供了政治机会和行政机会，同时也作为制度创新的形式而存在。

一、学习机制扩大了公众参与的政治机会

“学习”是制度变迁中的一个重要机制。就我国的情况而言，这种机制的作用更加明显，不仅在直接推动制度变迁和政策演进中扮演重要角色，而且通过向“外部”学习扩大了公众参与的政治机会而间接地成为制度内生的变革力量。中国共产党是一个有着优良学习传统的政党，新中国成立以来，党和国家政策演进也是一个不断学习、不断试错、不断适应的过程。纵观整个应急管理的制度变迁过程，亦可以体察鲜明的“学习”导向。

首先是向“他者”学习。在长期的管理实践中，发达国家政府在应急管理方面积累了丰富的经验，并逐步形成了相对成熟和完善的应急管理体系。从 1979 年美国政府设立联邦应急管理局，在中央层面将综合化灾难安全管理制度化之后，综合化已成为世界各国广泛应用的安全管理模式①，中国也不例外。从单灾种、部门应对的传统应急管理体制，到通过设置应急办、应急专项指挥部再到现在的应急管理部，逐步提升了政府整体性权力和全面应对各种类型灾害的能力，实现了综合化协调与专

① 詹承豫，徐浩. 韩国应急管理体系的演变及其启示. 国家行政学院学报，2016 (4).

业化应对的统一。

其次是向“前事”学习。在我国，“多难兴邦”的传统文化根深蒂固，而其中所蕴含的则是“从灾害中学习”的社会机制，“前事不忘，后事之师”，具体就表现为在每一次发生某一特定类型的重大灾难事件并出现无法有效应对的情况后，政府都会有针对性地进行体制的改善。例如，我国1998年的特大洪灾，推动建立预警预报系统，强化以地方为主、中央为辅的灾害救助体系；2003年的“非典”疫情，中国政府开始将零散的单灾种突发事件应对提升为在政府层面的全类型突发事件综合应急；2008年的南方雪灾和汶川地震，凸显了应急管理体系中社会的脆弱性，促使政府增强应急救援能力，发展多元的灾害救助体系；2011年的“7·23”甬温线动车事故，社会舆论压力倒逼中国政府思考并调整传统危机公关的处理模式；2015年的天津港爆炸事故，暴露了现有应急预案在应对此类“极低发生率，极严重损害结果”的灾害事件时的无力无措，由此推动中国政府进一步建设提升专业化应急处置能力。可见，“前事”学习机制在制度创新和扩散中的地位举足轻重。

最后是向“思想”学习。制度变迁是一种实践形态的社会样式。实践从先进思想中取得营养，或者唾弃某些过时的想法，也是学习机制的表达方式。传统观念向来是实现制度创新的最大障碍，而制度变迁中的学习机制则是源于权力主体意识到社会问题或现实需求，进而主动采取有效行动突破政治环境的约束，所以必须营造一种宽松的政治思想环境来减少行动的阻力。2003年的“非典”疫情后，政府多层面多维度进行体制改革，其中涉及政府机构、社会组织、媒体等多个领域，发轫于西方的新闻发言人制度的普遍确立，公民知情权的广泛讨论等，都成为拓展政府在应急管理领域的专题学习范畴的探索。

政治机会事实上本身就是政治。“政治环境的各个方面，这些方面是一贯的，但不一定是正式的或永久性的，它们通过影响人们成功或者失败的预期，为人们提供激励以从事集体行动。”① 而政府的学习机制事实上可以为理解中国公众参与发生、发展及其成败提供一个真实的新视角。中国应急管理制度变迁中所打开的公众参与的政治机会窗口，其线索和动力一方面来自中国政府自身在面对新问题和挑战时所具有的适应性和学习能力；另一方面也在于中国公众能够敏锐捕捉政治环境的改变，进

① TARROW S. Power in movement. New York: Cambridge University Press, 1998.

而有效把握政治参与机会、调整自身参与策略的能力。

二、公众参与成为应急管理制度创新的行政机会

我们强调公众参与对制度变迁的意义，并不是将其等同于诱导性制度变迁，也不是否定政府自上而下的改革效力，而是旨在证明公众参与对中国应急管理制度变迁的特殊作用。但这种具有自身特色的中国公众参与却也无法避免制度变迁中的“锁定”（lock-in）效应，甚至有可能进一步加剧制度的路径依赖，而“发展路径一旦被设定在一个特定的进程上，网络外部性，组织的学习过程，以及得自历史的主观模型，就将强化这一进程”①。从检视新中国成立以来我国应急管理发展路径及相应制度安排的贡献绩效出发，我们发现中国应急管理制度的发展存在明显的路径依赖，在成立应急管理部之前的综合应急管理体系下，分灾种分部门的管理体制依然按部就班。究其原因则在于政府主导下的制度创新的组织基础在当前以及可预见的未来依然是韦伯式的科层制结构，“这是一个绕不过去的坎”，而这也就意味着固有科层制组织结构的弊端依然会对体制产生重大影响。例如，在 2015 年的天津滨海新区发生的爆炸事故，2018 年的福建泉港发生的碳九泄漏事件，以及很多发生在已有了较大的制度变迁后的事件中仍然存在着信息封锁、瞒报、应急机制不健全等现象，其症结都与科层制组织结构有千丝万缕的关系。

应急管理并不排斥常态管理，但当常态管理中某些广为应用和流行的模式移植到应急管理中，一个巨大的障碍是：政府的组织、管理和人事制度依然是为等级制政府模式而设计的。常态科层制组织架构下特别是作为直接面对突发事件的基层组织没有足够的能动性和积极性去培养应对新型灾害性的能力和机制。诚然，公众参与在某些时刻能够突破政府组织的边界，打破科层制的壁垒，促使政府做出有效的回应，但公众参与下的制度调整却不具备激励功能，事实上公众参与是压力型科层体制的“触底反弹”。也就是说，在具体突发性事件中，也即制度变迁过程中的某个关键节点（critical junctures），公众参与无论是作为制度的外生性动力还是内生性需求，虽然可以推动制度创新，但却无法提供长效稳定的动力机制，而这就可能进一步加固体制的某些结构性缺陷，根本的

① 诺思．制度、制度变迁与经济绩效．上海：格致出版社，2008.

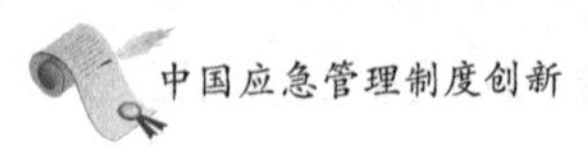

原因就在于这种制度调整作为碎片化的制度修补为制度变革的冲突性需求带来了一定的缓冲，并进一步阻碍了新旧观念的替代，导致制度陷入“自我锁定”的状态。

三、公众参与成为应急管理制度变迁的新形式

制度的创新问题永远都是被现实问题所导向的。中国改革开放以来的一切现实问题，归结起来都是由制度创新带来的。中国的创新主导者是党和政府。从党的改善和加强领导，到建设服务型政府；从地方政府的管理创新，到中央政府的行政管理体制机制创新；从政府创新战略制定、决策程序规范、运行流程再造，到基层社会法治、德治、自治并重的治理创新……近几十年来，中国的各级行政管理创新为公众参与提供了极为广大的行政机会。这些机会又反过来促进公众参与的数量和质量的提高。新制度经济学中的制度变迁理论在中国流行的根本原因就在于中国正处于巨大的体制转轨期，这一时期，政府发挥作用的领域比任何时候都多得多，作用的力度比任何时候都大得多。而在应急管理制度变迁的探索中，我们毫无疑问地可以说，政府管理和服务领域的大量创新，尤其是“互联网＋政务”的创新，在带动政府自身应急管理创新的同时，造就了一个新的公众参与的行政机会，为公众参与应急管理体制创新搭建了舞台。

应急管理制度变迁是公众参与制度建构的新形式。各级政府在改革创新中产生了大量经验，及时将成熟的改革创新政策上升为制度，从制度上解决政府创新的动力问题以及可持续性问题，是制度变迁得以实现的一种结果形态。越是创新性强的管理方式，越是会迅速上升为制度，即制度变迁与政府创新成正相关性。从根本上说，政府创新的动力源自经济发展、政治进步、人民需要和全球化冲击，但其直接动力则是压力、激励和制度，其中制度是长久性的动力所在。制度是激发和保持政府创新持续动力的最可靠保障。无论是来自内部和外部的压力，还是来自官方或民间的激励，从总体上说，都不是维持地方官员创新的持久动力。这种持久的动力来自制度。一种政府创新，无论其效果多好，多么受到群众的拥护，如果最终不用制度的形式得到肯定和推广，那么，这种创新最后都难以为继，就难免“人走政息”，成为短期行为。因此，以制度变迁巩固创新成果成为必然选项。

上述三个方面，组成中国公众参与应急管理制度变迁的“正-反-合”

基本逻辑。这里的辩证法体现在：“学习”是汲取公众的能量、智慧和技术，成为分析制度变迁中公众参与的正向逻辑；“路径依赖”是汲取历史的经验教训，成为叙述制度变迁中公众参与的有限性、阶段性和成长性的反向逻辑；“政府创新”是汲取常态管理的优点优势，成为表达公众参与在行政制度变迁中的总体性逻辑。

第五章 应急协同治理制度

国家治理现代化是党的领导、人民当家作主、依法治国三者有机统一的实现过程。全社会的协同治理制度的建立，是国家治理现代化的关键环节。协同治理的核心问题是协同治理的制度化。我国在建立应急协同治理制度的探索中，正在走出一条常态协同治理与应急协同治理相结合发展的新路子。在理论研究和工作实践中，应急协同治理发挥着重要的探索、引领作用，对协同治理的多主体社会责任制度理论、协同性伦理领导力理论、极端条件下应急协同制度理论等方面都有涉及。

第一节 多主体社会责任制度理论

在危机时刻需要社会中人与人之间的理解和合作，人们能否在危机面前互相理解和合作呢？社群主义思想为合作治理制度的实现提供了思想认识的可能性，这成为建立多主体社会责任制度的主要理论基础，为社会组织在协同治理中的地位和作用提供了制度性理解。

一、社群共同体思想为合作提供制度依据

根据社群主义的观点，完全社群应具有四个特征：一是社群必须共享完整的生活方式，而不只是分享利益或只是为达到目的而结合的一个手段。二是社群由面对面的关系所组成，因此会产生。三是关心所有成员之幸福并且依互惠性义务尽己所能提升幸福。四是社群为个人自我认同的核心，其关系、义务、风俗、规则和传统对我不只是重要，而且使我之所以为我。

社群主义强调普遍的善（good）和公共利益（public interest），认为

个人的自由选择能力以及建立在此基础上的各种个人权利都离不开个人所在的社群。个人权利既不能离开群体自发地实现，也不会自动导致公共利益的实现。正是这种对共同体生活的向往和对至善的追求，使人们在集体的行动和公共事务的处理中，能够建立互惠、资源共享、相互合作、彼此信任的关系。

社群主义思想由于关注公共利益、注重公民资格、重视公民美德、倡导公民参与，为公共危机复合合作治理提供了理论上的支撑。在复合合作治理中，政府、社会组织、国际组织乃至公民个人之所以能够进行合作，形成一个坚强的实体，社群的力量是其推动力。通过作为社群活动之一的社区活动，能够对其作用管窥一二。例如，美国西部社会在形成过程中社区是先于政府而存在的。社区的存在与发展规模推动了镇、市、州政府的建立，即由社区自己决定地名，自己制定选举各级政府官员的制度。政府也是自下而上地建立起来的。居民为了自己社区的繁荣发展，为了吸引更多的移民，争取更多的投资，需要积极行动，争取本地区成为政府的所在地，为此，社区中的人们不遗余力地摇旗呐喊、捐钱捐物，他们将个人利益和公共利益融为一体。因此，人们之所以走到一起结合成各种社群，是因为他们拥有共同的需要，经过他们的共同努力，将自身利益直接体现到各种社会制度之中。

社群共同体思想对合作治理公共危机的意义体现在以下几个方面：

一是只有当人们积极进入社群，并积极参与社群共同体生活之后，才能摆脱危机中的恐慌和无援。

二是社群思想强调的公民资格，不仅使公民具有参与应急管理的意识，而且也是公民实现自己权利和价值的重要手段。

三是积极公民性有利于公民主动参与社会公共事务，承担社会责任。

四是弘扬公民美德，充分发挥公民美德在应急管理中的作用。

二、社会组织参与应急管理的制度

当政府大规模地从它不该管，也管不了、管不好的社会领域中退出后，谁来管理政府让渡出来的社会事务而不至于留下管理的真空呢？市场和企业，这是长期以来人们给出的答案。但市场犹如一把双刃剑，它在实现资源的有效配置、提高效率的同时，也会产生各种各样的问题。正因为市场不是万能的，所以20世纪50年代，一些西方国家单纯依靠政府，实行从摇篮到坟墓的福利型改革；同样，政府也并非万能的，它

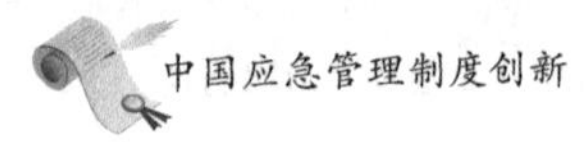

也有自己内在的缺陷，否则，20 世纪 70 年代以后新自由主义也不会重新抬头，公共领域的民营化改革也不会发生。特别是面对公共危机频发这种情境，单靠政府或企业均无法提高救治效果，应急管理必然需要多方参与，而在“公域”和“私域”之外的社会组织的发展，为合作治理公共危机提供了现实的依据和可能性。

社会组织包括非政府组织、公民的志愿性社团、协会、社区组织、利益团体和公民自发组织起来的运动等，它们又称为介于政府与企业之间的社会组织。虽然社会组织具有“自愿组织”“非营利组织”“非政府组织”“公民组织”“社团”等不同的名称，但它们都具有以下特征：(1) 正规性。社会组织有自己的章程和组织机构，具有根据国家法律注册的正式身份，是法人；而那些临时聚集起来的人不能算作社会组织。(2) 私立性。它既不是政府机构的一部分，也不是由政府官员主导的董事会领导。(3) 非营利性。它不把获取利润当作生存的主要目标，而通常把提供公益和公共服务当作主要目标，虽然在一定时期它也收取一定的费用，但这样做是为了组织的存在和正常的运作。(4) 自我治理性。它不受外界力量的控制，自主地开展活动。(5) 自愿性。其成员的吸纳和活动的开展均建立在自愿而非强制的基础之上。(6) 公益性。这些组织的存在不是仅仅为了满足参加者的利益，而是服务于公共目的和为公众奉献。

在政府应急管理过程中，社会组织的作用主要表现在以下几个方面。

首先，社会组织在危机之后的救援工作中能够发挥重要的作用，尤其是在危机之后混乱不堪、交通不畅，外援力量不能及时赶赴现场的情况下，当地的社会组织发动的救援行动，对控制和减少人员的伤亡具有重要的作用。特别是在一些政府威信低、应急能力弱的国家，当政府对灾难束手无策时，社会组织通过各种网络，动员民间社会自发力量代替政府的角色，更显得重要。例如，1999 年土耳其发生 7.4 级地震，超过 17 000 人丧生。土耳其政府在灾难发生后即陷于瘫痪，官员亦未能及时做出响应。40 多个社会组织立即组织“公民社会地震协调委员会”，统筹救援工作，为超过 25 万灾民提供物资，并搭建大量帐篷供灾民栖身。

其次，社会组织在危机之后的灾难重建工作中能够发挥重要的作用。危机的突发可能只需要短短的几秒，但灾后的重建、人们心理的恢复，不但时间长，而且耗资巨大。如果由政府单独承担，将对公共财政造成相当大的压力。社会组织筹集的资源则有助于舒缓压力。例如，“9·11”事件后，美国社会在3个月内共筹得1.5亿美元捐款，其中57%的捐款由不同基金组织筹集。这些捐款再分发到各慈善机构，协助纽约市重建和帮助死难者家庭。在心理救助方面，这些组织也发挥着重要作用。

最后，除了救援、灾后重建等功能，社会组织在危机中也能发挥反映民意和监督政府的政治功能。公民自发组织的网络有助于形成讨论社会问题的“公共空间”，就潜在的社会问题做出控告。危机过后如果政府反应缓慢，或处理危机不力，社会的声音就有助于政府做出改善。例如，世界银行总结墨西哥城1985年大地震的经验时指出，社会参与在危机事件的治理中发挥了重要的作用。在危机发生后的两周内，灾民大规模动员起来，清晰表达他们要求政府做出行动的实质要求。他们通过举行多次大规模游行，令政府当局感受到他们的存在，看到他们的“诉求”。又如，在抗击“非典”的过程中，北京开通了多条“非典”心理援助热线。这些心理援助热线是由来自北京大学、清华大学、北京理工大学等高等学校的心理学研究专家和团组织系统主办的“青春热线”、北京报界的“妇女热线”、社会各界组织的“进城务工热线”和“残疾人热线”等社会公益热线的负责人志愿组织起来开通的。心理援助热线的专家们还商议主动向媒体投稿，扩大影响，让更多市民了解心理知识。

为了实现社会组织在应急管理中的作用，需要对之进行制度化建设。纵观各国对社会组织参与应急管理所建立的相应制度，结合我国的制度实践探索，主要有以下特色。

第一，多元性。依靠制度，维护社会组织及参与者的多元性。参与的社会组织来自不同群体，从传统到现代，从工会到商会，不同宗教背景、不同地域，形形色色，包罗万象。如果没有制度化管理措施，很容易导致在政府统一的应急指挥体系中成为趋于一体化、无差别的参与者，便难以发挥社会组织参与应急管理的多元性优势。一些地区创造的“三社联动”做法，就是社会组织多元性的一种制度创新。“三社联动”是指社区、社会组织和社会工作者之间的联合行动，强调以社区为平台、以社会组织为载体、以社会工作者为支撑，建立应急联动格局。“三社联动”制度从基层社会治理创新这一角度考察，实质上解决“政社分开”的难题。实践表明，仅仅通过现有的法人社会组织来调动社区居民参与社区建设，既缺乏实际又成效甚微。社会组织的多元性，使得各类社区社会自组织都纳入“三社联动”的范畴，发挥具有法人资质的社会组织在社区内的枢纽和孵化功能，不断促成社区内各类人群的自组织化，形成一个个社会组织，与政府直接管理的社会组织形成两支队伍，各自在有优势的领域贡献力量。

第二，民间性。依靠制度，扩大社会组织及参与者的民间来源。我国在相当长的时间中存在着“政会不分”的现象，将社会组织作为政府的“附属物”，强制其行为、乱摊派、乱评比，这在很大程度上挫伤了社会组织参与公共事务的积极性。推进社会组织民间性定位的制度建设，有利于在政府继续支持社会组织发展的前提下，使参与应急管理的社会组织回归非政府的民间地位，克服当前社会组织存在的种种弊病，增强政府对社会组织的公信力，创新社会组织管理，吸引社会成员加入民间组织，壮大社会组织的基础。

第三，互助性。依靠制度，巩固社会组织及参与者的合作精神。发展社区组织、培育社会组织，将具有相同志愿、相似偏好、一定技能的社会成员组织和凝聚起来，共同参与应急管理和公共事务，这体现了从单位制时代“国家-单位-个人”，到单位制解体后“国家-社区-个人”，再到社会治理背景下的“国家-社会组织（包括社区社会自组织）-个人”的转变，其核心问题是要解决组织与个人、个人与个人之间的互助。在应急管理中，这种互助、互救性合作尤为重要。如果说，“政社不分”“政会不分”是手段，“国家-政府-社会-个人”的合作才是真正的目的。

第四，监督性。依靠制度，增强社会组织及参与者的自律性。社会组织在应对危机中扮演重要的监督及倡议者的角色，这种监督体现在两个方面：一是对政府的批评和建议，主要来自医疗类社会组织、工会及工商团体，它们往往对公共危机的特殊性质和发生机理具有专业知识，可以对政府决策发挥咨询作用。二是对社会组织自身的监督，主要依靠建立相关自律性制度。比如，建立由政府协调或参与的社会中间组织，让这些中间组织监督专业组织。又如，建立枢纽型社会组织进行监督，即在每个行业或领域、归口一两家有权威信誉的组织作为枢纽型组合，协助政府或与政府共同实施监督管理。此外，发挥社会化监督的作用，特别是专业监督机构、“监督志愿者”“民意代表”通过反映、询问、评估、举报、建议、提案、质询、复议和诉讼等方式，对社会组织实施有效的监督。

第五，分散性。依靠制度，坚持社会组织及参与者的适度分散化。集中往往是政府的优点，而不一定是社会组织的强项。在应急管理中，

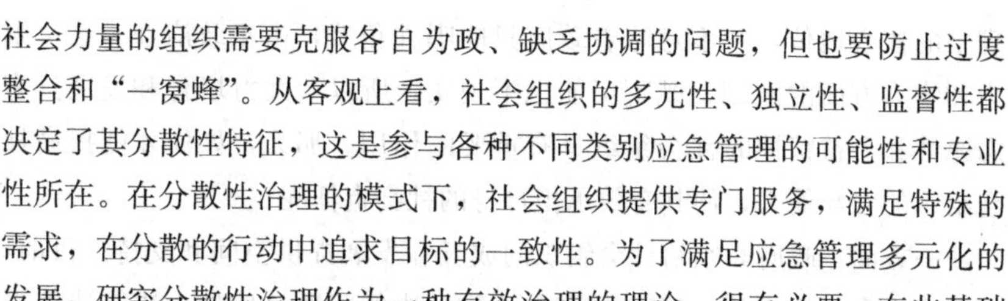

社会力量的组织需要克服各自为政、缺乏协调的问题，但也要防止过度整合和“一窝蜂”。从客观上看，社会组织的多元性、独立性、监督性都决定了其分散性特征，这是参与各种不同类别应急管理的可能性和专业性所在。在分散性治理的模式下，社会组织提供专门服务，满足特殊的需求，在分散的行动中追求目标的一致性。为了满足应急管理多元化的发展，研究分散性治理作为一种有效治理的理论，很有必要。在此基础上，尽快建立分散性管理的制度，发挥组织离散与个体合作融合性作用，并在实践中推广应用，是一项有前途的工作。

第六，信任性。依靠制度，在危机时刻，增强公众与政府的相互信任，对治理结构的形成及其绩效影响至关重要。信任作为社会系统中的一种控制工具，与社会秩序有着密切关系。在公共危机中，如果公众对政府不信任，政府公信力就会瓦解，流言、谣言甚至迷信活动就会趁机泛滥。信任的建立，有利于公众对应急决策的认同，进而形成遵守和支持决策的社会基础。信任又是公众广泛参与应急管理的前提，没有信任就无法建立互助互勉共同治理的群体。社会的信任体系是应急管理能力的重要组成部分。建立信任制度，以公正性、有效性、非人格性选择，保障相互信任、相互合作，是信任体系建设的关键。要建立社会成员讲真话的政治环境，形成法律面前平等、政府信息公开、公众与政府之间双向对等沟通的社会信任模式。

第二节　多主体社会责任制度建构

现代社会，政府、市场与社会组织构成了应急管理的基本框架。它们之间只有精诚合作、互相支持，才能为社会发展提供良好的秩序。为此，它们三者之间应保持平衡关系。尽管政府是现代应急管理形态的核心，但不是唯一的治理机制，不能挤占市场与社会组织的位置，取代它们的功能，而应该利用其权威地位提供有利于后两者健康发展的制度环境。三种治理机制只有相互渗透，构成分布均衡的网络，治理的触角才能延伸到社会生活的各个角落。另外，三种治理机制必须能连续产生出社会行为者对彼此之间的信任。

一、政府主导与社会参与的基本格局

社会组织参与应急管理的精髓在于“以志愿求公益”。政府在应急管

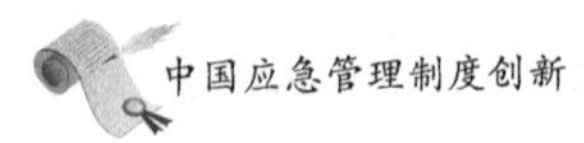

理中的核心地位，并不意味着政府只能唱独角戏，由于政府在人力、财力和物力方面的限制，既不可能也不现实，所以，大力培育和发展具有志愿性和公益精神的社会组织具有重要的作用。那么，如何才能提高社会组织的参与能力，使其有效承担自身的社会责任呢？

一方面，政府必须给社会组织的成长和发展提供空间和支持。目前，就我国社会组织来说，还存在许多亟待解决的问题，比如：法律法规不健全；经费严重不足；在缺乏自律机制的情况下，内部管理混乱，从业人员良莠不齐；等等。为此，政府可以从以下方面促进社会组织的成长。一是降低准入门槛，加快审批速度，形成社会组织快速成长的环境。二是资金的扶持。资金是组织运作的基础。社会组织的发展也离不开有力的资金支撑。特别是在社会组织发展初期，资金筹集和获取的能力较弱，更离不开政府资金的投入。如果政府负责提供资金，不仅解决了社会组织的生存问题，而且政府让渡出来的大量应急管理工作也能得以承担和履行，实现政府所期望的公共目标，壮大了社会组织的服务功能。但是政府对社会组织的财政支持与传统的财政拨款有所不同，政府可以采取向社会组织购买的方式，实行公开招标和公平竞争的原则来进行。三是提供法律支撑和政策保障。这具有双重作用：既可以通过法律形式确定社会组织在应急管理中的主体地位，明确划分其与政府在应急管理中的权责关系，确定各自的治理边界，防止政府公权力扩张过程中对其独立性和自治性的损害；又可以用法律或制度来对社会组织进行规范、监督和管理，逐步完善对社会组织依法监督和管理的长效机制，把社会组织的职能和发展纳入国民经济和社会发展规划，为其快速成长提供法律保障。

另一方面，社会组织必须提高自身参与应急管理的能力和效率。为此，社会组织必须在以下方面努力：一是制订和完善社会组织参与应急管理的计划和方案，如科学化的应急处置程序，人员安排与职责的划分，民间人力、物力和财力的调度计划以及救灾物资有效发放的保障机制等。因为社会组织参与应急救治是出于公益性和志愿性，但是如果这种自发的参与热情得不到有效的安排和指挥，只能是散兵游勇，各自为战，无法形成整体性力量，甚至可能导致混乱。二是拓展人才招募渠道，优化人员结构，提高人员素质。社会组织可以在自身影响扩大的同时，通过在高校和社区的宣传工作吸引高素质的志愿者来补充人力资源的不足；也可以通过邀请应急管理专家、学者对志愿人员进行应急知识讲座和培训，避免面对危机事件时手足无措。三是社会组织必须加强自律与他律工作。不可否认的是，社会组织也有自身的利益要求，不能排除它们借助应急救治进行投机获利的倾向。这就要求组织成员既要坚守公益精神和道德规范，又要组织增强应急救治中管理、财务管理、收支管理等方面工作的透明度，接受社会公众的监督。同时，作为委托人的政府，一方面授予社会组织一定的权力，满足其部分合理要求，从而为其参与应急救治提供一种正向激励；另一方面，要对其进行严格的制约和监督，防止其自利行为。

二、企业在社会参与中的基本制度

虽然企业是以利润最大化为目的的，但并不意味着这些以营利为目的的企业就不会参与公益性强的应急管理活动。在“非典”肆虐之时，有远见并有社会责任感的企业家如果向医疗单位、攻克病毒的研究机构或被病痛折磨的病人捐钱、捐物，就会得到老百姓的广泛认同和赞许，打破一贯被认为企业在市场竞争中追求的唯一目标就是利润最大化，企业与社会的关系就是一手交钱、一手交货的关系，企业奉行利大大干、利小小干、无利不干的偏见。另外，企业在危机出现时积极投入救治还源于社会中存在的高度信任感。社会中存在高度信任感，能够促进大规模企业的产生，如果大科层组织能够通过现代化信息技术，使小一点的公司慢慢转型并加入它们的网络，这时候拥有高度信任感就如虎添翼了。也就是说，社会团体中人们之间彼此信任，蕴含着比物质资本和人力资本更大而且更明显的价值，高信任度的社会，组织创新的可能性则会更大。在公共危机出现之时，许多企业是愿意为公共危机的治理贡献自己的力量的。因为这种责任的承担对企业来说带来的不只是经济利益，更是社会资本与长久利益的获取。它们通过在应急管理中发挥自身的作用，改善自身的社会形象，提高在社会上的知名度和美誉度。在经济竞争越发激烈的时代，企业充分发挥自身的经济运作强势，扩大自身的社会资本，促进和协调更广泛的经济利益关系，不仅能够解除公共危机对自身的影响，也能达到商业性的目的。

即使如此，营利企业在参与公共危机救治时也必须接受政府的统一领导。对于政府来说，一方面要大力鼓励营利组织参与公共危机的救治，特别是在免费或低价提供救灾物品方面；另一方面考虑到企业的自利性，不宜像对社会组织那样，对其授以权力，即便为了救治危机的需要，迫不及待已对企业授权时，也要对其进行严格的制约和监督。为此，政府要制定统一的法律法规，防止和打击个别企业的不法行为，比如：严厉禁止企业在提供救灾物资时以次充好，假冒伪劣；规定救灾物资的最高限价；禁止负责灾害赔偿的保险公司推诿责任；等等。通过法律法规的制定和实施，加大对不法企业的打击力度，增加惩罚性成本，从而规范企业的行为。同时，除了运用法律来进行制约以外，也要加强媒体、公众对企业的监督，疏通对不法企业进行举报和曝光的渠道。

三、公民参与的基本制度

在一个开放、分权和多中心治理的社会中，要使公共危机的治理顺利运转，没有公民参与就如同空中楼阁。然而要使公民积极参与公共危机的治理，就需要公民具有公民道德和公民意识。公民道德和公民意识不是凭空产生的，更不是任何大道理的说教就能形成的，它需要在公共生活中逐步养成，存在于个人和社会的不断互动之中。当公众具有公共精神和责任时，面对公共危机，他们的行动就不是等待政府的社会动员，而是尽可能地承担起公民的那份责任。在关键时刻，普通公民会出于公民的责任而成为社会动员的一部分，公民责任是职务责任的基础，既体现在核心圈内又体现在核心圈外。公民责任要求处于核心圈内的每个人，以公民身份承担着自己的职务责任；公民责任还要求处于核心圈外的每个人、社会机构，以公民价值观和道德准则承担社会责任即公民责任。

那么，社会公众在应急管理中应该承担什么责任呢？有学者认为，公民个人责任主要是指公民个人基于责任、义务和能力所做的减少危害损失的自觉努力。在应急管理中主要体现在以下几个方面：一是相信政府并主动配合政府；二是及时、客观、真实地报告信息，不迟报、谎报、瞒报、漏报信息，不制造、传播谣言；三是沉着冷静地应对灾难，努力保持积极健康的心态；四是自觉维护正常的经济秩序和社会秩序，不趁火打劫，利用灾难捞取个人好处；五是尽力为抗击灾难提供各种形式的支持，包括对个人财产的必要让渡；六是积极开展自救、互救和公救；七是积极监督政府和各种救灾组织的救灾行为，维护自身的合法权利。要使公民有效履行上述责任，政府必须意识到，每一个公民的力量也许是微不足道的，但是众多的公民齐心协力将会形成巨大的合力。政府必须为公民参与搭建平台，使公众能够联合起来，通过集体的行动，运用大家的智慧，摒弃社会公众在单独行动时造成的混乱。

为此，政府应从以下方面着手培养公众的应急应对能力，吸纳公众的参与。一是增强公众的应急防范意识，减少危机时刻的盲目从众心理。公民危机意识就是公民抱着普遍和应对危机状况的思想，预先考虑和预测可能面临的紧急和极度困难的形势，在心理上和物质上做好应对危机或灾难的准备，以防止在危机发生时束手无策，无法积极回应而遭受无法挽回的损失。具备公共危机意识的公民通常充分认识到：危机事件对家庭或个人日常生活可能产生的危害，从而购买适当的家庭财产保险或个人人身保险；制订应急计划并做好准备；尽可能减少住所内的危险因素；等等。公民个人危机意识的培育可以通过电视、广播等媒体来进行；也可以通过举办讲座、开设课程、设立热线、开放网络的方式来进行；重要的是要将公民个人的应急教育纳入国民教育体系，像美国、日本那样，危机意识和教育从娃娃抓起。二是强化社会公众的危机心理承受能力。相关部门可以把每一次危机事件当作鲜活的教材，通过宣传手册、视频展播的形式，提高公众的心理承受能力；同时，组织心理专家讲授危机后的心理疏导方法和技能。政府、社会组织也可以通过招募志愿人员的形式，把那些素质高、危机意识强、能力较高的社会公众吸收到正式组织中，通过正式的渠道参与危机的救治工作，有效承担社会责任。

概而言之，在应急管理中，政府与社会的边界是相互开放、相互流通的，组织之间、公众之间，只有彼此信任、相互合作，才能有效承担起应对危机事件的社会责任。

第三节　伦理领导力与应急协调制度

危机协同治理能不能形成，最重要的包括主导者在内的各个参与协同的单元的领导者是不是具有强大的伦理领导力，其中主导危机协同治理的一方这种领导力显得更加重要。

一、对伦理领导力的认识

从行政管理的角度看，伦理领导力对开展协同治理至关重要，对应急管理则更加重要。事实上，在多元参与的应急管理体系中，政府除了需要靠正确决策与有效管理取信于民，还需要靠自己个人的伦理领导力动员群众。我们常常指责一些领导者在危机中过度“出镜”，太长时间留

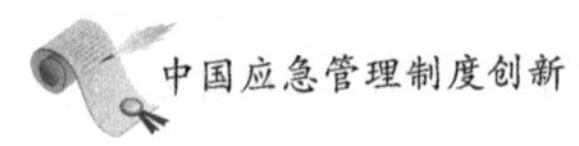

在抗灾第一线，过多发挥直接指挥的作用，却看不到他们在另一战线——伦理领导力的“看不见”的战线上，艰苦卓绝地工作所创造出来的应急管理“奇效”。

伦理领导力作为一个新的领导学概念，目前理论界还没有形成一个统一的定义。尽管研究侧重点不同，表达方式也不一样，但对于伦理领导力概念的核心思想已基本取得一致认同。在组织行为学领域以及其他实践领域，研究者通过对领导者的观察、组织成员的访谈以及工作经验总结等方式，对伦理领导力的概念、特征、功能、结构与测量、影响因素等进行了相应探讨。其中海费茨（Heifetz）、特雷维（Trevio）等人从领导者的行为表现和特征方面来理解和说明伦理领导力，认为有道德的领导者正直诚实，体恤、关爱社会，他们做出公平有原则的决策；有道德的领导者也经常与下属交流道德，设置明确的道德标准，并采取奖惩措施以确保这些标准得以执行等。此外，也有研究者从伦理领导力的作用和功能机制出发，认为伦理领导力是一种存在于领导者与被领导者之间的双向作用、内在道德关系，通过领导者与被领导者的相互作用，促使个人道德不断成长，并形成良好的、有道德的组织文化和氛围。布朗（Brown）等人认为，伦理领导力指的是领导者通过个人行动和人际互动而做出的恰当的、合乎规范的行为，并通过双向沟通、强化和决策，激发追随者的这类行为能力。梅达（Meda）将伦理领导力定义为榜样领导、道德行为的模范角色，在商业事务中激励部属做出道德反应的能力。简而言之，伦理领导力是指有道德的领导者应该怎么做。

国内学者在已有研究成果的基础上结合中国国情，对伦理领导力在企业管理、公共管理、组织管理等领域的应用进行了探索，指出伦理领导力对于组织行为引导、组织文化培育，正确处理组织冲突，提高组织绩效，实现组织目标具有重要的指导意义。比如姜卉、戚安邦指出，伦理领导力是领导者在追求自我伦理的同时，依靠自身的伦理领导能力，鼓舞并激励组织中其他人员伦理行事，共同营造组织伦理气氛，带领组织工作人员实现组织伦理愿景的一个过程。伦理领导力包含两方面内容：第一，领导方式应该是伦理的，即领导者所采用的工具、手段、方式、方法等应当是符合道德标准的；第二，领导的过程是伦理的，表现为领导者自我伦理的实现，以及领导者通过设定组织道德标准，培育组织伦理氛围，来提升组织成员的伦理道德素质。伦理领导力还包括科学决策和合理用人，即领导决策过程和用人时要遵守一定的道德规范和客观原则。研究表明，领导者的伦理水准对下属的情绪、态度和行为有直接或间接的影响，如领导者诚实、可信赖、公平、原则性强、关爱员工和对社会有责任感，可以提高下属的满意度、归属感、工作积极性和主动性。我们认为，从公共管理的角度看，伦理领导力是领导者通过个人语言、行动和人际互动中所包含的道义力量对被领导者及社会公众产生影响力、感召力、说服力的行为过程。

二、伦理领导力与社会主义核心价值体系

伦理领导力，具有广义和狭义两个层面的内涵。从广义上，可以将伦理领导力划分为五个方面：信仰、理想、爱国情结、工作信念、耻辱感。这五个方面相互联系、相互作用，共同支撑伦理领导力。从狭义上，伦理领导力主要指坚守道德底线的能力，我们称之为耻辱感。如“知耻而后勇”，有了耻辱感了，才能发挥出力量和勇气，才能奋发进取、迎难而上。随着我国改革开放逐步深入，经济体制深刻变革、社会结构深刻变动、利益格局深刻调整、思想观念深刻变化，公众的思想开放而多元。社会价值观的多样化存在一定的盲目性、无序性，如果没有核心价值体系的有效引领，势必导致价值失序甚至社会秩序的紊乱。所谓核心价值体系，指的是理想、爱国情结、工作信念和荣辱观，既与广义的伦理领导力概念内涵是重合的，又是其中的核心部分。用社会主义核心价值体系引领、整合多元化的社会价值观，通过倡导积极、支持有益、改造落后、抵制腐朽的价值观来实现社会主义核心价值体系主导下的社会思想文化的和谐。伦理领导力正是在这一要求之下，以各种组织管理活动为载体，在利他、集体利益至上、诚实等价值理念的指导下，通过领导者与被领导者之间双向沟通、强化和决策，鼓舞并激励组织成员伦理行事，形成以社会主义核心价值体系为主导的组织文化。积极向组织成员传递社会主义核心价值观，规范组织成员的伦理价值观，以社会主义核心价值观指导人们的日常工作，规范人们的行为，弘扬积极向上的思想。伦理领导力与社会主义核心价值体系均要求构建先进的组织文化和公民道德体系，要求符合人类社会发展运动的规律，这也是古今中外治国理政、安民固邦的经验教训的深刻总结。同时，伦理领导力方式本身，领导者自我伦理的实现，以及领导者对于组织伦理氛围的培育，都能促进社会主义核心价值体系的建设。因此，伦理领导力是社会主义核心价值体系的具体体现，也是社会主义核心价值体系的内在要求。

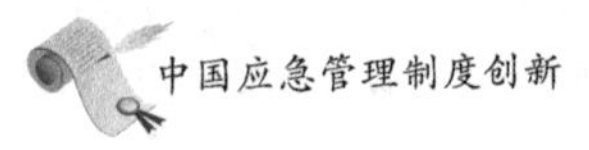

三、伦理领导力在应急协同治理中的作用分析

伦理领导力在应急管理实践案例中既有成功经验，也有失败教训。在这里，除了讨论领导者的伦理领导力之外，我们还需要分析在突发事件处置过程中，广大人民群众尤其是事件受害者在自救互救过程中的伦理领导力作用。伦理领导力对应急管理利益相关者具有凝聚和引导功能，有利于弘扬社会主义核心价值观（科学的指导思想、共同理想、民族精神与时代精神、荣辱观）；对应急管理组织具有整合和规范功能，有利于应急管理组织结构调整、组织流程优化、组织规划建设、组织绩效提升。凝聚功能主要体现在领导者和其他相关人员的个人素质和威望能够在突发事件应急处置过程中起到稳定民心、鼓舞和激励民众的作用。引导功能主要体现在应急管理中面对信息不对称、群众需求结构复杂等压力，民众心理充满理性与非理性成分的交织，伦理领导力能够促使领导者和执行者坚持正确的价值导向，激发民众健康的情感和情绪，弘扬社会主义核心价值体系。整合功能主要体现在应急处置过程中伦理领导力能够通过道德、人格魅力等要素促使各方民众通力合作，实现应急处置中自救与他救有机结合，同时在应急物资调配上也能够有效整合，减少组织摩擦。规范功能主要体现在伦理领导力能促使应急管理的利益相关者之间按照应急处置要求行事，增强应急管理效果。

（一）伦理领导力的凝聚功能

突发事件具有突发性、事件危害难以预估等特征，容易造成群众情绪和行为失控，形成次生危机事件。同时，突发事件发生后，原先的社会秩序被破坏，信息获取和应对处置多处于孤立状态，这时原有的常规管理制度、流程、执行规范受到严重冲击，不论是传统权力还是超凡权力，乃至于法定权力都容易受到各种突发因素的影响，人们此时的行为往往趋于个体利益的最大化。奥尔森集体行动理论认为，个人的理性自利往往难于促进集体的最佳利益。如此，最终会使个体利益受到更大的损失。因此，在突发事件发生时，亟须领导者对大家进行有效的行为引导，稳定现场民众情绪，鼓舞民众共同攻克难关，凝聚各方力量，保证领导者权力的有效行使。在灾害发生初期，原有行政架构遭到破坏，而新的较为正式的指挥体系尚未建立，每一个应急执行者都不同程度地充当了决策指挥者的角色，也自觉或不自觉地接受他人指挥，形成典型的

“自组织”型指挥系统。这种基于“自组织”模式的多边指挥体系由位于应急处置体系末梢的基层指挥系统所组成。“自组织”指挥系统组织成员尤其是领导者的伦理素质将直接影响到组织由无序状态向有序状态的转变。一个正直、可信赖、公平、有原则的决策者，才能真正关心他人和社会的利益。同时，面对突发事件时，群体思想容易产生混乱，对待事物的正确认识和辨别显得更加草率，对他人的依赖性也更大，一个有道德的领导者，有助于培养组织凝聚力、提升组织向心力，使人们的思想情感和行为相互协调一致。另外，伦理领导力的凝聚功能还表现为领导者个人行动和人际互动而做出的恰当的、合乎规范的行为，并通过人与人之间的传递和感染，在潜移默化中建立起一种友好的人际关系和集体氛围，改善人与人、人与组织、社会与组织的相互关系，形成共同的伦理观。

（二）伦理领导力的引导功能

领导者应该利用威信帮助下属在快速发展变化的工作环境和社会背景下处理价值冲突，激励下属勇于面对棘手问题，有了领导者的这种支持，下属才能感到安全，勇敢面对各种困境。作为一个领导者，能否正确引导下属和利益相关者，是实现组织利益的重要保证。在当今社会，各种媒体迅速发展，各种信息传播迅速，信息公开度大。对于各种突发事件而言，由于其突发性、危害性、社会性等特征，必然会引起全社会的高度关注。通常，突发事件会迅速聚集人们的各种情感，引起社会情绪波动。尤其是我国正处于社会改革的转型期，突发事件时有发生，由于人们的价值观不同，对突发事件的发生原因、处置方式本身还会产生不同的看法，很容易引起人们在观念和情绪上的冲撞。加上在大多数情况下由于人们对事实真相缺乏全面了解，人们在事件中的情感相当复杂，既有理性的成分，也有非理性的成分，既有正确的价值指导，也有不正确的价值影响。伦理领导力的作用，在于促使领导者和执行者坚持正确的价值导向，激发民众健康的情感和情绪，弱化和消除不正确、不健康的社会心理意识，把事件中激发出来的民族精神、社会责任感、人性的美好和正义的力量，引导和提升到社会主义核心价值观的方向和层面上来，优化社会人际关系，促进不同社会群体之间的理解、关怀和认同。从汶川地震救援、玉树地震救援等突发事件的处置情况来看，对灾民和整个社会进行有效引导，对于提升公民理性、发挥人性关怀、促进有效救援具有重大意义。尤其是对于一个正在成长中的社会来说，伦理领导力能够在社会转型中有效调节改革中遇到的难题，促进社会心理成熟发展，引导社会舆论，营造和谐的社会氛围。

（三）伦理领导力的整合功能

突发事件的形成和演化是各种自然因素和社会因素相互交错、共同作用的复杂过程。突发事件应急处置是一个涉及多领域、多学科、多要素、多目标的复杂体系。应急救援随着社会专业化分工的逐步深入和突发事件的复杂性程度不断提升，客观上致使没有任何一个专业化部门和组织能够及时全面了解突发事件的全部信息，单一部门或救援队伍也不能完全胜任突发事件的救援，尤其是一些重特大突发事件的救援。然而，在突发事件发生时，一些利益部门可能出于自身利益考虑，或者受其他客观条件的限制，不排除形成一个封闭系统，使得系统内部的信息、资源无法与外部系统进行有效沟通，这与应急救援的要求是背道而驰的。尤其是在发生重特大突发事件时，应急救援亟须充分了解事件的各种信息，需要各种应急资源、救援力量的通力合作，唯有这样才能保证救援的快速有效。这就必然要求多部门、多领域的救援力量进行有效整合，不仅要整合政府内部各部门的力量，还要整合群众组织和社会组织的力量。伦理领导力的作用是能够通过领导者的道德、人格魅力等要素促使各方民众通力合作，有效促进多部门、多领域的相互合作，减少组织程序上的摩擦，实现应急处置中自救与他救有机结合，促进应急处置的执行机构和应急物资的有效整合，实现应急资源共享和协同合作。例如，被誉为创造了两个奇迹（被困矿工的生存奇迹和有效有力的救援奇迹）的王家岭矿难救援，救援奇迹的背后我们看到的是党中央和国务院高度重视、科学部署，有关领导坐镇指挥、直接指导，制定了排水救人、通风救人、科学救人的原则。张德江第一时间赶赴王家岭矿难现场指挥抢险救援工作，并发出总的行动令：要把抢救井下被困人员工作放在第一位，抢时间，争速度，调动各种资源，尽快解救被困人员。国家安监总局和山西省领导靠前指挥，使抢险救援工作始终在科学的轨道上推进。第一时间组建了现场抢险组、后勤保障组、技术专家组、医疗组和新闻联络组等 5 个小组进行救援，山西省煤炭厅等 22 个部门齐心协力，为抢险救援提供了物质保障、组织保障。

（四）伦理领导力的规范功能

伦理规范的制定和实施是组织形成伦理氛围的基础，伦理领导力在组织伦理氛围的形成中起着首要作用。在突发事件发生时，造谣、偷盗、囤积居奇、弄虚作假等违法犯罪现象时有发生。人们此时的行为容易失去理智，造成现场混乱，民众情绪激动，给应急救援增加了很大难度。更重要的是，此时救灾物资、救援人员和资金非常有限且部分还不能马上到位，如何使有限的救灾力量发挥最大效益是应急管理的关键之一。这就要求我们要在有限的条件下，集中力量解决最关键的问题，抓主要矛盾。其中很多情境需要处理个人利益和集体利益、局部利益和整体利益、当前利益和长远利益的关系，特别是在处理物质财产保护与生命救援之间的关系上，领导者的伦理价值观以及组织伦理气氛会对应急救援有重要影响。领导者积极的个人特征和道德行为会影响到一线救援人员、被困人员及其他利益相关者的积极态度和行为，伦理领导力不仅对领导者的道德水平、行为规范提出了要求，也会使一线救援人员、受灾群体在领导者的行为引导下受到潜移默化的影响，促使人们积极投入抢险救援。比如王家岭矿难救援，被困施工队在队长王纪明的带领下，在被困井下的8天里，大家互帮互救，相互鼓励，不言放弃，立足现有条件，王队长以身作则，合理分配饮水、食物，规范员工行为，在黑暗中保存了电源，使得救援队赶来时能够及时获得信号，最后全部成功获救。

四、加强应急协同治理中伦理领导力建设

（一）加强领导者的伦理素质培养

在突发事件应急处置过程中，抢救生命与保障人们的基本生存条件，是处理危机和开展救援工作的首要任务。领导者积极的个人特征和道德行为会影响到下属的积极态度和行为，如下属的满意度、组织公民行为、亲社会行为和道德决策等。政府作为应急管理的主体，其肩负的首要任务是最大限度地保护、挽救最大多数人的生命安全和利益。在此过程中，必然面对很多突发的、紧急的、非程序性的决策和执行。如何在符合法律法规的范围内，把握好政策界限，掌握好应急处置的尺度与火候，谨慎适当地运用好政府权力，保证应急管理权力运作的合法性，避免危机向深层次转化或引发次生危机，不仅需要领导者在处置突发事件中协调好各方关系，更需要领导者平时做足功课，提升伦理素养。作为领导者，要坚持平战结合的原则，即平时注重理论学习，增强自身素质，应急处置时要敢于担当，把科学精神和负责态度有机统一起来，践行生命高于

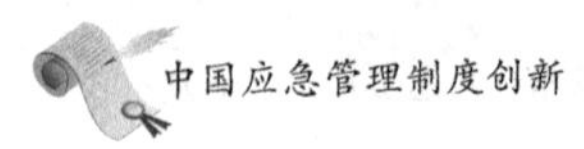

一切的理念。作为一个应急管理领导者，在积极做好预防和准备时，要深入了解民情，了解基层实际情况，切实把握群众需要，确保紧急重要的事情得到优先处置。在日常管理工作中，要经常和下属交流思想，规范组织行为。

（二）提升应急管理组织的伦理领导力水平

伦理型领导要求领导活动在道德方面具有合法性，这要求领导者在组织内形成良好的组织伦理气氛，向组织成员传达组织的伦理价值观，并在日常的管理活动中贯彻执行这些伦理价值观，采用各种措施强化这种观念，从而使组织成员从事合乎道德的行为。为此，对执行层伦理领导力培育还需要严格规范领导者的领导行为，保证领导行为的合法性、可接受性。在加强领导层伦理素质的同时，还要注重培养一线执行人员的伦理意识，注重提升群众的伦理素质。只有在全民伦理素质达到一定程度时才能够保证决策得到切实执行，得到群众尤其是受突发事件影响群体的认同和拥护。作为救援人员，需要树立起以人为本、生命高于一切的处置理念，要有很强的社会责任意识，保证自身品行正直诚实、利他、集体利益至上。同时，在应急处置人力资源配备上，要充分考虑到整个救援团队的人员结构，既要保证团队整体有过硬的技术本领，也要保证在面临突发情况时，团队中有一个人能够挺身而出，力挽狂澜于危难之际。

（三）保持价值观的一致性

伦理领导力是一种存在于领导者与被领导者之间、群体之间、个人之间的双向作用，是一种内在的道德关系。伦理领导力通过人与人之间的相互作用，促使个人道德不断成长，并形成良好的、有道德的组织文化和氛围。价值观的一致性使人们能够更加清晰地沟通，预测他人的行为，更加有效地配合工作，提高组织效率，加强组织伦理氛围。以爱国主义为核心的民族精神、以改革创新为核心的时代精神、社会主义荣辱观，是当代社会最基本的价值取向和行为准则。加强应急管理的伦理领导力建设，需要充分发挥社会主义核心价值体系的作用，大力弘扬主旋律，用先进文化主导应急管理理念。价值理念的认同还需要理论与实践的有机结合，要充分发挥网络、广播、报纸期刊等宣传资源的作用，让社会各界准确把握社会主义核心价值体系的基本内容和精神实质，提升人们在应对突发事件时的信息鉴别和行为选择能力。同时，还需加强应急管理伦理领导力教育，形成一致的应急管理价值认同，增强社会认同感。

第六章

应急产业制度创新

"危"和"机"、"害"和"利"即一个事物的两个方面，是同时存在、对立统一的，在一定条件下具有可互变性，是可以相互转化的。将"危"转化为"机"，除了科学的管理、有效的制度，还要靠物质的实力。应急产业就是形成这种物质力量的产业能力、产业布局、产业链等生产物质产品的集合体。建立应急产业制度，推动应急产业制度创新，对于全面加强应急管理，具有重大意义。

第一节　作为新型产业的应急产业

近十多年来，我国应急产业快速兴起并不断发展，在突发事件应对中发挥了重要作用，也为经济发展提供了新的动力，发展应急产业可谓是一举数得。但是，囿于传统产业结构的滞后性，应急产业还存在产业体系不健全、市场需求培育不足、关键技术装备发展缓慢等问题，急需以制度创新的形式，形成应急产业的支持系统，促进这个新型产业成为朝阳产业，并在与其他产业融合发展中加快自身发展。

一、应急产业的定位

对于灾害并非只有防治一种措施，还可以利用灾害，比如福建、广东、浙江等沿海地区每年盛夏酷热难耐，台风一来就有助于降温，这是积极看待灾害有经济价值的一种态度。无论什么灾种、无论从长期看还是短期看，灾害都有从中分析诱导出其客观有用性和可合理利用的可能性。比如水土流失是灾害，但正是这种淤沙冲积，形成了现在江河下游的长江三角洲、黄河三角洲和珠江三角洲等一系列三角洲。地震是灾害，但将来科技更加发达了，人类是不是可以研究利用地球释放的能量来发电？

灾害经济问题可以通过两个方面予以解决：一是加强防灾减灾救灾上的经济投入，并计算在这方面的投入产出比率，确定因为减少损失所产生的经济效益；二是发展应急产业，计算应急产业发展的经济效益以及对带动其他行业发展的贡献率。

突发事件和灾害一方面给人类的生命财产安全带来了极大威胁，另一方面，依靠政策、科技和企业三者结合，也可以在防灾减灾救灾的过程中，为应急产业发展提供空前的机遇，带来巨大的经济效益。

在中国政府的正式文献中首次出现“应急产业”是在 2007 年 11 月 13 日。时任国务委员在全国贯彻实施《突发事件应对法》电视电话会议上指出，要以贯彻实施《突发事件应对法》为契机，“加快发展应急产业”。国家对发展应急产业相当重视。工业和信息化部于 2009 年推出扶持应急产业发展的政策意见，以及促进应急产业发展的政策措施。国家发改委于 2011 年发布的《产业结构调整指导目录（2011 年本）》第一次将“公共安全与应急产品”作为单独产业类别列出，并作为鼓励发展的产业群。此后，政府陆续配套出台了一系列鼓励发展应急产业的政策措施和制度保障，并对发展应急产业的重点领域和重要工作进行了全面部署。例如，工业和信息化部、国家发改委定期印发《应急产业重点产品和服务指导目录》，具体落实应急产业扶持政策，以规范性文件的方式为发展应急产业提供重要依据，引导社会资源投向更加需要的应急产业领域，更好地指导各部门、各地区发展应急产业，共同把应急产业培育为新的经济增长点，提高处置突发事件的产业支撑能力。《应急产业重点产品和服务指导目录》还将其他领域的管理制度融入其中，充分吸收了《外商投资产业指导目录》《战略性新兴产业重点产品和服务指导目录》《消防产品目录》等中的应急产品和服务。

应急产业一般是指一切与预防、处置突发事件有关的产品和服务而形成的经济业态的集合。《国务院办公厅关于加快应急产业发展的意见》（国办发〔2014〕63 号）对应急产业的定位是，“为突发事件预防与应急准备、监测与预警、处置与救援提供专用产品和服务的产业”。应急产业具有多行业交叉和服务公共安全的属性，是新兴产业。应急产业按类别可划分为四类：一是救援处置装备与技术产业，二是监测预警诊断设备与技术产业，三是预防防护产品与技术产业，四是应急教育培训咨询服务等产业。

当然，处于起步阶段的应急产业依然需要面对不少问题。一方面，应急产业的概念界定不明朗，对哪些产品属于应急产品、哪些产品应鼓励、哪些产品应限制、哪些企业应引入等问题还有分歧，因而难以形成产业、行业和产品的标准。另一方面，支持应急产业发展的政策虽有出台，但与其需求相比，还显得滞后且缺乏系统性。现行的应急产业政策分散于各个部门的法规文件，组合性不足。由于缺乏顶层设计和宏观谋划，全国应急产业分散在各个领域，至今没有通过系统性政策引导有效整合。

发达国家在应急产业发展方面较为成熟，应急产品的研发、生产、销售、培训已经可以形成一条完整的服务链。国外的应急产品分类主要有四种：产品形态、服务领域、参与救援阶段、公司主要业务。美国、日本的应急产业起步较早，应急产品和服务的市场化程度较高，对我国的应急产业政策制定、应急产品的生产销售有借鉴作用。美国的应急产业和企业主要集中在制造业、电子商务业、服务业、保险业，产业链一直延伸到灾后重建服务。应急产业中发展最为成熟的产品集中在火灾救援领域，包括防灾救灾装备、培训、应急救援服务等。美国白宫行政管理和预算局的预算计划将应急产业列为“其他产业的依附和政府采购”，如附属于建筑、消防、煤矿生产、食品和药物生产等，政府没有制定直接针对企业的应急产业政策扶持制度。英国也是将应急产业依附于其他产业，主要是对有大量生产应急装备的企业进行政策指导。日本的应急产业比较发达，产品和服务主要集中于地震、火灾的防灾减灾，且关联领域广阔，包括信息技术、机器人技术等。日本政府扶持应急产业发展的力度较大，将先进技术应用到灾害救助当中的企业、注重与应急有关的专利发明、小至救生锤大至机器人等领域，均有扶持性政策①。

二、应急产业的特点和价值

应急产业除了具有一般产业的特点之外，还具有自身的特殊性。

（1）专业性。应急产业是建立在防灾减灾救灾体系基础上的，并不完全受市场价值规律支配。发展应急产业的优势不是靠灾害挣钱，而是

① 文彬，姚翔，庞辉，等. 国内外应急产业科技发展现状及建议. 设备管理与维修，2017（6）.

靠消灾获利。防灾减灾是指依靠专业的知识、专业的技术、专业的管理，形成灾害监测体系、预警预报体系以及信息传播体系所需要的设施及工具，获取减少损失带来的利益以及生产、消费这些设施及工具获得的报酬；通过提高城乡基础设施的设防标准，对危房进行改造加固，对水利设施进行维修加固，对居住在自然灾害隐患区的居民组织搬迁，按人口比例建立避难场所，储备应急救灾物资，生产和购置救灾应急装备，配备先进的通信和应急广播等设施，获取来自政府的拨款，或市场的购买，或社会的捐助性使用；通过加强防灾减灾科技能力建设和人才队伍建设，建立政府部门之间、区域之间协作机制，进行防灾减灾宣传教育和培训，提升公众防灾减灾意识和能力，获得广泛的经济社会效益。

（2）融合性。应急产业与其他产业具有很高的融合度。这种融合体现在三个方面：一是与传统工业制造业在一定程度上有重合，可以充分利用传统工业体系为应急产业提供现成的设备和产能。二是与军工产业可以融合发展，发挥相互促进、相辅相成的作用。三是与现代信息产业、高科技产业高度融合。现代应急体系与传统应急工作之间的最大差距在于高科技的应用，以及在突发事件应对中发展高科技所形成的强大的需求和推动力。高科技应用于应急产业是指生产制造、输入、销售或提供服务咨询以预防、响应或减轻灾害的产品制造商、经销商、零售商与顾问业等产业发展中全面依靠科技创新。应急产品涉及的领域多、类型多、层次多，已经开发的新品、正在研究开发和将要开发出来的应急产品在很多方面要符合应急实际需要和发展需要，对各个行业的相关设备和服务进行以应急为目标的综合集成，其中高科技与产业的结合应运而生，这种“联姻”将形成一个完整的产业链。

（3）系统性。我国从“十一五”时期就制定了国家综合防灾减灾规划和国家突发公共事件应急体系建设规划，防灾减灾工作取得了积极成效，此后，国家在编制五年规划过程中都将国家综合防灾减灾规划和国家突发公共事件应急体系建设规划作为单列的规划文件办法，同时将其中重点内容列入国家经济社会发展总体规划中。应急管理、防灾减灾工作纳入了地方各级的国民经济和社会发展规划，并在信息化建设、土地利用、资源管理、能源供应、城乡建设和扶贫开发等规划中体现防灾减灾的要求。比如，目前正在建设的国家综合减灾与风险管理信息平台，利用环境与灾害监测预报小卫星星座，做到“天、地、现场”一体化的监测预警体系建设，就是用信息化带动整个防灾减灾工作的重要举措，灾害的监测预警、统计核查和信息服务能力提高了，其他方面的事情才能更有针对性地开展。防灾减灾救灾体系建起来后，灾害造成的死亡人数和致灾强度会有大幅度下降，国家提出了每年平均因灾直接经济损失占国内生产总值（GDP）的比例控制在1.5%以内的目标，还提出了灾害发生后12小时之内，受灾群众要有衣穿、有地方住，基本生活得到初步救助等要求。

（4）多样性。防灾减灾救灾一方面间接创造了社会财富，以小的投入避免多的经济损失，另一方面直接创造了多方面的经济社会效益。调查估算，防灾减灾的投入产出比在1∶40至1∶50之间，这意味着，防灾减灾投入1元钱，减少损失和创造产出的则是40～50元的效益。这些效益是从国民经济和社会发展总体性的意义上衡量的，是社会多领域、经济多因素综合形成的全方位价值。应急产业需要在产业类别、形式、领域等多方面发展，要求在信息化建设、土地利用、资源管理、能源供应、城乡建设和扶贫开发、日常生活用品等规划中体现。

当前我国公共安全形势严峻复杂，突发事件易发频发，防控难度不断加大。发展应急产业能为防范和应对突发事件提供物质保障、技术支撑和专业服务，提升基础设施和生产经营单位本质安全水平，提升突发事件应急救援能力，提升全社会抵御风险能力，对于保障人民群众生命财产安全、维护国家公共安全具有重要意义。发展应急产业是提升应急技术装备核心竞争力的重要途径。突发事件处置现场情况复杂，对应急技术装备的适应性、可靠性、安全性要求比正常情况下更加苛刻。我国应急产业起步晚，一些产品技术含量不高，部分关键技术产品依赖进口。加快发展应急产业将带动相关行业领域自主创新和技术进步，促进国际先进技术和理念的引进、消化、吸收、再创新，提升我国应急技术装备在国际市场的核心竞争力，推动经济转型升级。

应急产业的发展、促进应急产业的制度创新，在国家治理体系和治理能力建设中具有重要作用。

（1）有助于开创政府与市场、政府与社会关系的新的制度空间。以往谈论、研究和处理政府与市场、政府与社会之间的关系大都是以纯粹的市场、社会为前提的，并以此切分出哪些是市场发挥决定性作用的领域，哪些是社会发挥重要作用的领域，哪些是政府该发挥作用的领域。在讨论公共产品的时候，将其划分为纯公共产品、准公共产品和非公共产品等。然而，在应急管理领域所发展的产业则与此不同。应急产业既具有经济属性，又具有社会属性，无法用既有产业概念、经济概念来框定现实情况。从这一意义上说，发展应急产业是供给侧结构性改革的重要内容，是经济发展的新引擎新动能，也是培育新的经济增长点的重要部位。随着我国经济发展、社会进步和公众安全意识的提高，社会各方对应急产品和服务的需求不断增长。应急产业覆盖面广、产业链长，加快发展应急产业有利于调整优化产业结构，催生新的业态，形成新的经济增长点，经济效益十分显著，社会效益也将日益显现。发展应急产业还有利于促进中小微企业发展，增强经济活力，扩大社会就业，培养从业人员的志愿精神和互利合作精神。

（2）有助于开辟“软”与“硬”的制度研究新领域。以往我们讲“管理的效益”“向管理要效益”，都是指的相对效益，即通过好的管理可以获得更多的效益，但是管理自身是有可能不产生效益的，比如在没有生产资料、没有实际投入的情况下，仅仅靠管理是无从谈任何效益的。这意味着，管理具有“软”属性。制度也与管理一样，属于“软”的。“软制度”如何发挥“硬”的作用，这在制度理论与制度实践中始终是一个无解的题目。强权面前，制度往往成为弱者。而在应急管理制度中，我们得到重要启示——发展应急产业不仅使得作为“管理”的应急制度得以产出“管理的效益”，提高了公共安全水平；而且，作为“管理”的应急制度还得以产出“产业的效益”，满足应急工作中物质的支撑和工具的迫切需要。我们看到，某些决策者在常态工作中表现得非常“任性”，甚至胡作非为，将国家机器当作自己的“手游”，拿制度不当回事，任意修改、篡改数据，甚至对制度也可以如“任人打扮的姑娘”随意废立；但是，一旦遇到了突发事件，他们往往就“学乖”了，不敢再随心所欲、为所欲为了，纵然还有过度自信者，那也不得不动用“应急产业”的物质武器。这其中的制度奥秘，值得我们深入研究。

三、发展应急产业的重点领域

根据我国突发事件的特点及应对工作的状况，发展应急产业的重点领域是：

（1）为提高对突发事件监测和预警能力而发展的应急产业。围绕提高各类突发事件监测预警的及时性和准确性，重点发展监测预警类应急产品。在自然灾害方面，发展地震、气象灾害、地质灾害、水旱灾害、病虫草鼠害、海洋灾害、森林草原火灾等监测预警设备；在事故灾难方面，发展矿山安全、危险化学品安全、特种设备安全、交通安全、海洋环境污染、重污染天气、有毒有害气体泄漏等监测预警装备；在公共卫生方面，发展农产品质量安全、食品药品安全、生产生活用水安全等应急检测装备，流行病监测、诊断试剂和装备；在社会安全方面，发展城市安全、网络和信息系统安全等监测预警产品。同时，发展突发事件预警发布系统、应急广播系统及设备等。

（2）为提高对突发事件预防和防护水平而发展的应急产业。围绕提高个体和重要设施保护的安全性和可靠性，重点发展预防防护类应急产品。在个体防护方面，发展应急救援人员防护、矿山和危险化学品安全避险、特殊工种保护、家用应急防护等产品；在设备设施防护方面，发展社会公共安全防范、重要基础设施安全防护、重要生态环境安全保护等设备。

（3）为提高对突发事件处置和救援能力而发展的应急产业。围绕提高突发事件处置的高效性和专业性，重点发展处置救援类应急产品。在现场保障方面，发展突发事件现场信息快速获取、应急通信、应急指挥、应急电源、应急后勤保障等产品；在生命救护方面，发展生命搜索与营救、医疗应急救治、卫生应急保障等产品；在抢险救援方面，发展消防、建（构）筑物废墟救援、矿难救援、危险化学品事故应急、工程抢险、海上溢油应急、道路应急抢通、航空应急救援、水上应急救援、核事故处置、特种设备事故救援、突发环境事件应急处置、疫情疫病检疫处理、反恐防暴处置等产品①。

（4）为提高对突发事件应急服务能力而发展的应急产业。围绕提高突发事件防范处置的社会化服务水平，创新应急服务业态。在事前预防方面，发展风险评估、隐患排查、消防安全、安防工程、应急管理市场咨询等应急服务；在社会化救援方面，发展紧急医疗救援、交通救援、应急物流、工程抢险、安全生产、航空救援、海洋生态损害应急处置、网络与信息安全等应急服务；在其他应急服务方面，发展灾害保险、北斗导航应急服务等。

为促进应急产业发展，需要国家建立全方位、多层面的制度，加快与应急产业有关的关键技术和装备研发。比如，通过国家科技计划（专项、基金等）对应急产业相关科技工作进行支持，推动应急产业领域科研平台体系建设，集中力量突破一批支撑应急产业发展的关键共性核心

① 佘廉，许晶. 应急产业发展趋势. 高科技与产业化，2011（3）.

技术；鼓励企业联合高校、科研机构建立产学研协同创新机制，在应急产业重点方向成立产业技术创新战略联盟；鼓励充分利用军工技术优势发展应急产业，推进军民融合；创新商业模式，加强知识产权运用和保护，促进应急产业科技成果资本化、产业化。

为促进应急产业发展，需要国家优化产业结构，使之形成有利于应急产业发展的生态环境。坚持需求牵引，采用目录、清单等形式明确应急产品和服务发展方向，引导社会资源投向先进、适用、安全、可靠的应急产品和服务。适应突发事件应对需要，推进应急产品标准化、模块化、系列化、特色化发展，引导企业提供一体化综合解决方案。加快发展应急服务业，采用政府购买服务等方式，引导社会力量以多种形式提供应急服务，支持与生产生活密切相关的应急服务机构发展，推动应急服务专业化、市场化和规模化。

为促进应急产业发展，需要国家推动产业集聚发展。适应现代产业发展规律，加强规划布局、指导和服务，鼓励有条件地区发展各具特色的应急产业集聚区，打造区域性创新中心和成果转化中心。依托国家储备和优势企业现有能力和资源，形成一批应急物资和生产能力储备基地。根据区域突发事件特点和产业发展情况，建设一批国家应急产业示范基地，形成区域性应急产业链，引领国家应急技术装备研发、应急产品生产制造和应急服务发展。

为促进应急产业发展，需要国家支持企业增强活力。充分发挥市场的决定性作用，引导企业通过兼并重组、品牌经营等方式进入应急产业领域，支持有实力的企业做大做强。发挥应急产业优势企业带头作用，培育形成一批技术水平高、服务能力强、拥有自主知识产权和品牌优势、具有国际竞争力的大型企业集团。利用中小企业发展专项资金等支持应急产业领域中小微企业，促进特色明显、创新能力强的中小微企业加速发展，形成大中小微企业协调发展的产业格局。

为促进应急产业发展，需要以国家权威信誉、宣传机器推广应急产品和服务。加强对全民的公共安全和风险意识宣传教育，推动消费观念转变，激发单位、家庭、个人在逃生、避险、防护、自救互救等方面对应急产品和服务的消费需求。完善矿山、危险化学品生产经营场所、高层建筑、学校、医院、应急避难场所、交通运输工具应急设施设备配备标准，完善各类应急救援基地和队伍的装备配备标准，推动应急设施设备装备与建设主体工程同时设计、同时施工、同时投入使用。健全应急产品实物储备、社会储备和生产能力储备管理制度，建设应急产品和生产能力储备综合信息平台，带动应急产品应用。加强应急仓储、中转、配送设施建设，提高应急产品物流效率。利用风险补偿机制，支持重大应急创新产品首次应用。推动应急服务业与现代保险服务业相结合，将保险纳入灾害事故防范救助体系，加快推行巨灾保险。

为促进应急产业发展，需要在应急产业领域加强国际交流合作。多层次、多渠道、多方式推进国际科技合作与交流，鼓励企业引进、消化、吸收国外应急先进技术和先进服务理念，提升企业竞争力。鼓励跨国公司在我国设立研发中心，引进更多应急产业创新成果在我国实现产业化。支持企业参与全球市场竞争，鼓励企业以高端应急产品、技术和服务开拓国际市场。鼓励国外先进应急技术装备进口。引导外资投向应急产业有关领域，国家支持应急产业发展的政策同等适用于符合条件的外商投资企业。组织开展展览、双边或国际论坛及贸易投资促进活动，充分利用相关平台交流推介应急产品和服务。

应急产业具有多行业交叉和服务范围特别大等属性，其产业属于重大国计民生性领域。据国家有关部门预测，我国应急产业市场年容量在5 000亿元以上，如果包括所带动的相关产业链，市场年容量将在1万亿元至2万亿元之间。

在中央政府大力引导和支持下，在各类突发事件对应急产品需求的牵引下，各地政府、大型国企和民营企业对发展应急产品的积极性较高，研发和生产投入力度加大，包括设计、管理、标准、监测、认证、展示、物流等在内的产业体系初见雏形，不少地方建立了应急产业园，应急产业体系正在形成，应急产业和上下游产业之间的产业链逐步建立，应急产业发展的规模效益正在显现。但是，现在也存在不少问题。应急产业概念界定不清，对哪些产品属于应急产品、哪些产品应鼓励、哪些产品应限制、哪些企业应引入等问题，虽然已有较为明确的政策制度性目录，但是仍然存在一些分歧，难以形成产业、行业和产品标准的共识。支持应急产业发展的政策虽然已有出台，但是与需求相比还显得滞后和缺乏系统性。现行的应急产业政策分散于各个法规、各个部门文件，组合性不足。尤其是顶层设计、宏观谋划难以全面落地，全国性应急产业分散在各个领域，没有通过系统性政策引导进行有效整合。同时，这些政策的执行情况不好，这又与政策的可操作性不强有关。有些政策和制度停留在一般化的要求提倡上，缺乏具体的实施细则和配套措施。比如在汶川地震、甲型 H1N1 流感、南方雪灾等重大事件处置中，都发生过因缺乏明确的采购、征用、补偿的政策规定，导致企业承担不必要的成本，影响了企业参与救灾的积极性和应急产业发展的可持续性。这些问题都需要建立和完善更加系统的制度给予保障。

四、发展应急产业的制度保障

发展应急产业需要制度保障，主要是四个方面的制度：

（1）行业制度。应急产业中的制造业、信息业、服务业大多属于新业态，需要有对新行业的规范性制度。一是建立规范的产业标准体系。充分发挥标准对产业发展的规范和促进作用，加快制（修）订应急产品和应急服务标准，积极采用国际标准或国外先进标准，推动应急产业升级改造。建立健全应急产品和应急服务标准体系，完善矿山、危险化学品生产经营场所、高层建筑、学校、医院、应急避难场所、交通运输工具应急设施设备配备标准，完善各类应急救援基地和队伍的装备配备标准。鼓励和支持国内机构参与国际标准化工作，提升自主技术标准的国际话语权。二是完善财政税收政策支持的制度。对列入产业结构调整指导目录鼓励类的应急产品和服务，在有关投资、科研等计划中给予支持。探索建立政府引导应急产业发展投入机制，带动全社会加大对应急产业投入力度。落实和完善适用于应急产业的税收政策。建立健全应急救援补偿制度，对征用单位和个人的应急物资、装备等及时予以补偿。三是健全投融资制度。鼓励金融资本、民间资本及创业与私募股权投资投向应急产业，支持符合条件的应急产业企业采取发行股票、债券等多种方式，在海内外资本市场直接融资。按照风险可控、商业可持续的原则，引导融资性担保机构加大对符合产业政策、资质好、管理规范的应急产业企业的担保力度。鼓励和引导金融机构创新金融产品和服务方式，加大对技术先进、优势明显、带动和支撑作用强的应急产业重大项目的信贷支持力度。四是采用目录、清单等形式明确应急产品和服务的发展方向，引导社会资源投向先进适用、安全可靠的应急产品和服务；制定推进政府购买应急服务指导意见，推动应急服务专业化、市场化和规模化。

（2）人才制度。要形成应急产业人才队伍建设，需要建立多层次、多类型的应急产业人才培养、管理和服务制度体系，着力培养高层次、创新型、复合型的核心技术研发人才和科研团队，培育具有国际视野的经营管理人才，造就一批领军人物。支持有条件的高等学校开设应急产业相关专业。依托有关培训机构、高等学校及科研机构，开展应急专业技术人才继续教育。利用各类引才引智计划，完善相关配套服务，鼓励海外专业人才回国或来华创业。

（3）外部环境制度。打造优化发展的制度环境，需要完善相关法律法规，支持应急产业发展。建立应急产业运行监测分析指标体系和统计制度。加强应急产品质量监管，依法查处生产和经销假冒伪劣应急产品的违法行为。依托现有的国家和社会检测资源，提升应急产品检测能力。完善事关人身安全的应急产品认证制度。鼓励发展应急产业协会等社团组织，加强行业自律和信用评价。对应急产业发展重大项目建设用地，在符合国家产业政策和土地利用总体规划的前提下予以支持。制定应急产业发展培育计划和相应制度。国家已实施支持首台（套）应急专用设备研发生产和推广应用的制度。组织重大应急产品和服务推广示范，大力推动北斗导航系统在监测预警、应急救援等方面的应用。在化解过剩产能中积极引导企业发展应急产业。建设一批国家应急产业示范基地，支持应急产业大型企业集团“安全谷”建设，形成区域性应急产业链，引领国家应急技术装备研发、应急产品生产制造和应急服务聚集发展。加强应急产业宣传推广，通过展览、论坛和专题宣传片等形式，交流推介应急产品和服务。

（4）组织协同性工作制度。国家建立了由工业和信息化部、国家发改委、科技部牵头的应急产业发展协调机制，及时研究解决重大问题，推动应急产业健康快速发展。很多地方政府建立了对有特点、有代表性的企业的联系点制度，跟踪应急产业发展情况，总结推广成功经验和做法。加强督查制度，确保政策落地。各相关部门制定落实各项政策措施分工的具体措施，确保各项政策措施落实到位。国家应急产业发展协调机制牵头单位适时组织对各地区、各有关部门落实情况进行督查。建立应急产业统计制度和运行监测分析指标体系；建立应急产业联系点机制，对应急产业发展情况开展动态监测。推动建立应急科技资源和信息资源开放共享制度，鼓励引导有关企业、高校和科研院所等搭建大众创业、万众创新平台，实现应急服务、技术和产品与市场需求更好对接。成立国家级和地区级应急产业促进组织即行业协会，积极发展应急产业联盟，强化行业自律①。

① 国务院办公厅关于印发国家突发事件应急体系建设“十三五”规划的通知. 中国政府网，2017-01-12.

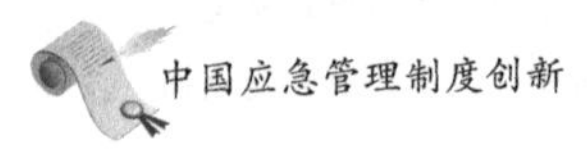

第二节　应急交通工程装备产业

应急交通工程装备是应急产业的核心组成部分，在应对各类突发事件中起着至关重要的作用。进一步适应现代大规模救援行动的需要，加强应急交通工程装备能力体系建设，建立促进应急交通工程装备产业发展制度，对于推动其他应急产业发展，具有示范意义。

一、应急交通工程装备的概念

应急交通工程装备是用于应对突发事件和抢险救灾等特定情况下，快速提供道路交通保障的工程装备或相关装备的集合。现代应急交通工程装备涉及结构工程、机电工程、船舶工程、车辆工程、材料科学、液压和液力传动、控制技术、计算机技术等多个学科领域，具有机电一体化程度高、机动性强、互换性好、作业速度快等特点，应用领域广泛，发展前景广阔。

应急交通工程装备按其应用领域可分为四类。一是公路应急交通工程装备，包括应急机械化桥、应急机动栈桥、装配式公路钢桥、桥梁加固器材、公路应急转换通道、路面器材、道路清障装备等。二是铁路应急交通工程装备，包括铁路应急站台、铁路应急抢修钢梁及桥墩、铁路应急转换通道、铁路舟桥、特种架设工具等。三是水路应急交通工程装备，包括应急舟桥、水陆两用气垫船、应急组合式机动驳、浮式海岸滩涂通道、拼装式应急码头等。四是航空应急交通工程装备，包括飞机应急跑道、直升机起降应急停机坪、机场升降摆渡平台、机场跑道应急抢修装备、机场路面防护链板、机场应急综合保障装备等。

二、应急交通工程装备的作用

现代交通应急保障装备以其多功能特征在国民经济建设中有着十分广泛的用途，特别是舟桥、桁架桥、拆装式公路钢桥、装配式公路钢桥、轻型桁架桥等装备，不仅用于架设临时性和半永久性桥梁，还可用于搭设水上浮码头或水上施工平台，拼组工程施工导梁、拱架、塔柱、龙门吊、架桥机等。

现代应急交通工程装备是一种“平灾两用”属性极强的保障装备。近年来，世界各地自然灾害频发，地震、洪水、泥石流、暴风雨（雪）等灾害发生时往往会伴随着道桥损毁、交通阻断，给救灾物资输送、转移受灾居民造成了极大困难。在“时间就是生命”的应急救援工作中，特别是在受到“最后一公里”制约的应急处置关键环节上，迫切需要快速打通灾区生命线、恢复交通运输能力的应急交通工程装备。此外，这些装备在反恐防暴、国际人道主义救援、战后重建、国际维和等非战争军事行动中也显现出独特的作用。

1998年7月，松花江特大洪水将位于吉林市的温德桥冲毁，温德桥是吉林市通往灾情严重的永吉、磐石、桦甸三县市的必经之路。为尽快抢通这条交通大动脉，某工兵团利用应急舟桥在温德河段架起一座长183米的浮桥，使大批救灾物资快速运往灾区。

2008年5月，汶川地震后，灾区道路遭毁、桥梁垮塌，参加救灾的工程兵部队在都江堰紫坪铺水库使用舟桥器材快速构建漕渡门桥，构建起都江堰至映秀镇的水上通道，每天运送人员达到5 000多人、物资达到数百吨。在都江堰至映秀镇、绵阳至南坝镇、绵竹经广济到什邡红白镇等多条公路上，利用装配式公路钢桥快速架设起一座座应急便桥，打开了“生命通道”。在灾后重建期间，这些钢桥作为半永久性桥梁使用，又保障了人员和车辆及工程机械等装备的通行，为灾后重建做出了重要贡献。

2010年8月，甘肃舟曲发生特大山洪泥石流后，应用重型机械化桥梁技术在白龙江上迅速架起应急桥，解决了大型施工机械在软基上无法施工的难题，为排除堰塞湖险情、加速河道清淤疏浚、保障舟曲县城退水重建做出了关键性的贡献。

20世纪90年代，联合国向柬埔寨派遣一支规模空前的国际维和部队，来自中、法、日、泰等国的工程兵部队利用携带的各种应急交通工程装备，架设和修复了大量的桥梁，抢修了许多条通往金边、磅同等城市的道路，以及金边、上丁等多个机场，为饱受战争之苦的柬埔寨和平重建做出了重要贡献。

2006年9月，俄军应黎巴嫩政府请求重建被以色列炸毁的交通设施，俄军利用制式桥梁装备和军用应急交通工程机械迅速建成6座总长度达530米的公路桥，以及15 300米长的碎石进出路，使整个交通状况大为改观。

2008年5月，巴基斯坦发生地震，克什米尔地区100多万民众被困，我国出口给该国的重型机械化桥、舟桥等制式应急交通工程装备发挥了重要的作用，在短短几天之内，为救援队伍建立了生命通道。

三、应急交通工程装备发展的支持制度

大力发展包括现代交通应急保障装备技术和设施，是国家应急管理法律、法规和政策的具体要求，是政府应急管理体系建设的一项重要内容，也是我国确定的“十二五”期间重点发展的装备制造业之一。国家和政府相关部门鼓励和扶持在这些领域拥有自主知识产权的核心技术的重点单位进行应急救援新技术、新材料、新装备的研发，推动应急装备技术创新与发展。

《突发事件应对法》第36条规定：“国家鼓励、扶持具备相应条件的教学科研机构培养应急管理专门人才，鼓励、扶持教学科研机构和有关企业研究开发用于突发事件预防、监测、预警、应急处置与救援的新技术、新设备和新工具。”

《国家突发公共事件总体应急预案》要求，“依靠科技，提高素质。加强公共安全科学研究和技术开发，采用先进的监测、预测、预警、预防和应急处置技术及设施，充分发挥专家队伍和专业人员的作用，提高应对突发公共事件的科技水平和指挥能力”。

2006年，国务院颁布的《国家中长期科学和技术发展规划纲要(2006—2020年)》提出，“公共安全是国家安全和社会稳定的基石。我国公共安全面临严峻挑战，对科技提出重大战略需求。发展思路：(1)加强对突发公共事件快速反应和应急处置的技术支持。以信息、智能化技术应用为先导，发展国家公共安全多功能、一体化应急保障技术，形成科学预测、有效防控与高效应急的公共安全技术体系。(2)提高早期发现与防范能力。重点研究煤矿等生产事故、突发社会安全事件和自然灾害、核安全及生物安全等的监测、预警、预防技术。(3)增强应急救护综合能力。重点研究煤矿灾害、重大火灾、突发性重大自然灾害、危险化学品泄漏、群体性中毒等应急救援技术。(4)加快公共安全装备现代化。开发保障生产安全、食品安全、生物安全及社会安全等公共安全重大装备和系列防护产品，促进相关产业快速发展”。

2009年9月，工业和信息化部印发的《关于加强工业应急管理工作的指导意见》提出，“加快发展应急产业。应急产业是新兴产业。要以救

援与运输装备、应急能源与动力装置、应急通信与信息设备、医药与防护用品、反恐装备与安防系统等为重点，编制当前鼓励和支持发展应急产品目录。加快制定应急工业产品相关标准。鼓励企业对现有产品开展适应性改进，满足应急需要。实施应急工业产品应用示范工程，促进应急工业产品推广。加快应急创新成果产业化，推动形成一批应急产业发展聚集园区”。“加大工业应急管理投入。根据我国应急体系建设的需要，逐步完善应急工业产品动态储备机制。各单位要将应急管理日常经费纳入本单位年度预算。鼓励企业通过上市等渠道筹集资金，加大工业应急产业投入。积极推进建立应急工业产品有偿使用机制。”国家发改委发布的《产业结构调整指导目录（2011 年本)》，新增了“公共安全与应急产品”等作为国家鼓励发展的产业。

四、我国应急交通工程装备发展制度资源不足

自 20 世纪 50 年代初开始，我国应急交通工程装备经历仿制仿造、仿中创新和独立研制自主开发等发展阶段，在应急交通工程装备数量和质量上都有了长足的发展和提高，先后开发了应急舟桥、应急机械化桥、铁路应急站台、铁路应急抢修器材、应急路面器材等一批具有较高水平的应急交通工程装备。特别是近年来研制的应急重型舟桥、应急机械化桥、应急大跨度桥、铁路应急站台等工程装备与国外先进国家的工程装备性能比较接近，个别性能指标甚至超过了同类装备，达到了国际先进水平，产品覆盖了公路、铁路、水路、航空等交通保障领域。

尽管我国的制式应急交通工程装备取得了很大的进步，但就装备的性能、种类和装备技术发展而言，与应对突发事件和抢险救灾的能力要求还存在较大差距。

（一）装备数量匮乏

我国政府在应急领域投入的力度不断加大，但应急交通工程装备能力建设投入相对较少，导致应急交通工程装备的匮乏与落后。目前，我国应急交通工程装备基本以 20 世纪八九十年代第二代军队用于遂行工程保障任务的专用装备为主体，应对自然灾害、反恐维稳等非传统安全威胁的应急交通工程装备，缺乏统一的规划，缺项装备比较多。比如我国现有应急交通工程装备的机动主要是通过公路和铁路运输来实现，能进行空运、空吊、空投和船载运输的装备数量极少，应急交通工程装备的远程机动能力不强；缺少多功能应急交通工程装备产品，在产品功能上

仍以基本的架桥、修路工程作业为主，在实现整机的一机多用领域还有待发展。

（二）新材料应用落后

近几年来，国内在新材料应用方面特别是复合材料桥梁结构上开展了一些研究工作，但离工程化应用还有相当大的距离。在新结构研究方面，国外在空投空运应急桥梁装备中对充气式承重结构已有广泛的应用，我国对此类技术的积累还相当缺乏，英、法等国的高承载力柔性路面研究已取得实用成果，我国还处于原理研究阶段。目前我国的渡河桥梁装备主要采用钢质材料，国外先进国家近年来在渡河桥梁装备上已更多地采用铝锌镁、铝镁硅和复合材料等新型结构材料。比如法国地中海船舶工业公司造的应急桥梁系统采用高级铝合金结构，便于A400M空中巴士运载。英国BR90架桥系统的架设导轨采用碳纤维复合材料，长度由44米增加到56米，重量反而降低40%。美军用有机材料造沙格网岸滩路面比钢质材料路面体积缩小1/3，重量减轻2/3，成本更低；同质的机场跑道能经受C130货机起降300次，F15战机起降500次。

（三）信息主导能力和制度能力弱

应急交通工程装备受价格等因素的影响，较少考虑自动控制技术的应用，导致应急交通工程装备信息主导能力、自我防护的信息控制能力和单装作业信息传输能力较弱。比如国外已较多采用的电子监控系统、自动故障报警系统、自动切换系统、微电脑应用系统等控制技术在我国应急交通工程装备上均没有应用。而国外应急交通工程装备的发展在经历机械驱动、液压驱动后，广泛应用机电液一体化技术，目前正在向自动化、智能化和多功能综合作业装备方向发展。我国在这方面的制度建设尤为缺失。

（四）储备不足和制度不够健全

我国应急交通工程装备不仅拥有量少，应急交通工程保障专业队伍的装备配备率低，而且更重要的是尚未建立健全应急交通工程装备相关的制度体系。我国应急交通工程装备的储备制度、政府采购制度基本未建立。各地现有的应急预案对应急交通工程保障能力重视不够，应急交通工程保障预案、管理机制、支持系统还很不完善，在大规模救灾中往往只能依靠制定临时性应对方案来解决应急交通工程装备问题。在队伍建设方面，我国虽然已经建立了行业和部门的应急救援队伍，但应急交通工程保障专业队伍不健全，应急力量分散，装备缺乏，培训演练少，难以发挥整体救援功效。

五、加快应急交通工程装备发展的制度创新

（一）瞄准国际先进水平，提升应急交通工程装备科技水平

坚持以自主创新为核心，集中优势科技资源，强化前瞻性技术、基础共性技术以及先进制造技术研究，重点加强具有国际领先水平的应急交通工程装备项目开发，提高装备使用可靠性、信息化技术水平。在开发优化主导产品，支撑扩大市场份额的同时，以科技发展引领国内外市场需求，重点使我国应急交通工程装备制造业整体技术水平、科技综合实力和自主创新能力有显著提升，逐步确立高技术应急交通工程装备开发的领先地位。着眼未来，以灾害现场环境、救援队伍编成、战备编成和保障对象为牵引，按照“救灾交通工程突击保障、减灾交通工程伴随保障、防灾交通工程技术保障”的要求，发展可空运、可吊运、可空投的应急交通工程装备。在道路一段一段损毁的情况下，将交通工程保障装备通过空中机动方式空投或吊运到各个损毁路段，在多个地段同时开展多点抢修，使交通生命线在尽可能短的时间内恢复通行。道路破坏后形成的孤立城镇如通过空中机动方式及时投送大型工程装备进行救灾，也会起到更好的救援效果。着力加强应急交通工程装备能力建设和制度建设。

（二）加强新材料应用研究

一是开展应急桥梁新材料组合结构技术研究，重点解决复合材料与钢、铝组合应用时便捷、牢固地进行相互连接等关键技术问题，以充分发挥各种结构材料的优势，设计出重量轻、性能优的应急桥梁组合结构。二是加强高承载力柔性路面关键技术研究，从柔性路面的材料优选、连接与紧定等方面，研究提高柔性路面承载能力的技术途径。三是重视充气式承重结构技术研究，研究充气式结构的承载特性和失效模式，提出高承载力刚柔组合充气式结构的设计、计算和制造方法，为充气式承重结构的设计提供技术支持。四是对“夹芯填充”路面结构技术开展研究，解决将这一结构应用于路面装备时涉及的材料优选、工艺设计、结构连接和受载特性等关键技术问题，为路面结构轻量化设计提供技术支持。五是研究新的抢修技术、抢修器材，突破关键性防护抢修技术，设计高强度复合结构，增强应急交通工程装备的防护能力和抗毁伤能力。

（三）完善标准化制度，发展信息化技术

为了提高应急交通工程装备的实用性和适应性，需要加强应急交通工程装备的标准化、模块化、自动化和智能化建设。标准化是发展应急交通工程装备的先导性要求，是科技成果从实验室走向批量生产、形成产业的“推手”，标准化工作必须在应急交通工程技术发展过程中提前介入。标准化和模块化又是提高应急交通工程装备可靠性的重要技术支持。舟桥和桥梁装备等系统实现了标准化，基本模块和扩展模块实施了结构化改造后，其形式、材料、尺度、重量和功能要求等都有助于实现新功能，可以有效减少装备品种，提高装备的保障能力。自动化和智能化是提高应急交通工程装备适应性的重要技术支持。要提高架设舟桥和桥梁系统的过程中对瞬息万变抢险救灾现场要求的适应能力，不仅要求这些设备能快速、自动架设，而且还要求实现智能化应用，包括地形补偿、故障诊断与排除、天气自我适应以及破坏程度自我分析等关键技术难关的攻克，就可以使应急交通工程装备向无人化架设和撤收的全自动机器人装备发展。充分运用信息化和计算机控制技术手段，是提升应急交通工程装备使用效率的重要技术支持。对装备信息进行数字化处理，建立快速处理、实时传递、信息共享的信息资源，将大大提高应急指挥员决策信息支持的力度。

（四）加强综合性制度建设

一是培育应急装备市场机制，制定促进相关技术和应急交通工程装备产品发展的扶持政策，运用保险、税费、信贷、政府采购等经济和行政手段，引导企业积极参与应急交通工程装备产品研发和制造。二是按照“平灾”结合的原则建立和完善国家应急装备储备制度，增强应急交通工程装备储备能力建设，合理配置资源，充分发挥装备效能，形成重大事件发生后能够在全国范围内有效调度人员和装备器材的能力。三是建立应急交通工程装备政府采购、租用制度，政府既可以通过采购目录，通过市场实现公平竞争、择优购买设备，也可以采取政府与有关企业签订灾前协议的方式，对有关设备确定平时作建设用、灾时作救援用的“租赁模式”。四是研究国家应急交通工程装备产业发展规划，开展国家科技支撑体系建设，实现发挥既有产能作用与形成新产能的有机统一，以科技创新支持有比较优势和竞争力的应急交通工程装备企业发展。五是以产业链为载体，加快应急交通工程装备产业基地建设，引导资金、技术、人才等资源向优势生产基地流动，充分发挥龙头企业对产业链的规模带动作用。六是建立应急交通工程技术服务平台。在企业建立培训基地，除了应急交通工程管理的理论教学外，也承担应急交通工程装备实际处置操作的培训工作，有针对性地加强训练。七是根据应急交通工程装备“军民通用”“平灾通用”的特点，实施交通战备及应急预案的对接，专项应急预案与应急交通工程装备使用规定的对接①。

① 本章部分内容在《国家应高度重视应急产业》（作者高小平，发表于2013年第10期《中国产经》）、《中国应急产业容量达万亿元》（作者高小平，发表于2013年第5期《支点》）、《应急交通工程装备的概念、分类和发展对策》（作者高小平、詹隽青，发表于2012年第12期《中国应急管理》）中使用过。

第七章
大数据技术创新应急管理制度

大数据技术的兴起，缘于当今信息技术与经济社会的交融发展，引发文字、数字、图像、视频等数据的迅猛增长①。世界上很多国家已把数据作为基础性战略资源加快发展。在政府应急管理中应用大数据技术，对提升政府现代应急管理能力具有重要意义。大数据主要是对数量巨大、来源分散、格式多样的数据进行采集、存储和关联分析，从而产生以容量大、类型多、存取速度快、应用价值高为主要特征的数据集合②。进一步说，大数据将现实社会中分散的人和事用数据的方式关联在一起，从中寻找到一种可供分析的规律，进而对人和组织的行为产生一定的影响。特别是近几年，大数据在商业领域的成功更是激发了其应用于社会生活和国家治理的期待。应急管理作为政府公共管理的重要职能，同样期待大数据的介入能够提高应急管理的能力。

第一节　大数据技术创新应急管理的重点

目前，在应急管理的实践过程中，信息是掣肘其充分发挥作用的关键因素之一。通过分析，目前应急管理的信息真空表现为信息源单一、信息流不畅以及信息质量不高等三个特点，大数据技术数据源的完整性、数据之间的关联性以及扁平化运行和高价值数据等特点能有效地解决目

① 本章部分内容在《大数据支撑的政府消防安全管理机制创新：以广州市天河区为例》(作者胡学东、高小平、蔡德伦，发表于 2018 年第 5 期《中国行政管理》)、《大数据：政府改革创新的利器》(作者高小平，发表于 2017 年第 1 期《智慧城市评论》) 等文中使用过。

② 国务院关于印发促进大数据发展行动纲要的通知. 中国政府网，2015-08-31.

前应急管理环节中的基础性信息问题。尽管如此，作为新兴技术的大数据还面临若干发展的限制与挑战，需要破除“大数据能解决一切”的唯技术论迷信。

一、大数据技术创新应急管理的可能性

大数据技术为革新应急管理工具提供新途径。20世纪以来，很多国家开展了以公众满意度为指向的新一轮行政改革，绩效评估、流程再造、风险治理等用于提高政府服务效率的新管理工具纷纷应运而生。在“偶遇”大数据后，改善和创新应急管理工具更加如鱼得水，并呈现升级换代之势，为有效限权与高效用权提供新的方式。例如，在强化一体化的风险监管方面，以往政府的风险监管方式往往采取审查企业报表，发现问题或是出了问题再去检查整顿的手段，难以实现安全监管的全面有效覆盖。大数据技术可以揭示事物、信息之间的关联关系，将企业生产经营、销售物流、检验检测领域的数据自动汇聚到分析系统中，政府部门便可以随时掌握企业违法失信、投诉举报、消费维权等信息，预警市场的不当行为，提升政府的风险防范和应急响应能力，将管理方式由“人盯事”“一对多”变为“大数据盯事”“多合一”，大大提高了监管的效能。

按照国家治理能力现代化的要求，有效的监管需要多元主体的共同参与。目前，我国各级政府部门手中掌握了海量的信息数据资源，但开放不足，利用不充分、效率低的问题相当突出。政府要按照放管结合的要求，进一步加强政府信息公开工作和数据开放的力度，除了涉及国家安全、商业秘密、个人隐私的信息外都向社会开放，积极运用大数据、云计算、物联网等信息技术，编织企业信用信息和公民个人信息“全国一张网”，建立市场主体诚信档案库和信誉查询系统，实施行业黑名单制度、市场退出机制以及联合激励与惩戒机制，形成线上线下一体化的应急管理体系，消除安全监管“死角”，将监管措施融入服务行为之中，增强监管的实时性和人性化，更好地发挥治理行政不作为、慢作为、乱作为的作用。大数据技术还可以提升应急管理精细化程度，把“工匠精神”引入治理，对自己的产品——管理和服务做到精益求精、极致严谨。近年来，很多地方和部门探索实施数字化城市管理、网格化社区治理，建设智慧城市、智慧社区、智慧村庄，通过收集和分析城市、乡村的各种数据，建立以“人、地、物、事、情、房

和组织”为核心的基础信息数据库，政府管理者、社区网格员对社会进行动态全方位管理和服务，使得反馈及时精准，事件处理快捷高效。这将克服运动式和突击式执法以及服务效率低的弊端，从被动管理的模式转变为前馈式管理模式，做到小事用“微服务”在网格中完成，大事靠“一站式”在基层解决。这些都对提升应急管理能力发挥了重要的作用。

将大数据运用到公共治理中，可以推动简政放权、放管结合与优化服务统一起来，加快应急管理制度建设，为人民群众提供公共安全服务。推进应急管理制度创新必须充分发挥现代信息技术的推动作用，打通“信息孤岛”，推行互联网＋应急管理、智能＋应急管理，实现部门间、部门与企业、部门与社会组织、企业与社会组织、社会组织与社会组织、个人与各类机构组织之间的数据共享。

二、“前大数据时代”应急管理中的信息问题

在“前大数据时代”，应急管理体制的多层级行政科层制体系、高度集中的决策机制、社会传播系统的缺失等因素决定了应急管理中的信息来源单一，由下而上的单向度的信息采集成为其主要形式，即上级对于危机信息的获取主要来源于处于一线的地方报告。决策者所获取的信息基本上以体制内的信息流为主。

我国政府运作的封闭性程度还比较高，保密范围较大，与应急管理相关的很多信息都被列入不宜公开的范围，长期形成了“内紧外松”的应急处理的信息原则；同时，应急过程中的信息被政府体制内的决策者所垄断，社会参与渠道有限，因此社会信息很难进入政府体制内。现代信息社会，应急管理的信息来源必须多元化、多样化，当政府部门存在信息真空时，就必须有媒体的介入或公众传播信息的自由，否则谣言等信息杂质就会出现。

（一）多层级行政科层制体系使得信息流不畅

在目前的体制下，信息的上报过程要历经多个层级，而且信息传递渠道的单一、流通不畅，使得信息的收集工作非常落后，造成信息的缺失与不完整。整体上看，信息流过程容易发生社会信息封闭、纵向信息封锁、横向信息隔离等问题。

科层体制固有的弊病之一在于，与上级交往的过程中，地方政府有一定的政策空间，往往存在虚假治理的行为倾向。在我国以中央权威为

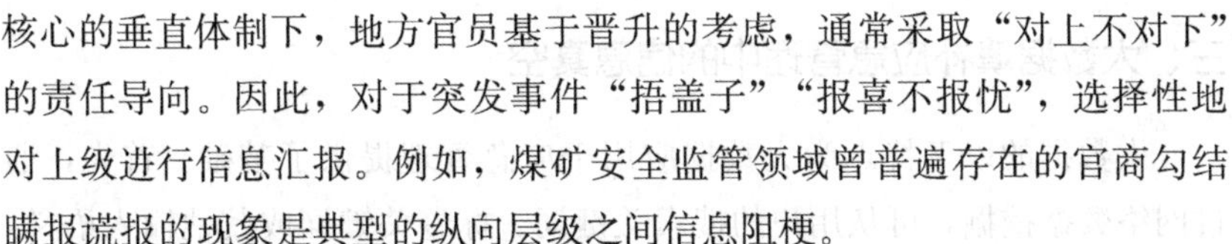

核心的垂直体制下，地方官员基于晋升的考虑，通常采取“对上不对下”的责任导向。因此，对于突发事件“捂盖子”“报喜不报忧”，选择性地对上级进行信息汇报。例如，煤矿安全监管领域曾普遍存在的官商勾结瞒报谎报的现象是典型的纵向层级之间信息阻梗。

横向信息阻梗主要体现在部门与部门之间、地区与地区之间以及军地之间等方面的信息交换与共享出现严重的不畅通现象。在应急响应过程中，国土、民政、卫生、公安、消防等部门的信息共享机制不畅就会严重影响应急管理的成功推进。2005 年的松花江污染事件便是吉林和黑龙江两省之间的区域信息沟通出现了严重的间断，致使局部环境事故演化为社会、政治甚至国际危机。军地沟通不畅最为显著的例子是“非典”时期，北京地区的部队医院与国家卫生系统显示出信息隔离状态，丧失了有效控制北京疫情的最佳时期。

（二）多部门信息采集机制使得信息质量不高

应急管理中的决策结果往往具有不可挽回性，而决策的质量又取决于决策信息的质量。一方面，信息质量不高表现在原始数据堆砌复杂。另一方面，信息质量不高表现在信息分析视角单一、缺少全局观。在危机事件发生以后，不同部门通过不同的渠道汇报收集了大量数据，并做了技术处理和提炼。但往往基于利益、立场以及视角的限制，很多信息相对于全局性的应急管理具有局限性。因此，经常会出现的现象是，就单个政策或部门领域来讲信息分析是准确可行的，但汇总后加以综合考虑便缺乏相互支持的逻辑甚至互相冲突。

总体看来，社会以及组织环境发生了不同程度的急剧变化，在日常行政管理中的工作机制出现了消减、不畅甚至停顿的现象，并且要求应急管理者在短时间内必须迅速做出决策来应对威胁。这种“突变”意味着触发因子模糊，事态趋势不明，尤其是在事件发生后的最初阶段，信息复杂、瞬变、杂乱、失真，如何识别、收集和传递关键信息成为有效应对的基础①。总体可归纳为，应急管理中的信息真空主要体现在信息源单一、信息流不畅以及信息质量不高等问题。大数据的核心是信息，并且大数据广覆盖和高效的特点恰到好处地填补了危机事件中的不确定性和紧急性而带来的信息真空。

---

① SIMON H A. The architecture of complexity. Proceedings of the American philosophical society，1962 (6).

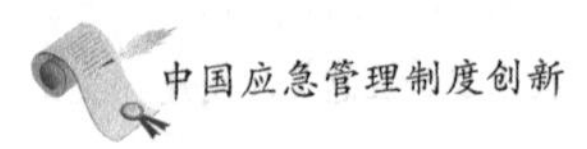

三、大数据填补应急管理中的信息真空

大数据的以下特点为大数据应用于应急管理提供了基础。首先，通过网络数据挖掘，可从用户的搜索关键词、标签关键词或其他输入语义，扩大数据来源。其次，经过核心的数据挖掘算法，能快速科学地呈现出数据本身具备的内涵。再次，数据可视化分析能够直观地呈现大数据特点，同时能够让非专业人士接受。最终，大数据分析应用于预测性分析，从大数据中挖掘出特点，通过科学地建立模型从而预测未来的数据。因此，对于大数据自身而言，高质量的数据和有效的数据管理保证了分析结果的真实性和价值。

长期以来形成的权力集中、职责分割、效能不高等问题，制约着应急管理效率的提高。党的十八大以来，我国政府以行政审批制度改革为突破口，大力推进简政放权，取得了显著成效，为打通行政部门信息壁垒提供了新动力。信息共享之所以艰难，一个重要原因是在科层制行政管理架构中，政府部门之间专业分工过细，职能边界成了信息壁垒，一项全局性政策被切割为各自为政的“地盘”。传统层级式信息传播使得信息上达不易，政令下达不畅。也就是说，政府的部门以及部门的一些下设机构成为简政放权的“最先一公里”障碍，成为束缚改革手脚的利益藩篱。清障破藩，加大信息化建设力度，运用大数据的储存方式和处理技术，建立基础数据库、专业数据库和应用数据库。大数据带来的信息扁平化有助于打通相关各部门之间的数据链，以“技术强制力”克服政务数据碎片化、信息资源共享程度低等问题，为推进应急管理制度改革，解决部门间协调难的问题提供支持，为建立统一指挥、救援有序的应急管理体系打造了新动力。行政审批制度改革还有助于应用大数据甄别应急响应流程中哪些要保留、哪些要简化以及如何简化和优化流程。大数据管理平台则能将宏观概况与微观运作实时呈现在领导者面前，消除“牛鞭效应”带来的信息失真的困境，真正实现“运筹于帷幄之中，决胜于千里之外”。

具体来讲，大数据具有改善信息质量、突破信息阻隔以及提高信息传导效能的三项核心功能。在应急管理中，信息是做出恰当和准确决策的关键。而准确信息的前提是信息的来源必须稳定且内容全面。因此，有效信息传递保证了应急管理的顺利进行。最后值得注意的是，有价值而精准的信息分析能让决策者迅速发现信息的核心，从而快速做出判断。

第二节　大数据技术提高应急管理能力的机理

大数据技术的广覆盖、深挖掘、高效处理以及准确分析等特点，能最大限度地突破应急管理过程中信息方面的桎梏，有效地克服应急管理过程中信息源模糊、信息渠道不畅以及缺少精准信息的缺陷，从而实现突发事件的成功应急处置。其机理主要表现在以下几个方面。

一、大数据改善风险源识别能力

总体来讲，应急管理前段的风险管理存在信息模糊、破碎、不通畅等特点。大数据的出现支持了风险源识别，将分散的信息源及时汇总，以更加综合深度的分析形式出现在决策者的案头，可以避免决策者犹豫不决、疏忽大意等情况；同时打破了传统科层制体系存在的信息阻隔，以相对扁平化的形式传播从而提高信息处理效率。谷歌流感趋势利用搜索关键词预测禽流感的散布成为大数据风险源探知的先驱。另外，大数据可以帮助应急演练，以信息规范演练，同时以演练推动数据标准化运行和分析。目前，我国开始尝试建立以突发事件大数据的社会传感网络感知、大数据分析与推演、“情景-应对”决策支持以及支撑服务的计算实验平台。

实践反复证明，大多数危机事件在突然爆发之前是有迹可循的。社会安全事件、公共卫生事件和事故灾难都可以归因于长期存在的潜在矛盾受到偶然的导火线事件触发而爆发。即便最困难的地震预测，目前人类在过去几十年也取得了长足的进步。例如，南加利福尼亚州地震中心（SCEC）通过对地区内的地震网络信息的深度挖掘已经能够评估、预测由地震引发的各项灾害及损失程度，从而更加从容应对。尽管如此，发生路径存在并不代表目前的组织系统有能力事前认识到，其中最重要的原因之一是组织有限的信息处理能力。最为经典的例子是，“9·11”事件发生前，美国负责国家情报的若干部门都探测到恐怖袭击的相关内容，但组织内部以及组织之间的各种阻碍，导致最后信息不能及时地互相分享、通报以及汇总，从而错过了及时决策的最佳机会，导致惨剧发生。同样在巴黎连环恐怖袭击事件中，分散的多点信息已显示较高的潜在风险，如果情报部门能及时汇总，深刻分析和高效评估信息，发现异常变动，就可以及时做出风险源识别以及做出更加周密的部署。

大数据能够更为有效地集成各类的政治、经济、文化、社会、生态等领域的信息资源和数据库，为决策者决策提供重要数据基础和决策支撑。它通过把数学算法运用到海量的数据上来发现以往难以察觉的事物运行规律，并据此预测可能发生的事情，甚至可视化地展现出事物可能运行的“真实”场景。在进行相关性分析过程中，它可以基于以往的记录和其他的信息来源，寻求一个特殊个体以及周边人和事等方方面面的信息归纳，从而发现异常线索和风险征兆。在“9·11”事件事后的调查报告中，通过政府监控信息、航空预约记录以及其他的公共信息能发现19个恐怖分子的异常，如果及时采用大数据信息技术便可以及时进行恐怖预警。同时，它也可以基于已知的风险类型对类似的和相关的风险做出最及时的预判以及采取相应的防御措施。它不要求具体的跟踪对象，而是跟踪一种具体风险类型的相关行为特点。例如，跟踪大量购买一些高危化学物品、管制刀具的异常信息，可以防范相关类型的风险事故。根据英国反恐网络（The UK's Counter Terrorism Internet Referral Unit）报告，截至2014年10月共隔离了49 000条在线极端言论，仅仅在2013年底达30 000条，大多数信息涉及叙利亚和伊拉克。布鲁金斯学会（Brookings Institute）在研究中东政策时发现，仅仅在2014年9月至12月，推特（Twitter）有46 000～70 000的ISIS支持者，平均每个账号有超过1 000人的关注者①。

二、大数据积极支持应急决策

应急决策是应急管理的中枢，甚至在一些关键时刻体现了“生与死”的抉择。应急决策区别于普通决策之处在于：（1）高结果性，即决策的效果会在短时间内立即体现；（2）利弊得失的权衡更加明显；（3）高度的不确定性，包括危机事件自身、进一步的发展以及不同决策的可能影响；（4）快速决策，即决策直接过渡到执行，没有试探性的“试验”阶段②。这一系列特点增加了应急决策的难度和风险，因此，应急领导团队需要比日常决策更全面的信息、更深入的分析、多渠道的建议。很显

---

① BERGER J，MORGAN J. The ISIS Twitter census：defining and describing the popula-tion of ISIS supporters on Twitter. Brookings Institute，2015.

② BOIN A. The politics of crisis management：public leadership under pressure. New York：Cambridge University Press，2005.

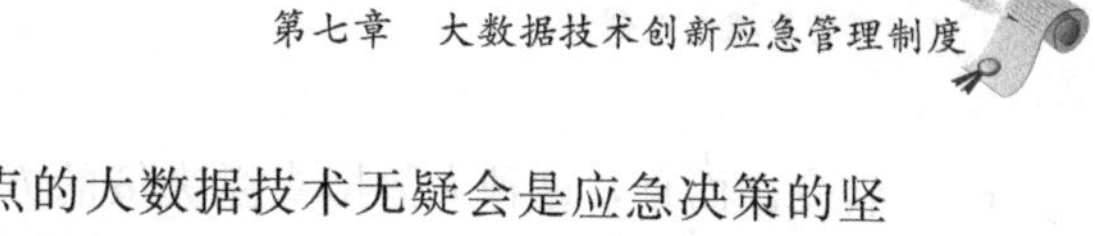

然，以综合信息和精准分析为特点的大数据技术无疑会是应急决策的坚实基础。数据提炼与分析使海量数据变成高价值的信息，包括根据已有的风险演化规律、事件发展机制进行标准化、类型化的处理，建立数据分析模型。一是从下往上，对已有数据进行分类，通过数据运算，发现一些可区分的模型类别。二是自上而下，运用已有的知识建立假设和推论对数据进行处理。模型的建立和数据的提炼有利于模拟仿真以及实际情况中的预测判断。

此外，应急决策需要积极有效的应急响应去实现。而影响应急响应的关键因素在于组织合作。在应急场景中，各部门有可能基于风险规避或时间压力，“团结一致，众志成城”，共同面对危机；同样也有可能出现政令不通、信息阻塞、步调不一的现象。而大数据技术可以帮助应急响应部门分享数据，及时交流沟通，基于统一信息认知在应急管理过程中树立共同的目标和信念，提高应急响应的效率。同样，大数据支持一线应急管理者灵活调整应急策略。例如，经过信息传感器和社交媒体反馈的大量数据可通过可视化以及GIS等技术帮助政府更好地理解灾情，高效救灾。在飓风“桑迪”登陆之后，美国联邦应急管理局通过社交平台关于飓风“桑迪”的讨论，关注到应急疏散以及相关的能源、食物、燃料和水等情况，从而计算出哪个区域最需要应急支援和补充以及安抚灾民情绪，有效地提高了救灾的效果①。大数据技术也填补了灾害地区信息通信损坏后的信息空白。“云技术”使灾区信息数据实现了空间上的转换，在灾区大量基础设施被损毁的前提下，仍然可以及时得到地方的基本数据，协调救灾。

在“互联网+”时代，“市场之手”活跃在线上线下，这使得政府危机决策中的不确定性上升，治理难度增加。如果继续沿用传统管理方式，以局部研究对象的分析代替整体性把握，通过少部分人的需求推断大多数人的需求，可能导致决策因难以看清全貌而出现失误。将大数据运用到应急决策中，可以通过交叉复现、质量互换、模糊推演等手段，有效统合各方面数据资源，使信息趋于系统化，克服由信息不对称所产生的治理难题，提升决策科学化水平。在这样的情况下，政府推动应急管理制度变革，可以不再简单地依靠部门提出方案，而是采取上下结合，共同拟定改革的施工图和路线图，由以往的被动“接球”向主动“发球”

① HEATON B. How emergency managers can benefit from big data. Emergency management，2013-07-23.

转变。而且，这种大数据支撑决策的方式所提供的资料具有直抵事实本质的优点，结论清晰、数据明确，这样形成的改革决策，既能符合整体利益，又能增强部门协同，有助于创新决策和执行的机制。应急管理制度改革，目前主要是靠负责管理改革的机构与执行部门之间的“一对一谈判”的方法进行，在进入深水区之后，推进改革的难度越来越大，部门往往以种种理由加以阻挠，忽悠主管机构，变相抵制改革。运用大数据技术可以用数据说话，对制度变革事项带来的不同效果进行量化分析，特别是从人民群众对改革的期望角度，认知改革的红利，发现可能的风险，对利弊得失进行比对、权衡、综合考量，这将有助于政府科学决策。

三、大数据促进应急沟通

应急沟通体现了政府、媒体以及公众三位一体的信息交流框架。突发事件发生后，普通民众、不同社会组织基于信息获取不同、既有立场差异等因素对危机形式做出不同的理解和认知，而混乱的认知必然对社会秩序、公信力产生负面效应，主要表现在质疑、谣言、批评甚至是公众抗议或社会游行。因此，政府如何在复杂的舆论环境中取得优势充分体现了应急管理中“政治性”的一面。可以说，危机沟通是稳定社会秩序、重获公信力的关键环节之一。否则，政府会再一次陷入“危机后的危机”①。

在应急沟通中，最为积极的角色莫过于媒体，记者会通过各种渠道获得能吸引外界眼球的信息。在通常情况下，作为“无冕之王”的记者会发出与政府不太一致的声音，甚至挖掘出背后隐藏的真实信息。一旦媒体的公开早于政府发布必然会让政府公信力受到极大的危害，有的时候对官员的仕途来说可能是致命的。2003 年“非典”时期，美国《时代》周刊在网络上发表的《北京遭到 SARS 袭击》报道让中国政府陷入被动，特别是卫生部、北京市的行为受到极大的质疑。普通民众在危机发生后急于得到权威而真实的信息，而政府往往在信息发布方面陷入既有思维犹豫不决，担心引起社会恐慌而担责。实际上，研究反复证明，个体在极端条件下通常做出理性选择，而不理性的表现恰恰在于缺失真实信息而发生误判②。但作为应急管理主体的政府在应急沟通方面试图引导

---

① ROSENTHAL U，BOIN R A，COMFORT L K. Managing crises：threats，dilemmas，opportunities. Springfield：Charles C Thomas Publisher，2001.

② BOIN A. The politics of crisis management：public leadership under pressure. New York：Cambridge University Press，2005.

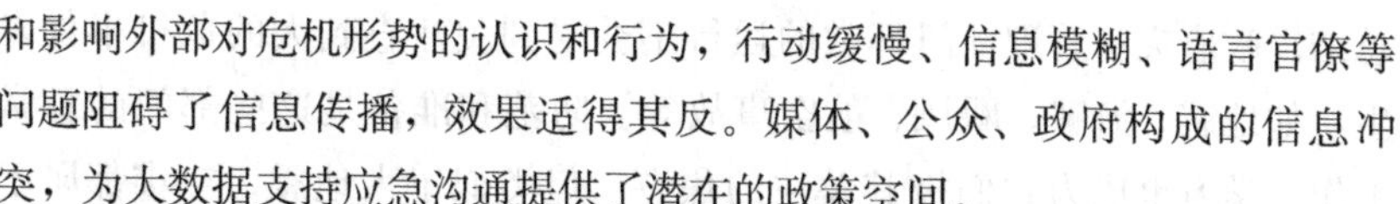

和影响外部对危机形势的认识和行为，行动缓慢、信息模糊、语言官僚等问题阻碍了信息传播，效果适得其反。媒体、公众、政府构成的信息冲突，为大数据支持应急沟通提供了潜在的政策空间。

首先，应急沟通中信息交流的公共性特点为大数据提供了极为丰富的数据源，特别是在现代社交媒体的强势介入下，作用尤为显著。其次，众所周知，大数据能协助政府及时了解社会舆论和公共诉求。通过大数据技术预测媒体和公众的行为，为政府提前制定沟通预案提供了可能。同样在飓风“桑迪”登陆之后，美国联邦应急管理局通过社交平台反馈的数据，积极与公众沟通，有针对性地发放救灾物资，最终做到了救灾急灾民之所急。在传染病领域，大数据支撑得到广泛引用，例如，研究者利用电话通信数据（CDR）绘制出肯尼亚和纳米比亚两国的疟疾暴发情况从而监测公众对墨西哥政府关于甲型 H1N1 流感措施的反应①。

另外，大数据技术为政府应急管理主体内部提供了统一的信息交流和共享平台，支持了信息发布和沟通方面的“政令统一”，增加了信息的权威性。例如，相比 2008 年孟买恐怖袭击事件后，印度政府各部门对外发布信息基调和内容步调不一；在 2015 年 11 月 13 日法国巴黎恐怖袭击事件后，国家和地方、立法机关以及其他政党发出极其一致的声音，其公信力受到国内民众和国际社会的好评②。大数据分析还提高了信息交流的准确性，使其更具专业化特征而获得信任。在媒体和公众对相关信息极度关注的前提下，政府能够清晰无误地用各种专业性精准数据做出回答，通常对其是“加分项”。总之，对信息需要的内在要求使得大数据技术与应急沟通紧密地结合在一起，帮助政府重获公信力。

四、大数据提高灾后学习绩效

同样的错误和悲剧不再发生或者我们能从容地应对下一次危机是应急管理之后普遍关注的话题。然而，提高组织应急管理能力的一个重要阻碍在于组织自身的信息掌握和处理能力。个体组织不能有效地理解和交流信息是因为不能收集到足够的信息③。单个组织很难从一两次的应急管理经历中提取出具有普遍意义的“因果关系”，从而妨碍应急经验的

① Ebola and big data: call for help. The economist, 2014-10-25.

② MEHTA N. What we can learn from Paris. Times of India, 2015-11-15.

③ PIDGEON N. The limits to safety? culture, politics, learning and man-made disasters. Journal of contingencies and crisis management, 1997, 5 (1).

总结。政府灾害管理部门日常的运行不会受到关注直到大的危机事件发生，如地震、海啸、飓风、航空事故等。防范和准备是这些部门的日常工作，学习也成为它们极其关注的焦点。但类似于大地震、空难都属于小概率高危害事件，提供给组织的学习经历有限，所以信息不足限制了有效经验的总结。同样在容易发生高频率低危害事件的部门，由于单一事件造成的危害较小，学习动力不足导致信息分散而得不到及时总结。而作为反思工具的大数据技术可以帮助应急管理组织跨时空地总结危机事件的经验教训，及时形成制度化的学习机制。

首先，大数据帮助组织和领导更加深刻地自我认知。固有的组织和个人成见容易让组织运行产生惰性，不能有效发现自身缺陷。而大数据技术通过综合分析能帮助组织反思和认清潜在的问题①。其次，个体记忆不能有效地转化为组织记忆或者是制度格式，从而阻碍跨部门、跨地区、跨时间的经验交流。囿于人事变动和官僚政治，学习得不到及时传播和扩散。例如，关键领导岗位的变动使得头一次的经验教训不能很好地延续下来，特别是一些专业性较强的政府部门出现“外行领导内行”的现象更是打断了应急管理组织自我完善的路径。最后，一些应急反应失败的组织领导基于规避责任的考虑阻止了教训的总结和扩散，而大数据的出现为组织突破自身学习能力提供了极大的可能，利用丰富、可复制的信息收集、储存以及分析能力帮助完成了教训的总结和扩散，促进了应急管理学习机制的畅通，进一步提高了应急管理能力。

第三节　大数据技术应用于国家反恐决策

随着外部政治社会环境和世界秩序的变换，当今的世界反恐形势也出现了一些新的特征，给世界和平秩序以及各国国家安全造成了严重困扰。总的来看，我国国家安全态势出现了内涵和外延比历史上任何时候都要丰富，时空领域比历史上任何时候都要宽广，内外因素比历史上任何时候都要复杂的严峻形势。具体到我国反恐工作，信息时代等一系列新情况、新问题直接导致了我国在部署和实施反恐工作的过程中不确定性因素急剧增加。现代信息技术的高速发展，人与人之间跨地区、跨时

① 高小平. 借助大数据科技力量寻求国家治理变革创新. 中国行政管理，2015 (10).

间的即时交流特点更加明显，传统的情报收集系统在保障及时有效的信息感知、收集和处理方面显得捉襟见肘。同时，手机、电脑、网络等现代通信工具的使用又使得个体和组织之间的交流在客观上留下了信息痕迹，这些行为数据海量保存为利用计算科技进行深入信息挖掘和分析提供了客观基础。

一、国家反恐决策对“不确定性”的理解

自然主义决策学派（naturalistic decision-making）的 R. A. W. F. S.①（应对不确定性）模型的实证研究表明，不确定性被定义为对行动延迟或犹豫的疑惑感，它是一种主观和抽象的感知，并对实际行动产生影响。从这个定义可以推断出，不确定性与行为之间的关系是研究的焦点，这一点对实务工作者来说尤为关键。马奇（March）在早期的组织理论研究中为了说明二者之间的关系，依据“是否遵从组织内部的固有的规范和程序”将决策者的行为分成两种，即以规则为导向行动（obligatory action）和以结果为导向行动（consequential action）。基于两种行动逻辑，行为者会考量不同类型的未知因素，从而产生多种不确定感知（见表7-1）。

表 7-1　两种行动逻辑模型的比较

	以规则为导向行动	以结果为导向行动
特点	遵从既有组织框架和规则	“行为-结果”逻辑为出发点
行为者考量的因素	目前形势判断	目前备选方案
	组织中的个人角色	个人价值规范和目标
	行为与形势以及自身角色的匹配度	备选方案的预期结果与个人目标和价值的匹配度
	积极实行	最能表现目标和价值的备选
结果	组织稳定	组织变动

资料来源：March J G. Decisions in organizations and theories of choice. New York：Wiley，1981.

可以看出，以规则为导向行动要求当事人对外部形势判断及其自身角色定位全面理解，而以结果为导向的行为者则必须对目前备选方案、预期结果及其二者逻辑关联有所认知。如果当事人缺乏足够的这方面的

① R. A. W. F. S. 的英文全称 Reduction，Assumption-based reasoning，Weighing pros and cons，Forestalling，and Suppression，中文翻译为减少、基于假定的推理、利弊权衡、预防、抑制。

知识和信息，那么不确定性就必然会导致行动的迟缓和停止。因此，这层意义上的决策分类能有效地将不确定性与当事人行为很好地相互匹配起来。换句话来说，以规则为导向行动很容易被对形势判断方面的不确定性所影响，而以结果为导向行动则会顾虑到对潜在后果的不确定性，并且两种类型的行动都可能受到备选方案的困扰。反恐决策过程中关于反恐形势和情景认知的不确定性是反恐工作中的"不确定性"的关键环节，主要表现在三个方面，即对决策结果的不确定、对形势把握的不确定以及对备选方案的不确定。在此基础上，根据利普希茨（Lipshitz）和施特劳斯（Strauss）对这三组不确定性原因分析，可归纳为三个关键要素。

第一，信息获取有限。信息是安全工作的基础，是决策的核心要素。没有足够的情报信息，国家安全保障等于盲人摸象，很难做出及时、有效的决策和反应。信息源缺乏和信息渠道堵塞可能导致信息偏差、信息缺失以及信息失真。实践中个人或组织可以利用的信息往往是不完整的，大而零散，变化较快且随机性强。传统的反恐工作有完善的情报收集体系，信息源较为固定，信息渠道也有专门保障。因此，一直以来整个国家安全体系的信息获取比较持续和有效。而信息时代在提供海量信息的同时也增加了信息收集、筛选和分析的工作难度。一方面，信息源更加多元复杂，普通个体成为信息来源的提供者。主流官方信息源往往滞后于现场当事人自媒体发布。而多元的信息源容易导致信息偏差和失真，引起不必要的政府认知和行动偏差以及社会情绪的不稳定。另一方面，信息渠道显示出低效烦冗的态势。信息源的丰富必然要求传播渠道的持续跟进，而传统的信息渠道依附于政府科层体制的报送，往往在进行信息甄别的同时危险已经蔓延。因此，基层情报信息能力建设与现实要求的差距放大了信息缺失的弱点。

第二，认知理解不全。丰富的信息并非不确定性减少的必要条件，缺乏对现象的深刻认识和理解阻碍甚至误导反恐决策。认知理解不全面可能是由于模棱两可的信息、前所未有的新形势以及快速变化不稳定的形势。对新事物的理解需要通过事件和经历进行深度信息筛选和加工。我国的国家安全战略从新中国成立初期以国防安全为核心发展到新常态下的总体国家安全观，充分说明对国家安全的认知是一个不断变化发展的过程。具体来讲，恐怖暴力犯罪这类风险危机属于典型的"缓慢演化，突然爆发"，表现在触发原因复杂、潜伏时间长、发展进化不明显，但集

中爆发的影响大。类似的不确定性在 2015 年 11 月巴黎发生的恐怖袭击事件上暴露出来。实际上，在巴黎恐怖袭击发生之前，各渠道情报来源已显示巴黎近期可能作为恐怖袭击的目标，包括在德国巴伐利亚境内警察逮捕的相关嫌疑人和车辆，ISIS 相关网络和支持者的动态，法德两国情报部门共同探测到的关于袭击的信息，法国军队武器失窃事件以及近期发生在法国的一系列小范围袭击行动。针对这一系列情报，实际上法国安全部门已经采取了非常规措施来应对，但针对分散性的、小范围的、不断变化的突袭形式让反恐工作防不胜防。这种新兴的“独狼式”恐怖形式自 2008 年孟买恐怖袭击以后得到了恐怖组织的青睐，它表现为背后组织不明确、本国内部个体参与策划、袭击目标转向非政治目标、多点同时发生、国际政治影响大。新的恐怖袭击形式增加了反恐的难度，即不能确切地预测什么人、什么时间、在什么地方发起一场什么样类型的暴力袭击，因此很难瞬间采取应对行动。这一系列认知理解上的缺陷直接导致了反恐决策过程中的不确定性增加。

第三，方案备选困难。这类不确定性主要体现在决策的过程中，决策者面对不同的备选方案犹豫不决而错过最佳决策时机。方案备选困难的难度一方面在于对不同方案之间的预期结果不能很好平衡，另一方面则归于各自相冲突的条件要求。事实上，任何决策都不会产生最优的结果，只能退而求其次。择其一而放弃其他往往基于因地因时制宜的考虑，甚至由一些偶然的原因触发。例如，北京空气质量既出现过“APEC 蓝”和“阅兵蓝”，也发生过“爆表”后的红色最高预警，这背后隐藏着持续了数十年的基于经济还是基于可持续全面发展的争论和博弈。很显然，政府在考虑和制定生态安全相关战略的过程中必然会在生态保护和经济发展间做出一个适当的平衡。在反恐工作中，政府公共权力无限制扩展与个体人权同样存在冲突，表现在信息监控、紧急状态实施等多方面。

随着信息化时代的到来，这种不确定性也必然会呈“井喷式”增长。尽管如此，与之而发展起来的新兴科学技术具有抵消其风险的潜力，大数据技术就是其中的核心之一。目前的决策理论的文献对不确定性的解决有不同的策略。汤普森（Thompson）主张“标准化”组织过程以限制内部环境的多样性，以及通过纳入外部关键因素到组织内部或者协商方式减少外部的不确定性。史密森（Smithson）提出了三步走：首先尽可能收集信息并加深理解以期减少不确定性，其次通过对外部环境恰当的反应和适应达到提前预测和准备，最后量化处理不能忽略的不确定性。而R. A. W. F. S. 模型同样总结出三类策略：上策，减少不确定性；中策，处理不确定性；下策，忽略不确定性。首先仍然是通过收集信息从而减少不确定性。其次是如果没有额外信息利用，通过统计推论或假设推理来弥补。最后则是进行信息加工。如果不确定性仍然得不到缓解，那么积极处理和提前预防它们则是次优选择。而完全忽略掉不确定性则是“疯子和天才”的举动，显然不太符合安全管理中实际操作的原则。

因此，为了减少和缓解不确定性对国家反恐决策的顺利实施产生的消极影响，我们可以退而求其次。首先，通过信息收集增加个人和组织关于恐怖活动的相关信息和知识。其次，通过尽可能的数据化来处理减少反恐工作中的不确定性因子。很显然，大数据技术能在这一过程中发挥自身的优势，助力国家反恐决策的顺利实施。

二、大数据技术对国家反恐决策不确定性的回应

大数据技术的应用取决于物联网技术突破数据采集瓶颈，宽带泛在突破数据传输和交换瓶颈以及云计算突破数据储存与运算瓶颈，三大技术创新将分散的海量数据储存系统链接起来，并通过高效的电脑计算能力完成信息分析。

第一，通信网络的发展产生了大量可以跟踪和记录的行为数据。例如，仅2012年，每一分钟谷歌接收到的搜索查询就超过200万条，脸书（Facebook）产生70万条信息①。据国家统计局2019年8月13日发布的信息，截至2018年底，中国网民数量达8.3亿，移动互联网接入流量消费达711亿GB，光纤接入用户达3.68亿户，4G用户总数达11.7亿户，全国电话用户规模达17.5亿户，网络购物用户规模达6.1亿，占网民总体的73.6%，我国的年快递业务量为507亿件。我国的电话用户规模和快递业务量为全球第一②。因此，海量行为数据的产生为大数据分析提供了客观基础。

第二，物联网和宽带泛在技术的突破使得数据采集、传输和贮存呈几何级数增长。数据储存从1986年2.5艾字节到2007年的300艾字节。巨型数据库的出现使人类在数据储存方面从有目的结构化储存转向全储

---

① JAMES J. Data Never Sleeps 2.0. 2014.

② 到2018年底我国网民数量达到8.3亿人. 新华网，2019-08-13.

存，即最初记录储存的时候并不知道具体有何种用途的大量非结构化信息被保留下来。

第三，数据云计算能力的提高大大增加了数据库的利用价值。信息到知识的转换一直囿于计算分析能力。在金融领域、医疗保健行业以及信用卡业务领域的数据库分别有80%～90%的信息会因为有限的计算能力而丢失，而大数据技术的超强信息处理能力有机会弥补这一鸿沟。因此，计算能力的提高使得数据分析从传统的抽样分析到全数据覆盖，提高了数据的可信度。

如此大量、多样以及高利用率的大数据及其技术将现实社会中分散的人、事、物用数据的方式关联在一起，从中寻找到一种可供分析的客观规律，进而提高整个社会发展的效率和水平。特别是近几年，大数据在商业领域的成功更是激发了大数据应用于社会生活方式和国家治理能力的期待。人类对新兴事物的崇拜来自对其抱有的可能期望，而这种期望又基于现实局限和预期目标的差距。因此，国家安全作为政府现阶段需解决的公共挑战以及面对呈多发频发态势的暴力恐怖活动，同样期待大数据的介入。依据前文所分析，近期我国反恐决策中所产生的不确定性主要基于三个关键要素：信息获取有限、认知理解不全以及方案备选困难。在大数据技术应用的过程中，海量的大数据储存和传播缓解了信息不完全的压力，高价值的数据处理保障了高效的消息甄别，提供了对形势准确认知理解的保证。同时，高效的信息分析则为决策过程中的利弊权衡提供了支持。

首先，大数据的海量数据突破了有限信息的瓶颈。信息量不仅仅表现在信息的绝对数量上面，还涵盖了对整个经济社会的动态全覆盖。数字化时代使得任何对国家安全造成的潜在威胁都有可能留下数字痕迹，在大数据中被称为“行为数据”。公开资料表明，从1999年开始，大量恐怖组织开始在互联网上抬头，2005年前后开始从文字网站转战网络论坛，到2010年以后网络论坛活动频率锐减，推特和脸书等社交媒体成为恐怖组织宣扬、招收以及信息共享的重要平台。另外，对不断增长的电子支付以及网购活动的跟踪对于防范目前“独狼式”和反社会的暴力恐怖活动优于传统手法仅仅聚焦于巨额资金流向。因此，恐怖活动网络痕迹的大量存在为通过大数据技术减少“信息获取有限”的不确定性提供了客观基础。值得一提的是，《反恐怖主义法》在情报收集方面对信息提供主体和工作机制等做了框架性规定，对将来在反恐工作中信息收集提供了法律基础。例如，特别提到互联网信息监控规定以及公共安全信息保存使用等管理制度。

其次，尽管如此，数据的累积并不能减少个人和组织的认识偏差或者提高其理解能力，如何进行“大海捞针”式的信息过滤是改善对事物认知理解的关键。海量的行为数据已经超出了人类所具有的信息储存和传输能力，唯有借助物联网和宽带泛在技术才能解决。因此，大数据技术将分散的数据节点综合联系起来，为数据进一步观察分析提供了基础。特别是国家反恐情报中心的建立为数据汇总提供了制度保障，有利于联防联控的合作机制。同时，大数据处理技术依据历史数据和经验知识构建出反恐领域中若干情报分析的模型，迅速“去粗取精，去伪存真”，从浩如烟海的数据中找出规律，及时发现异常现象。例如，利普希茨等人通过现有文献分类出16类①不确定性，并通过场景模拟界定出实践中不确定性阻碍行动的高发点，为预防和减少不确定性提供了一个范例。

对目前我国的反恐形势中的不确定性进行类型化管理同样有助于实现这一目的，为信息收集提供了方向。例如，根据表7-2来看，从表现形式和原因将决策中的不确定性细分为24小类，其中原因中的信息模糊与预期结果两个点的不确定性数量显著偏高。决策者据此能明确下一步工作的重点，即需要加强对信息筛选和甄别的工作，从而保障决策的准确性。《反恐怖主义法》在分类管理和工作细化方面，明确界定了恐怖行为、恐怖组织及其参与人员等概念，并对法律责任认定做了说明；在防范与情报收集方面，对包括行政主管部门、社会组织、商业组织和基层组织的权利、责任和义务做了框架性的角色定位，改善情报收集工作的效率，有利于理顺下一步信息收集和报送的工作机制。

表7-2　利普希茨等人的模拟实验中的不确定性分布情况

原因		不确定表现		
		潜在结果	形势把握	角色定位
信息获取有限	信息缺失	6	9	1
	信息偏差	0	8	4
	信息失真	0	8	0

① LIPSHITZ R，STRAUSS O. Coping with uncertainty：a naturalistic decision-making analysis. Organizational behavior and human decision processes，1997，69（2）：149-163.

续表

原因		不确定表现		
		潜在结果	形势把握	角色定位
认知理解不全	新情况	0	6	4
	变化不稳定	0	11	0
	信息模糊	0	30	3
方案备选困难	预期结果	30	0	0
	实施条件	0	0	2

资料来源：LIPSHITZ R，STRAUSS O. Coping with uncertainty：a naturalistic decision-making analysis. Organizational behavior and human decision processes，1997（2）.

最后，经过筛选处理后的信息并不能直接转换为知识。因此，高效数据信息分析能帮助决策者快速准确地预测出反恐的态势走向和恐怖活动的潜在威胁，从而提高决策质量，减少抉择中的不确定性。在实际的反恐决策过程中，摆在决策者案头的方案绝不仅仅只有一个。因此，对判断价值、实施后果、保障条件等进行权衡是决策者的关键挑战。特别是在应急状态下的反恐决策后果更为直接，可见，受到的关注度也更高。例如，在国家安全与个人权利方面，《反恐怖主义法》第 15 条明确规定在恐怖活动的认定过程中出现误判后的救济条款，其目的就在于对公民权利的有效保护。这一规定为在反恐决策过程中不确定性的权衡提供了一定的法律基础。

总之，大数据技术从信息记录、储存和传输、信息处理和分析三个方面能有效缓解我国国家安全中反恐信息获取、理解认知以及领导抉择中的不确定程度。经过大数据收集、储存以及分析处理后的反恐情报信息，其宽度和深度都得到大大加强，真正实现了从直觉、感性思维主导下的模糊归纳、粗枝大叶和大而化之传统处理方式过渡到以“数据文化”为基础的严谨、理性、体系化的现代社会治理体系。

三、《反恐怖主义法》框架下大数据技术应用与挑战

大数据技术发展之初，人们基于现实困境对其的热情和期待超乎寻常，然而过程却一波三折。一方面，信息收集和数据分析能力的突破的确会在改进公共治理的效率和结构上发挥积极作用；另一方面，它们受到自身瓶颈的限制、组织结构以及社会环境的影响。因此，大数据技术在应用方面仍然受到限制和挑战，《反恐怖主义法》为解决这一系列限制和挑战奠定了法律基础。

首先，大数据到底能为总体国家安全战略下的反恐工作做什么？毋庸置疑，大数据作为新兴技术手段必定会给传统行业带来前所未有的影响和冲击。每一个人都在讲它的好处，但它在各行业的具体应用效果的发挥仍然不得而知。从商业领域牛刀小试到每个行业的具体应用不能一直停留在概念框架的范畴。因此，从口号到应用：第一步，需要开放公共数据源，建立涉密等级；第二步，技术专家与政府官员积极沟通、共同探讨，以弥补技术应用和组织管理之间的鸿沟；第三步，根据历史数据信息建立反恐预警模型。大数据的海量数据在为信息分析提供丰富数据源的时候也对信息归纳收集提出了挑战，“大海捞针”似的信息分析需要有一个预设的模型对原始数据进行去伪存真、去粗取精的筛选，从有用的数据中迅速地发现异常。总之，技术与管理的结合可以将大数据技术在国家反恐工作中的应用发挥到最大，有效减少关于管理失当带来的未知。《反恐怖主义法》在领导机构、分工协作、分级分类等方面对预防和应对恐怖活动明确了责任主体和职能范围。下一步工作则需要细化各部分各层级的交流，建立共享以及合作的工作机制，保障技术应用的最佳效果。

其次，国家主权与个人隐私的模糊。大数据的海量数据要求组织与组织、地区与地区以及国与国之间在不同层面开展数据共享和数据交换，但很多数据涉及国家核心安全。因此，数据越多意味着安全性尤为重要，大数据对国家网络信息安全提出了新的挑战。特别是，我国在国家安全战略合作和联合反恐合作方面发挥着越来越重要的角色，在深化双边多边合作中情报信息交换到什么程度，以及对一些跨地区跨国家的网络媒介的处理等一系列问题都对国家主权安全提出了挑战。数据分享中国家边界的模糊必定会引起新的国际政治冲突和国际危机，发达国家在这方面的双重标准加剧了这一趋势。近些年，美国等西方国家大肆炒作“中国网络威胁论”“网络人权”等问题凸显了我国所面临的网络主权威胁。特别是情报信息的监控在多大程度上保证主权不受侵犯也是国际关系中的重要冲突。美国国家安全局实施的“棱镜门”秘密监听项目事件曝光后，美国情报部门对包括德国等多国政要实施的电话监控引起了相关国家的强烈抗议和国家之间的不信任就是一个典型案例。近几年，大数据被各国放在国家战略层面进行开发和利用。随之而来的国家信息安全和信息主权被各国政府视为战略核心。因此，各国之间数据分享实践进展十分缓慢。鉴于此，《反恐怖主义法》第 69 条也做了指导性规定，国务

院有关部门、边境地区的县级以上地方人民政府及其主管部门在授权下可以开展反恐怖主义情报信息交流、执法合作和国际资金监管合作等。这一条款对我国将来开展国际合作预留了一定的法律空间。在大数据技术的国际合作与对话过程中，如何逐渐探索与建立通行的国际网络治理规则是下一阶段制度建设的重点之一。

除此之外，个人隐私保护一直伴随着信息技术成为热门话题。大数据不仅仅是生硬的数字，其背后是公民的日常生活、社会交往，甚至是情感表达。实际上，在大数据诞生之前相关领域对数据挖掘中个人隐私的保护极其关注，大数据的出现无疑放大了这一焦点。毫无疑问，保护个人隐私是现代社会文明程度的标志之一。但是作为公共安全的公共利益遭受到暴力恐怖潜在威胁的时候，个人权利适度让渡于公权力在所难免。我们认为，国家安全战略中的争议不在于个人隐私是否与数据分享挖掘相冲突，而在于个人隐私与大数据运用之间边界的问题。例如，个人的姓名、家庭、收入、电话、历史行为记录等数据是否应全部获取或者在多大程度上公开都需要在实践中逐步探索。目前需要建立大数据应用的伦理规范、职业操守以及分级分类管理体系，定义哪些数据是用户的私人数据，界定商业公司实践操作的边界和尺度，从而完善对国家和公民信息的保护，减少国与国之间、公民与公共行为之间的不信任以及引发的不确定性冲突。如前文所言，《反恐怖主义法》已经迈出了个人隐私保护的重要一步，在个人权利救济、宗教信仰自由、民族风俗习惯、保密规定以及赔偿等方面都有明确解释，同时在国家使用电信和互联网的技术接口方面也进行了严格的界定，下一步需要相关配套细则来保障落实。总之，政府公共服务的最终目的是为人服务，以人为本，大数据技术在国家反恐工作中的应用也应该遵循这一基本原则。

最后，大数据技术支持国家安全战略的顺利实施需要整体协调推进。的确，通过大数据技术大大地减少了人类在信息掌握能力、认知理解能力以及分析决策能力中的不确定性。实际上，国家安全中的不确定性一方面来自人们对威胁因子本身认识的不周全，另一方面也归因于主观安全意识、外部制度建设等技术之外多种因素的不完善。第一，作为在这一过程中起着核心作用的人和组织，严谨、理性的“数据文化”必须成为个体安全意识以及组织安全文化中的内在要求。第二，在构建总体国家安全观的框架下积极加强制度建设，包括法律制度、运行机制、权责体系等。特别是基础设施硬件关系到大数据技术应用的深度，如国家人口信息库、社会信用信息库以及基层综合服务平台等。《国家安全法》完成了新时期我国总体国家安全战略的顶层设计，而《反恐怖主义法》对具体反恐工作制度机制做了积极回应。总之，大数据技术是掌握在现代人手中的利器，如何发挥其应有的积极作用关键在人。因此，不能一味迷信于大数据“技术万能”的陷阱。例如，美国“天网”（SkyNet）算法有误导致数千人或被错当恐怖分子甚至被错杀的悲剧不能不引起我们的警惕①。

新时期总体国家安全战略体现了目前我国反恐安全领域所面临的新情况、新问题。我们认为，最关键的挑战在于应对国家安全威胁的决策过程中不确定性急剧增加，表现在应对潜在威胁、形势把握以及决策权衡三个方面，主要原因是信息获取有限、认知理解不全以及方案备选困难。在信息技术快速发展的背景下，大数据技术横空出世，在信息收集、信息储存传输以及信息处理和分析方面为减少决策不确定性不仅仅提供了基础性的工作，也有效地改善了认知理解和选择权衡的困境。尽管如此，如何将信息转换为知识并最终落实于政府治理的过程中已经超出了技术所能触控的范围，需要放在总体国家安全战略的框架下来考虑，协调好大数据开发和利用与国家主权、个人隐私、科层制组织、价值文化以及制度建设等方面的关系。纵然大数据技术在反恐工作中面临一系列风险和挑战，《反恐怖主义法》已对其中的一些关键问题做了积极的回应，成为我国反恐领域的一部根本大法，制度建设本身能极大地减少不确定性因素，同时也为大数据技术在此领域的深入实践提供了总体框架。

第四节　大数据技术在消防应急中的应用

消防安全是一个城市、地区乃至国家文明程度的重要标志，消防安全意识也是衡量国民素质的核心指标。近年来，随着我国社会经济快速发展，大量依托于新材料、新产品、新工艺的新型企业不断涌现，高层

① 郑怡雯. 美媒：美“天网”算法有误，数千人或被错当恐怖分子甚至错杀.（2016-02-18）. http://www.thepaper.cn/newsDetail_forward_1433219.

建筑和地下工程等许多大型建设不断增多，各种传统与非传统的公共安全问题彼此交织、相互影响，消防安全管理问题越来越突出，传统以政府为主导的消防安全管理模式也逐渐无法适应新型社会发展需求，因此，消防安全亟须引入新理念与新机制来实现精细化、专业化和多元化管理，大数据助力实现这一目标①。

一、新时代消防安全的挑战和机遇

当今，快速的社会变革导致消防安全的不确定性大大强化，而化解这种不确定性的信息、数据却严重不足，呈现碎片化状态，导致消防安全管理难度增大。根据专家研判，我国的消防安全管理基本上还处于被动挨打的应急阶段，缺乏高效的事前监管与预警机制。学者针对如何提高消防安全管理效率提出多种建议，比如可通过消防安全等级评价来进行类别化管理，或通过规范化政府组织与评价体系和建立社会消防安全诚信体系，以及构建消防安全管理系统来提升管理绩效，同时加强消防公共服务均等化和“智慧消防”建设也是促进消防工作发展的重要措施，这些研究为如何推进以预防评估为主的消防安全管理提供了思路借鉴，但缺乏运用新理念对新时期消防安全管理的系统化理论框架及创新管理模式进行深入探索。

近年来，大数据在推进政府治理能力现代化建设，改进行政管理决策模式，提升社区公共卫生、社会服务管理能力方面表现出一定优势，并且借助大数据技术的应急管理能有效提高效率、节省成本和减少损失。但对于如何构建基于大数据的全面消防安全监管体系，还没有明确的答案，也缺乏实际案例支撑。

实现消防安全治理体系与治理能力现代化，需要建立全新的消防理念，应用大数据在消防安全管理方面的优势，构建基于大数据支撑的政府消防安全监管的理论框架，探索新型的消防安全管理体系。

当今社会的不确定性，主要是由于缺乏数据支撑，而大数据的运用有助于减少不确定性。伴随互联网技术的快速发展，作为互联网时代最显著特征之一的大数据给应急管理与社会治理提供了新思路。在全球新一轮科技和产业变革中，大数据与各领域融合发展具有广阔前景和无限

---

① 本节部分内容选自《大数据支撑的政府消防安全管理机制创新：以广州市天河区为例》（作者胡学东、高小平、蔡德伦，发表于 2018 年第 5 期《中国行政管理》）。

潜力，已成为不可阻挡的时代潮流，正对各国社会经济发展产生着战略性和全局性的影响，而基于大数据理念的公共安全管理和社会风险防控模式将是安全管理创新机制的重要出路，因此，结合大数据理念来创新火灾防控技术与管理机制将是未来消防安全管理的基本趋势，研究基于大数据支撑的消防安全管理体系对立足前沿、借助科技力量探索消防安全管理变革具有重要意义。

大数据技术通过有效改变信息分析方式，做到事前智能预警、事中快速响应和事后及时恢复，从而引发消防安全智能化管理变革，可以说大数据为消防安全管理机制创新带来了前所未有的机遇，具体表现为：

一是大数据系统可为消防安全管理提供更加强大的数据基础。消防数据具有海量、实时、复杂、不确定等特点，目前由于缺乏对消防人员素养、区域环境状况、地理特征和企业基本构造等信息的深入记录，大量与消防安全有关的数据信息或无法获取，或来不及传输，或难以识别，导致消防安全管理与防控瓶颈难以突破。在大数据时代，依托网格化城市管理形成大量的实时数据，消防安全管理部门通过大数据系统快速采集和传输各类数据，再进行整合，形成立体化大数据库，为之后不同功能、不同用途的专业化专题制图提供数据基础。

二是大数据技术可为消防安全管理提供高效预警与决策参考。消防安全管理的核心内容是通过消除不确定性防范风险达到安全预防，以消防安全管理大数据库为基础，运用“经验＋数据”驱动技术探寻消防隐患及火灾发生的普遍性特征和异常性原因。在此基础上，建立高维度关联网络，监测不同时空情境下管理对象的基本状况特征及消防能力，实现消防安全“交叉复现”，对消防安全等级进行实时评估，并通过网络传输给管理人员，实现消防安全智能化决策，为制定精准化防控措施提供依据。

三是大数据平台可为消防安全多元治理提供支撑。消防安全治理体系与治理能力现代化的一个重要特征是多元参与。然而，在实践工作过程中，囿于缺乏多元主体有效参与消防安全治理的途径、平台及引导方式，消防工作更多的是政府部门主导，企业和公众则是被动参与。大数据集成平台通过构建“一中心多端口”的数据处理与采集系统，明确政府、部门、第三方、企业和公众的基本责任与义务，依托融合技术与机制，形成“大数据＋多主体”的参与模式，最终实现消防安全多元化治

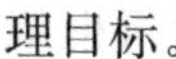

理目标。

四是大数据理念可为消防安全多部门协调共治提供变革条件。实践表明，技术发展容易产生“文化滞后”现象，新技术并不一定能够顺利转化为社会事务治理绩效的改善，但会成为社会治理变革的催化剂。消防安全管理涉及的流程多和部门广，部门间壁垒依然存在。大数据技术的优势在于数据来源的广泛化、数据融合的快速化、数据关联的多样化以及辅助决策的精准化，注重消防安全管理过程的公开、透明、共享、协作，因此，应用大数据技术于消防安全管理可倒逼传统的以政府消防为主向多部门协调共治的消防安全管理转变。

二、大数据应用的消防安全管理制度

我国实施国家大数据战略，其中的重点之一是在具体的、基层的实践中用好大数据，是新时代国家大数据战略的重要体现。贯彻落实好习近平在中共中央政治局第二次集体学习时指出的“善于获取数据、分析数据、运用数据”以及“建立健全大数据辅助科学决策和社会治理的机制，推进政府管理和社会治理模式创新，实现政府决策科学化、社会治理精准化、公共服务高效化”等重要内容，为构建基于大数据支撑的消防安全管理框架指明了方向。同时，依据《消防法》，我国消防安全管理的总方针是预防为主、防消结合，实行政府统一领导、部门依法监管、单位全面负责、公民积极参与的基本原则，主要环节包括火灾预防、消防组织、灭火救援和监督检查，每个环节都涉及部门合作、多元参与、决策分析和应急处理，都需要利用数据和产生数据，从消防安全管理过程来看，其治理能力包含决策与计划能力、执行能力和监督能力，而现代化的消防安全管理机制还要求消防预警决策快速准确，隐患异常识别精准有效，部门数据共享及时到位，多元主体参与积极广泛。因此，依据《大数据产业发展规划（2016—2020 年）》的要求和目标，结合数据需求来变革服务供给的思路，可从数据采集、数据整合、数据应用、部门融合、效能提升和治理目标实现的自下而上框架来完善消防安全管理机制。基于大数据支撑的消防安全管理机制是指以各类数据源为基础，以创新、协调、绿色、开放、共享的发展理念为指导，以数据整合与数据应用为核心，以政府服务效能提升和社会公众满意为着力点，以宏观合作和微观监管为手段，以推动消防安全治理能力现代化建设为目标的新型管理机制。经过前瞻性探索，在网格化消防监管体系的

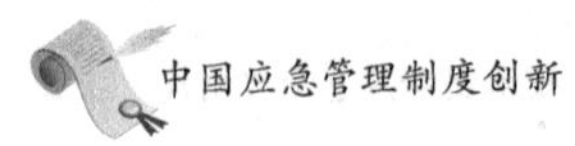

基础上，我们构建了基于大数据支撑的新型政府消防安全管理运行框架（见图 7－1）。

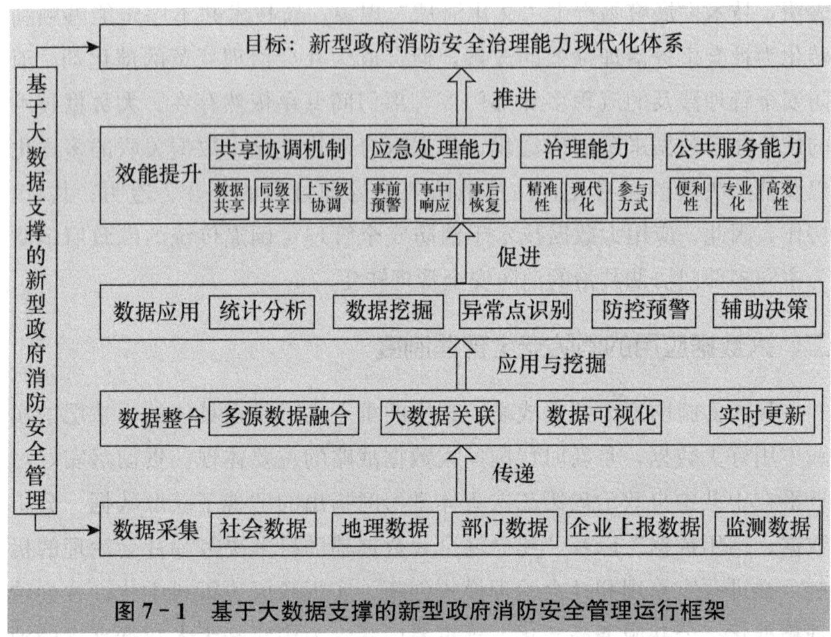

图 7－1　基于大数据支撑的新型政府消防安全管理运行框架

一是基于实时更新的消防数据采集与监测模式。数据是消防安全管理的晴雨表，消防安全隐患可通过数据的关联分析显示出来，影响消防安全相关的信息数据不仅包括区域所处的环境、季节、地形地貌，还包括建筑物数量类型，建筑物的“四标”“四实”，公共消防设施，火灾救援能力和人口分布状况等，在现有消防安全管理平台基础上，通过全方位收集多部门不同主体的数据源，并对重点监控单位进行及时检测与更新，定期对相关人员开展消防安全管理知识培训，整合历史火灾案例，再经过系统化、整体化的综合布局，编织一张防控严密的消防安全信息网，并对不同区域的消防安全水平进行实时评估，信息网织成后，形成庞大的数据信息库，动态补充新的检测与监控数据，进而形成消防大数据库，实现看似不相关数据向“有价”资源转换的目标。

二是面向多源数据融合的共享机制。基于大数据支撑的消防安全管理过程是一个数据采集、数据整合、数据挖掘、安全分析、隐患预测、决策评估、风险防控、事中应急处理及事后修复保障的数据管理过程，涉及数据包括地理空间数据、社会空间数据、企业单位数据、灭火资源分布数据、智慧消防知识图谱数据，数据不仅来源于检测部门的消防设备和消防安全管理数据，还来源于各类业务系统及各部门数据(见图7－2)。这些数据的来源与格式各不相同，单条数据包含的信息量较小且较为碎片化，但融合之后的数据包含的信息则极其丰富。因此，构建多源数据融合的共享机制是保证基于大数据支撑的消防安全管理体系顺利开展的基础。该机制主要包括：建立多部门和各级别消防安全数据共享机制，规定定期共享本单位或部门的各类型数据；将不同来源的数据进行格式转换、清洗、整合和集成，形成大数据资源库；对融合的数据进行汇聚、关联和分析，并建立长效的数据更新机制。

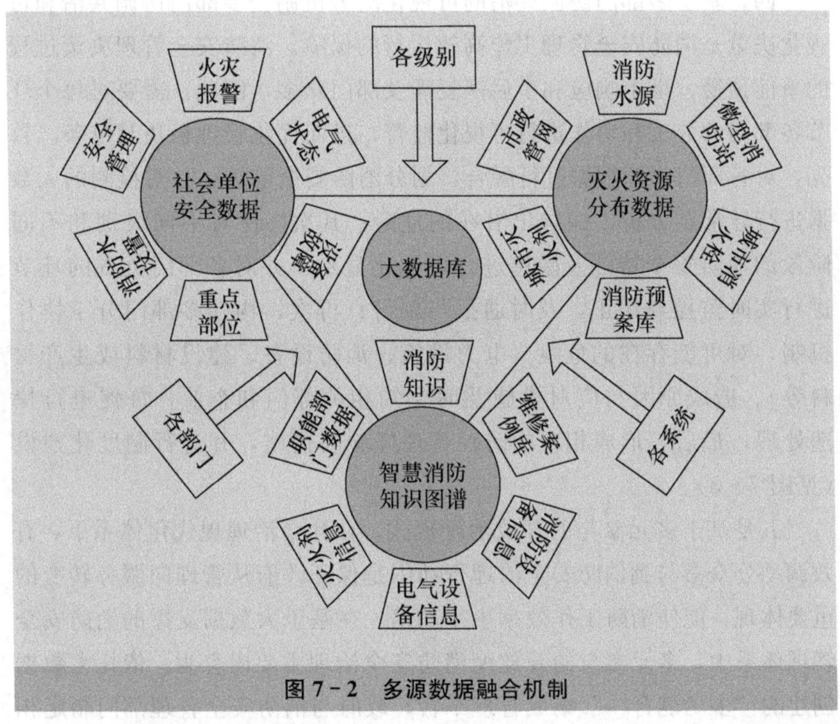

图7－2　多源数据融合机制

三是基于大数据驱动的消防安全预防机制。安全预防历来是消防工作的重点。大数据作为新型数据处理技术，通过对多样化数据资源进行数据挖掘和算法分析实现事物真实的特征规律识别和行为预测，进而提升事务管理的高效化和科学化决策。大数据技术具有广度信息聚合、深度数据挖掘、扁平网络传递三大能力。围绕某个特定主题，可以将高度分散但前后依存相关的信息碎片，整合成具有完整参考价值的信息。在有限时间内对海量时空数据进行快速分析，深度挖掘数据关联关系，预测事件发展趋势，严格的因果规律发现被强相关关系分析所替换，相对精准的个体预测成为现实。依托大数据系统，依据相似性原理，对不同区域地理位置、火灾类型、月份、建筑物类型以及造成安全隐患原因等数据进行深入研究分析，分别统计不同条件下各类型险情发生频率，探寻消防安全隐患的关键因素，进而利用这些影响因素，运用贝叶斯模型预测未来可能造成隐患的概率，绘制不同条件下的面向多情境的火灾隐患发生概率分布图，同时通过消防安全大数据各类业务模型，动态分析各业务数据的走势，辅助消防职能部门对消防安全管理有的放矢，提升消防安全管理的决策判断及预防的精准性。

四是基于多部门协调共治的可视化决策机制。多部门协调共治和可视化决策是消防安全管理工作高效运行的保障。消防安全管理决策过程的事前预警、事中响应和事后恢复涉及部门众多，因此，需要对每个环节各部门的分工和协作进行可视化监督，进而优化管理板块与链条。首先，对各部门来源数据进行融合，划分消防安全等级，并对检测的大数据进行异常点分析，探寻出潜在的危险；其次，针对不同级别和不同阶段的消防安全特征及隐患进行可视化显示，并对各部门负责的环节进行实时监控与纠正，及时通报与预警；再次，构建多部门分工协作机制，对可能存在的危险（电力设施、消防设备、建设材料或生产材料等）、造成原因与应对措施及时告知相关部门和企业，督促进行快速处理；最后，形成相应的防控管理经验与措施，并进行制度化建设（见图 7－3）。

五是基于多元参与的开放治理模式。在社会治理现代化体系下，有效调动公众参与到消防安全治理行动中是保证政府从管理向服务转变的重要体现，能使消防工作效率事半功倍。在基于大数据支撑的消防安全管理体系中，多元参与的开放型消防安全治理主要内容为：依托大数据创建的“多功能合一”集成管理平台，政府与消防安全管理部门制定相应的消防安全标准与规范，负责监督管理，为执行部门、监督部门和运行部门提供协调保障；第三方检测平台定期检测各区域消防设备状况及消防能力，协助社会单位监管其消防安全隐患，实时监测消防安全隐患及履责数据；企业则可以通过大数据库快速了解自身及周边的消防状况，及时进行查漏补缺，更新自身的消防安全设备，上报消防安全要素并提出改善措施，从而形成良性互动机制；公众则参与日常监督并提供消防安全治理线索，对于周边的消防安全隐患可通过上传照片、视频、音频

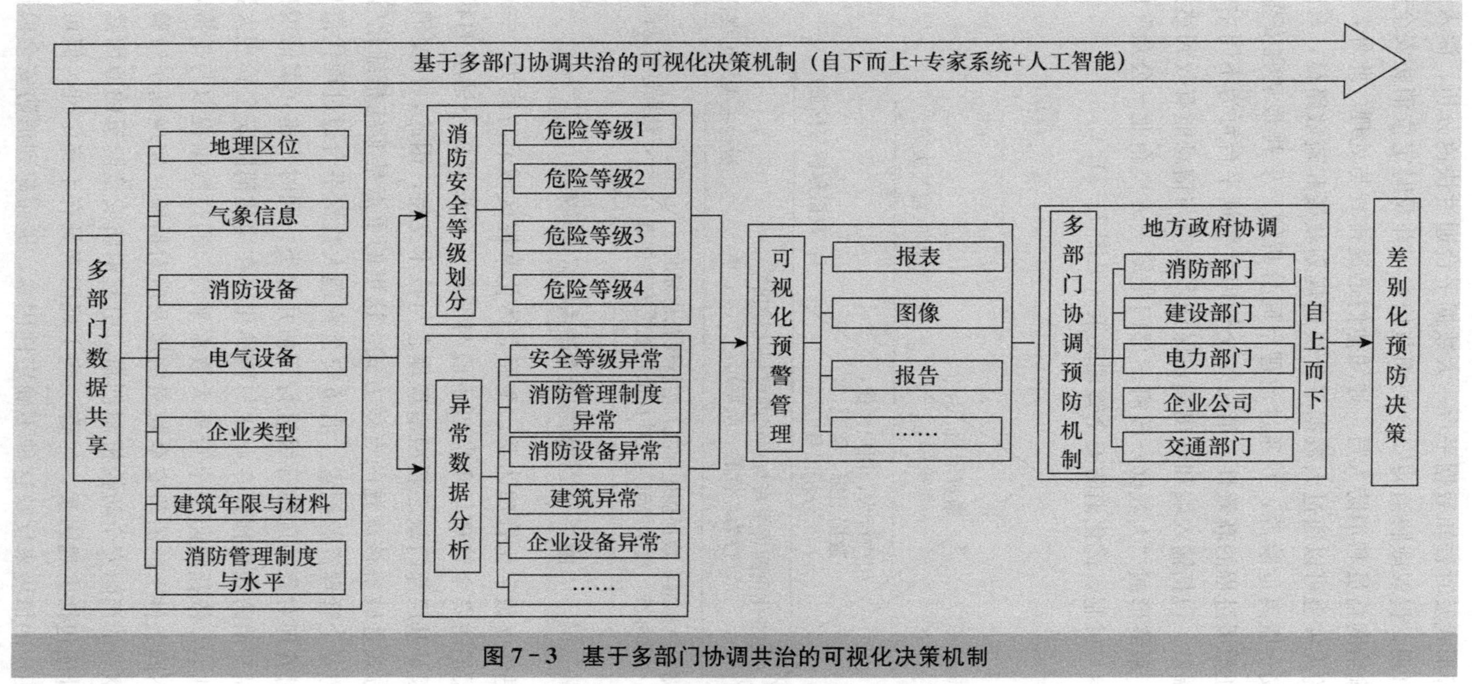

图7-3　基于多部门协调共治的可视化决策机制

和文本等形式及时告知数据平台；大数据平台通过快速分析、深入挖掘与关联重现，提取威胁消防安全的细节信息，并及时定位消防安全隐患地点传输给网格员和消防人员，通知他们迅速排查与处理。此外，对于已发生的火灾也可以通过大数据平台快速规划救援和疏散路径，及时通知公众安全撤离危险源，并通过地理空间分析统一安排最适宜安置点，从而保证救援过程的高效性。消防安全管理大数据平台可为不同主体提供各自端口，包括输入端和输出端，保证多元参与信息能有效到达大数据库中，最终形成“大数据＋政府＋部门＋第三方＋企业＋公众”的多元主体参与机制，优化消防安全管理决策（见图7－4）。

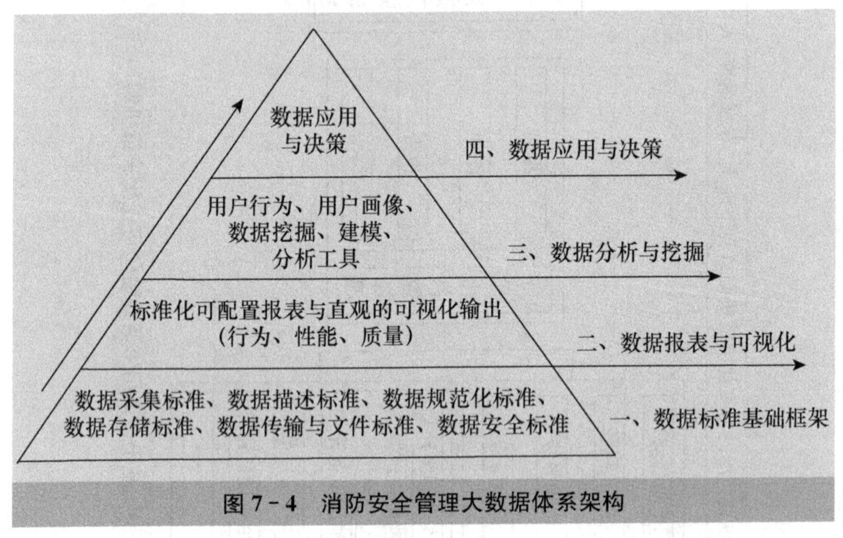

图7－4　消防安全管理大数据体系架构

一是建立数字化管理体系，全面立体化掌握区域消防能力。一直以来，基层消防安全管理呈现监督手段与消防安全形势极不适应的状况，主要原因是基层部门缺乏新型治理理念与技术支持，因此，转变消防安全治理方式是破解该难题的有效方式。这里的重点是实施精细化管理，优化消防安全管理资源配置。消防安全管理大数据平台通过现代信息化技术，对管理对象的危险等级进行评估并分类；同时，建立多情境模拟机制，提升消防安全预警专业化与精准化。在构建消防安全管理大数据库的基础上，依托消防安全管理大数据平台，通过数据提取与挖掘，分别模拟不同条件下的消防安全隐患情境及应对措施，实现基于经验与数据共同驱动的消防安全防控机制创新。引起消防安全隐患的原因除了客观条件外还包括主观因素，尽管一些主观因素具有不确定性，但可以通过设置相应的情境来反映这种不确定性因素，进而起到消防安全模拟的目的。为此，消防安全管理大数据平台设置多消防安全管理情境，包括不同季节情境下的消防安全隐患概率图、不同建筑材料条件下的消防安全隐患概率图、不同人口密度变化情境下的消防安全隐患概率图、公众参与情境下的消防安全治理模式图、多条件约束下的消防安全管理政策精准投放图、不同区域不同时点的人员逃生路径图、消防人员救援方案图，等等；同时对这些情境条件设置一定的阈值，当某一条件达到相关阈值，大数据系统会自动进行预警并以可视化形式及时提供给消防管理人员与企业相关负责人，其根据这些信息制定差别化的消防安全预防预警措施，最终提高消防预防精准性。

二是建立“互联网＋”管理制度模式，提高政府管理服务效率。基于大数据的消防安全管理平台是利用物联网的技术思想，采用专用网络、宽带网络、GPRS移动数据网络等多种联网方式将分散在城市中各个建筑内部的火灾自动报警、消防联动控制、消防水系统、电气火灾、气体灭火、视频监控、消防巡更、重点部位和消防设施的RFID、NFC管理等系统联成网络，建立实时对联网建筑物内前端感知设备的报警信息和运行状态信息进行数据采集、数据传输、数据处置、数据查询统计、数据分析、信息发布、警用GIS的智能化消防监控管理系统制作，实现消防重点单位的动态化、智能化、户籍化、网格化管理，从而提高消防设施的运行率和完好率。与此同时，消防安全管理大数据平台可以随时查阅联网单位消防安全管理的统计汇总数据，分析预判消防安全形势、确定监督执法重点、研究宏观对策措施，还可以通过网络给联网单位提供消防法规、消防宣传、重要提示信息。这个技术服务系统的有效运行，不仅可以解决消防机构对辖区尤其是重点单位底数不清、情况不明，对宏观面上情况不掌握，点上问题不能监督执法到位，监督执法效能不高的问题，还一定程度缓解了公安消防机构警力不足的矛盾，提高了消防工作动态管理和精确监管的水平。

三是掌握规范化管理手段，推进消防行业现代化治理体系建设。基于大数据支撑的消防安全管理体系是在融入新理念和新技术的基础上以实现消防行业治理能力现代化为目标，构建大数据＋消防安全管理机制，推进消防行业现代化建设。具体需要做到：（1）建立消防安全风险隐患分析精准化、火灾隐患监测自动化、消防安全监管综合化、力量调度精确化、组织指挥科学化、联勤保障高效化等“六化”目标，形成用数据研判评估、用数据预知预警、用数据辅助决策、用数据指导实战、用数据加强监督、用数据改革创新的消防工作新格局；（2）建设以消防科技化、信息化、数据化、智能化“四化建设”为抓手，深化覆盖社会消防管理和灭火应急救援各领域、各环节的智慧消防应用，打造系统架构统一、数据规范标准、业务双向联通、共建共享的智慧消防综合监管平台，推动消防工作形成多方协同、多元共治、精准防控的消防治理体系；（3）构建基于大数据的社会单位安全隐患等级评价体系，采集多维度的消防隐患和管理数据，建立社会单位消防安全隐患等级评估体系，为政府部门、消防部门、行业主管部门的消防安全管理工作提供精准的数据支持，有重点地部署消防管理工作；（4）采用以专家系统集合人工智能技术，预测单体建筑火灾事故发生的新型消防预防方法，集合电气火灾、危化品性质、气象信息、建筑年限、装修、建筑材料、设备运行特点等多个层面的行业专业知识，结合人工智能的数据建模，推算出单体建筑在未来某个时间段发生火灾的可能性，有针对性地指导社会单位和消防监管部门的火灾预防工作。

附录 2003—2008年中国应急管理体系建立始末

2003年抗击"非典"的过程暴露了我国在政府应急管理中存在着诸多薄弱环节。2003—2008年是应急管理理论与实践大发展的时期，国家大力加强和推进应急预案，应急管理体制、机制、法制建设。

第一节 提出"一案三制"

从2002年底"非典"疫情在一些地区发生，到2003年春在全国很多地区大暴发，其间有将近半年的时间，为什么不能得到及时控制？国务院有关领导指出："问题主要出在我们历来不承认社会主义也会有危机，因而对政府应急管理的体制和机制建设不重视，责任制度不健全，没有一套应对公共危机的科学有效的决策机制，不能保证正确决策，同时也没有明确的决策责任追究制度。"2004年3月，在国务院召开的部分省（区、市）及大城市制定完善突发公共事件应急预案座谈会上，有关领导指出：要做好"一案三制"工作，即制定完善突发公共事件应急预案，加强应急管理体制、机制、法制建设。这是国家领导同志第一次在会议上提出"一案三制"。

一、将责任贯彻到政府组织建设中

"非典"疫情基本得到控制后，2003年7月，胡锦涛在全国防治"非典"工作会议上明确指出了我国应急管理中存在的问题，并强调大力增强应对突发事件和风险的能力。与此同时，温家宝提出：争取用3年左右的时间，建立健全突发公共卫生事件应急机制，提高突发公共卫生事件应急能力。2003年10月，党的十六届三中全会通过的《关于完善社会

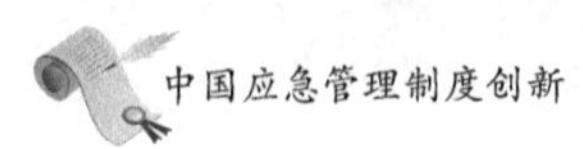

主义市场经济体制若干问题的决定》强调：要建立健全各种预警和应急机制，提高政府应对突发事件和风险的能力。国务院全面部署"一案三制"的建设工作。

如何将邓小平在改革开放之初提出的各项工作都要贯彻责任制的要求运用到危机应对中来，将应急管理的责任制体现到国家政府的机构职能、运行机理、工作流程中来，需要为责任这个"核心"建造一个载体：使责任一方面转化为政府职责体系，既明确职能，又明确责任；另一方面转化为行政问责体系，建立责任追究制度，既授予应急管理特殊权限，又制约其不负责任的行为，要让其为失职、不作为、乱作为"买单"。这就是最初提出从应急预案和应急管理体制、机制、法制四个方面建设应急管理体系时的基本背景。

组织的模式以及这个组织与那个组织之间的权力关系，从正式制度建构的意义上说，就具体表现为"体制"。应急管理体制就是各级党政机关、部队、企事业单位、社会团体、社会公众等各相关方面，在突发事件应对过程中的组织机构设置、职能配置、隶属关系、管理权限、责任划分等方面所形成的体系、制度、方法、形式等的总称。

以往我国不是没有应急管理体制，从应急指挥机构到专业救援队伍，都有一定的基础，但存在着三个问题：一是这个体制不完整、不完善，是在未做系统设计的情况下一步一步走过来、逐步建立起来的；二是没有按照责任政府的要求，层层赋予相应的职责，明确责任的追究形式；三是强调政府在应急管理中的责任比较多，强调社会的责任比较少。而第一个问题之所以会产生，一个重要原因也与责任意识不强有关。

我国政府要加强应急管理体系建设，要突出重点，抓住核心，建立制度，打牢基础，就必须在应急预案和应急管理体制、机制、法制建设中构建起应急管理的责任体系。

国务院有关领导提出，应急管理责任的落实，重点要解决三个问题：一是要明确指挥关系，建立一个规格高、有权威的应急指挥机构，合理划分各相关机构的职责，明确指挥机构和应急管理各相关机构之间的纵向关系，以及各应急管理机构之间的横向关系。二是要明确管理职能，科学设定一整套应急响应的程序，形成运转高效、反应快速、规范有序的突发事件行动功能体系。三是要明确管理责任，按照权责对等原则，

通过组织整合、资源整合、信息整合和行动整合，形成政府应急管理的统一责任体系。

这里的实质就是，按照适合国情、适应发展的要求，推进应急资源的整合化。以有机统一的责任体系，应对越来越复杂、越来越复合的公共危机。

对政府应急管理体制，国务院有关领导起初的构想和表述是“统一领导、综合协调、分类管理、分级负责、属地管理”，共20个字；后来为了表达得更加准确，在“属地管理”后面又加了“为主”，这样一共22个字。其主要含义是要能做到“顶天立地”：“顶天”就是各级党委政府在应对突发事件的领导、决策、指挥体系中处于核心地位；“立地”就是各级政府通过权力、职责范围的划分，组织形式的选择，部门、机构之间的配合，政府间、部门间、区域间的权责分工，形成基础牢靠的组织形式及机构内部职能划分科学合理的综合体系。这22个字写进了2007年的《突发事件应对法》，“统一领导、综合协调、分类管理、分级负责、属地管理为主”成为集中体现我国应急管理体制的基本原则和主要内容。

国务院有关领导认为，我国应急管理体制要充分体现责任原则，就是要建立以中央政府坚强领导、有关部门和地方各级政府各负其责、社会组织和人民群众广泛参与的应急管理体制。从机构设置看，层层分解责任、落实责任。中央级的非常设应急指挥机构和常设办事机构，地方政府对应的各级应急指挥机构，县级以上地方各级人民政府设立的由本级人民政府主要负责人、相关部门负责人、驻当地中国人民解放军和中国人民武装警察部队有关负责人组成的突发事件应急指挥机构，各自负责本区域、本领域的突发事件应对工作。根据实际需要，设立相关突发事件应急指挥机构，组织、协调、指挥突发事件应对工作；建立志愿者制度，有序组织各类社会组织和人民群众参与到应急管理中去。从职能配置看，把行政管理职能与应急管理责任紧密结合。应急管理机构在法律意义上明确在常态下编制规划和预案、统筹推进建设、配置各种资源、组织开展演练、排查风险源的职能，规定在突发事件中采取措施、实施步骤的权限，给予政府及有关部门“一揽子授权”。

二、把责任转化为“软实力”

应急管理体制偏重于从组织机构及职能方面规定责任，这些规定能不能在实际工作中发挥应有的作用，还要看有没有科学的应急管理机制。

如果说，体制是在空间上解决责任问题，那么机制就是以时间为轴，把责任制落实到位。

这种表现为时间性的、流程型的应急管理责任体系是什么呢？如何概括呢？

江泽民在1989年出版的一本译著《机械制造厂电能的合理使用》（此书在2008年由上海交通大学出版社再版）的“译序”中说：节能要从机构、制度、工作方法多方面入手，包括工艺、设备、管理、系统等，要坚持科学实验、精确统计、综合分析，并采取相应的技术和科学对策。这本书是江泽民在苏联实习时的导师特莱霍夫教授的著作。在“再版序言”中，江泽民写道：虽然该书是对20世纪50年代苏联汽车制造厂节能工作的总结，有的内容具有当时的背景，但其中体现出的节能思路与方法，讲实效和重数据的精神是很有参考价值的。特别是占我国70%能源总消耗的工业企业的动力工作者，均可根据节约优先的精神学习书中那种细致、具体、科学、实用的态度，结合本单位实际，使节能工作在全国企业中进一步得到推广。该书重点研究的内容就是通过管理的二次创新，实现用电大户机械制造厂对电能的合理使用①。

构思中国应急管理体系的领导同志运用了上述的一些重要概念，即“机构、制度、工作方法”相统一、“工艺、设备、管理、系统、技术、科学”相统筹的思想，受到这一思想的启发，“机制”的概念出来了。

“机制”就是机器的构造和动作原理。生物学和医学通过类比借用此词。生物学和医学在研究一种生物的功能（例如光合作用或肌肉收缩）时，常说“分析它的机制”。现在，人们一般将机制这个概念用以表示有机体内发生生理或病理变化时，各器官之间相互联系、作用和调节的方式。人们还将机制一词引入经济学的研究，用经济机制一词来表示一定经济肌体内各构成要素之间相互联系和作用的关系及其功能。总的来看，就揭示应急管理各主体的组织构造、结构功能和相互关系这一点而言，“机制”这个概念与实践构想的指向很接近。

如果用“机制”这个概念表达一个工作系统的组织或部分之间相互作用的过程和方式，一定比工艺、技术、物资、流程等更加完整；而且对体制创新来说，是二次创新，能很好地体现一个国家、一个地区、一级政府和一个社会应对突发事件的综合能力，是一种“软实力”。机制的

① 特莱霍夫. 机械制造厂电能的合理使用. 上海：上海交通大学出版社，2008.

构建是一项复杂的系统工程：机制好，各项制度、各个要素加起来就比原来的更有力量，即1+1>2；机制不好，各方面不能互相呼应、互相补充，即1+1<2，甚至1+1<1。因此，科学合理的机制建立与不断创新，和体制改革创新同样重要；两者不能完全分离，而应相互交融。在任何一个系统中，体制是机制的基础，起到根本性作用，规范机制运行的总方向；机制是体制的补充，直接影响到体制能不能有效地发挥作用。有了良好的机制，可以使一个社会系统接近于一个自适应系统——在外部条件发生不确定变化时，能自动地迅速地做出反应，调整原定的策略和措施，实现优化目标。正常的生物机体（如人体以及没有人为影响的生态系统）就具有这种机制和能力。

对政府应急管理机制，2006年6月15日出台的《国务院关于全面加强应急管理工作的意见》明确指出，“构建统一指挥、反应灵敏、协调有序、运转高效的应急管理机制”，“加快突发公共事件预测预警、信息报告、应急响应、恢复重建及调查评估等机制建设。研究建立保险、社会捐赠等方面参与、支持应急管理工作的机制，充分发挥其在突发公共事件预防与处置等方面的作用”。

三、推进应急管理体制建设

应急管理体制建设，就是要从我国国情出发，按照稳定、充实、加强的原则，健全应急管理体制，国务院是在党中央领导下的突发事件应急管理的最高行政领导机构，国务院办公厅是国务院应急管理的办事机构。

（一）体制建设的实质是加强该加强的职能

综合而言，立足中国的实际，借鉴世界上其他国家的应急管理体制建设经验，我国应急管理体制建设主要从以下几方面加强：

一是加强统一指挥与协调联动。我国是社会主义国家，发挥社会主义集中力量办大事的优势，是应急管理体制建设的关键。建立应对各种突发事件的体制，就是把党和政府统一领导和部署的活动加以制度化的过程，就是要打破条块分割、部门分割、地域分割、军地分割的界限，使公安、消防、气象、水利、电力、交通、民政、医疗、防疫等政府部门之间协调联动，一方有难、八方支援，调动政治、思想、组织、人、财、物等各方面资源，形成协同应急救灾的巨大合力。在当今社会，复合型危机、非常态危机、各种巨灾增加，在这些重特大突发事件面前，体制建设就是要建立党中央、国务院直接领导和指挥的体系，发挥应急管理体制在应对各种巨灾和特别重大突发事件方面所具有的无可比拟的强大优势。

二是提高社会动员能力与全民参与程度。应对灾难时，政府主导、社会参与，既明确各级政府及其部门在突发事件应对中的主要职责，又对有关单位和个人在突发事件应对中的作用和地位做出规定。广泛进行社会动员，全民参与，政府、企业与第三部门之间有效地组合力量，形成政府主导、全社会共同参与的救灾局面，显示出强大的救灾社会动员能力。注重发挥各级党组织和政府的政治优势、组织优势、宣传优势、行政优势，能在极短的时间内，高效率地组织起社会各方面的资源和力量，投入各种突发事件应对工作，形成有效、有序、有力的局面。

三是把常态管理与非常态管理、预防与处置有机结合起来，把突发事件的预防和应急准备放在优先的位置。既完善应急处置的体制和机制、制度和措施，又重点对突发事件的预防和应急准备、监测和预警做出系统而详细的规定。建立处置突发事件的组织体系和应急预案体系，为有效应对突发事件做了组织和制度准备；建立突发事件监测网络、预警机制和信息收集与报告制度，为最大限度减少人员伤亡、减轻财产损失提供了前提；建立应急救援物资、设备、设施的储备制度和经费保障制度，为有效处置突发事件提供了物资和经费保障；建立社会公众学习安全常识和参加应急演练的制度，为应对突发事件提供了良好的社会基础；建立由综合性应急救援队伍、专业性应急救援队伍、单位专职或者兼职应急救援队伍以及武装部队组成的应急救援队伍体系，为做好应急救援工作提供了人员保证。

（二）把22个字落到实处

2007年的《突发事件应对法》对应急管理体制做了规定，将“统一领导、综合协调、分类管理、分级负责、属地管理为主”的要求，在各个方面做了具体化。

第一，应急管理的统一领导体制。统一领导是指在各级党委领导下，在中央，国务院是突发事件应急管理工作的最高行政领导机关；在地方，地方各级政府是本地区应急管理工作的行政领导机关，负责本行政区域各类突发事件应急管理工作，是负责此项工作的责任主体。在突发事件应对中，领导权主要表现为以相应责任为前提的指挥权、协调权。在突发事件应对过程中，各级党委、政府的统一领导权主要表现为：以相应

法定责任为前提，在应急管理过程中，根据突发事件的具体情况，行使决策指挥权、部门协调权、资源调动权、重大事项决策权。中国是单一制国家，国务院是全国应急管理责任主体和最高行政领导机构。国务院设有安全生产委员会、国家减灾委员会等组织领导机构，负责领导和协调相关领域的应急管理。遇到重大公共危机，通常是启动非常设指挥机构，或者成立临时性指挥机构，由国务院分管领导任总指挥，国务院有关部门参加，日常办事机构设在对口主管部门，统一指挥和协调各部门、各地区的应急处置工作。

第二，应急管理的综合协调体制。综合协调主要包括三层含义：一是各级政府之间的协调。在突发事件应对过程中，协调包括各级政府对本级政府所属各有关部门，上级政府对下级各有关政府的综合协调，也包括共同的上级机关对互相没有隶属关系或业务指导关系的不同层级政府和不同政府部门之间的协调，同时近年来各类具体灾害所涉及区域之间的协调也在进行。二是政府之外的各类主体的综合协调。包括对武装力量、国内外企业、社会团体、非政府组织、国内外公众之间的综合协调。突发事件涉及影响范围内的所有单位和个人，需要调用区域内外的资源应对，需要广泛动员社会力量进行参与。三是各级政府应急管理办事机构的协调工作。根据“三定”规定所赋予的职责，突发事件应急管理办事机构承担具体的沟通、联络、值守等日常协调工作，将领导机构的综合协调决策进行落实。综合协调的本质和取向是在分工负责的基础上，强化统一指挥、协同联动，以减少运行环节，降低行政成本，提高快速反应能力。各级政府涉及应急管理工作的机构众多、职能各异、主管领导各不相同，日常管理过程中按照法定程序及规则运行，综合协调的需求并不强烈。但是，在突发事件应急管理条件下，日常工作中缺乏联系的一些部门，需要在短期内按照共同目标，开展有效的合作，综合协调工作变得比日常更为重要。

第三，应急管理的分类管理体制。分类管理是指按照自然灾害、事故灾难、公共卫生事件和社会安全事件四类突发事件的不同特性实施应急管理，具体包括：根据不同类型的突发事件，确定管理规则，明确分级标准，开展预防与应急准备、监测与预警、应急处置与救援、事后恢复与重建等应对活动。此外，一类突发事件往往由一个或者几个相关部门牵头负责，因此分类管理实际上就是分类负责，以充分发挥诸如防汛抗旱、核应急、防震减灾、反恐等指挥机构及其办公室在相关领域应对

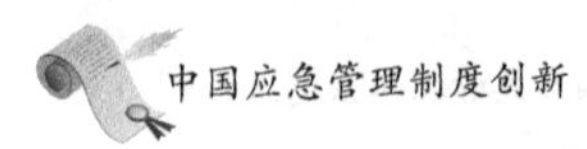

突发事件中的作用。根据不同类型的突发事件，由国务院对口主管部门为主负责预防和处置工作，其他相关政府部门参与配合。负有应急管理职责的国务院各职能部门分别建立了各自的应急管理指挥体系、应急救援体系和专业应急队伍，并形成了突发事件的预警预报体制、部际协调体制和救援救助体制等。

第四，应急管理的分级负责体制。分级负责主要是指根据突发事件的影响范围和突发事件的级别，确定突发事件应对工作由不同层级的政府负责；一般来说，一般和较大的自然灾害、事故灾难、公共卫生事件的应急处置工作分别由发生地县级和设区的市级人民政府统一领导；重大和特别重大的，由省级人民政府统一领导，其中影响全国、跨省级行政区域或者超出省级人民政府处置能力的特别重大突发事件应对工作，由国务院统一领导。社会安全事件由于其特殊性，原则上也是由发生地的县级人民政府组织处置，但必要时上级人民政府可以直接处置。分级负责并非层级越高的领导个人决策能力就一定越强，而是指较高层级的政府具有更广泛的协调资源能力，能够开展跨区域的应对。由于各级政府所管理的区域不同，掌握资源的差异以及应对的能力和侧重点也不同。一般而言，越是高层级政府，应对能力越强。根据突发事件的影响范围和突发事件的级别不同，确定突发事件应对工作由不同层级的政府负责。履行统一领导职责的地方人民政府不能消除或者有效控制突发事件引起的严重社会危害的，应当及时向上一级人民政府报告，请求支持。接到下级人民政府的报告后，上级人民政府应当根据实际情况对下级人民政府提供人力、财力支持和技术指导，必要时可以启用储备的应急救援物资、生活必需品和应急处置装备；有关突发事件升级的，应当由相应的上级人民政府统一领导应急处置工作。

第五，应急管理的属地管理为主体制。属地管理为主主要有两方面的含义：一是突发事件应急处置工作原则上由地方负责，即由突发事件发生地的县级以上地方人民政府负责；二是法律、行政法规规定由国务院有关部门对特定突发事件的应对工作负责的，就应当由国务院有关部门管理为主。比如，商业银行法规定，商业银行已经或者可能发生信用危机，严重影响存款人的利益时，由国务院银行业监督管理机构对该银行实行接管，采取必要措施，以保护存款人的利益，恢复商业银行的正常经营能力。再如，《核电厂核事故应急管理条例》规定，全国的核事故应急管理工作由国务院指定的部门负责，核电厂负责核事故的场内应急

管理。因为突发事件的突发性，地方政府时间、空间、日常管理的优势明显，远比更高层级的政府了解突发事件信息，更能够及时、准确地做出决策、实施救援。属地管理为主可以说是大多数国家应急管理的基本做法。

（三）应急管理体制建设取得较大进展

2007 年 11 月 13 日，国务院有关领导在全国贯彻实施《突发事件应对法》电视电话会议上指出：我国应急管理组织体系不断健全。国家建立了统一领导、综合协调、分类管理、分级负责、属地管理为主的应急管理体制，明确了各级政府的领导责任和相关部门的工作职责。各相关领域专项机构应急指挥与协调职能进一步强化。专家队伍建设继续推进。应急管理体制的建立健全，为突发事件应对工作提供了强有力的组织保证。

2007 年 11 月 27 日，国务院有关领导在中共中央党校专题报告会上做了题为《我国应急管理工作的几个问题》的报告，在报告中进一步阐述了应急管理体制建设的进展情况。他说道：我国应急管理体制初步形成。目前，所有的省级政府和市级政府、92％的县级政府成立或明确了应急管理领导机构；所有的省级政府和 96％的市级政府、81％的县级政府成立或者明确了应急管理办事机构。国家防汛抗旱、抗震减灾、森林防火、灾害救助、安全生产、公共卫生、通信、公安、反恐怖、反劫机等专业机构的应急指挥与协调职能进一步得到了强化。军队系统应急管理的组织体系也得到了加强。

中国应急管理体制经受住多次重特大突发事件的考验，表现出了决策迅速、应对有力的鲜明特色，反映出党和政府在探索社会管理模式方面的发展和进步。实践证明，我国的应急管理体制是基本适应处置各类突发事件要求和需要的，有力地保障了经济社会的发展与社会稳定。具体来说，我国应急管理体制符合我国现阶段发展的特点，有利于发挥社会各方面的作用，开展安全防范和突发事件处置工作，落实预防为主，防范和处置相结合的工作要求；我国应急管理体制既符合由地方党委政府对安全和稳定工作负总责的制度性要求，又体现了分类负责、分级响应的特点；中国应急管理体制基本明确了领导机构（应急管理委员会）、指挥机构（各专业指挥部）、执行机构（各部门）、办事机构（政府应急办）等各方面的关系，有利于实现统一指挥、各方面联动。

在中共中央党校专题报告会上，还分析了中国应急管理体制的突出特点：

一是统一领导、分级负责。在党中央、国务院的统一领导下，各级实行行政领导责任制，依法按预案分级组织开展突发事件应对工作。

二是综合协调、分类管理。明确部门职责和责任主体，发挥政治优势和组织优势，整合各方面应急资源和力量，形成统一的信息、指挥、救援队伍和物资储备系统。

三是条块结合、属地管理为主。赋予地方政府统一组织实施应对工作的权力和责任，同时充分发挥专业应急指挥机构的作用，做到快速反应、协同应对。

第二节　应急办成为政府首长的抓手

健全应急管理体制必须有强有力的应急管理组织体系做保障，包括领导机构、办事机构、工作机构、地方机构及专家组。而这个体系需要有一个“牛鼻子”，一个能让行政首长抓得住的“枢纽”。国务院是突发事件应急管理的最高行政领导机构，在国务院总理的领导下，通过国务院常务会议研究、决定和部署特别重大突发事件应急管理工作，国务院副总理、国务委员按照业务分工和在国家相关突发事件应急指挥机构中兼任的职务，负责相关类别突发事件应急管理工作。国务院办公厅就是国务院领导的抓手，这个是没有异议的。但国务院办公厅工作千头万绪，搞不好，常态管理工作就冲击了非常态工作；而一旦有了大的突发事件，又可能以应急管理影响了正常的行政管理。而且，平时有大量的风险隐患需要去研究、分析、判断，这些工作由谁来做？以前基本上没有人做，往往只得“临时抱佛脚”。因此，在国务院设立一个专司应急管理的行政机构，是当时比较可行的办法。

一、这个机构怎么设

当时有同志建议成立一个国务院应急管理委员会或国家应急管理委员会，作为突发事件应对的总议事协调机构，在它下面设立一个办公室，作为国务院具体负责应急管理的抓手。也有同志建议提出“建立一个国务院办公厅管理的国家局”的方案，也就是将国务院应急办的级别定为副部级。还有同志曾经设想过建立一个作为国务院组成部门的应急管理部。但经过一些负责同志商量，感觉一时还拿不准，或者即使看

准了，协调难度相当大。后来，“应急委”和“大应急办”的想法在一些地方得到了实现，成立了区域性的应急管理委员会及办公室，应急行政部门的想法在深圳一度实行过。

本着先易后难的原则，在国务院办公厅内设立一个专门管应急管理的办公室。各方面都认为这个方案比较可行，因为国务院办公厅既要管好常态的事务，也要做好非常态的突发事件管理工作。这也是完全符合宪法和国务院组织法规定的。

国务院办公厅内设国务院总值班室。之所以冠以“总”字，是因为国务院所属各部门都有值班室，总值班室不取代各部门的值班室，是直接为国务院领导服务的机构。如果在国务院办公厅内设立应急管理机构，其办公室与总值班室合署办公，是比较可行的方案。也就是将原来的总值班室负责履行的值守、信息、上传、下达的职责做一些扩充，把应急管理的信息汇总、综合协调职能加进去，就可以发挥其应急管理运转枢纽的作用。这个“靠谱”的方案很快得到了各方面的赞成。

2006年4月10日，国务院办公厅印发《关于设置国务院应急管理办公室（国务院总值班室）的通知》，指出：为进一步加强应急管理工作，全面履行政府职能，根据《国务院关于实施国家突发公共事件总体应急预案的决定》和中编办《关于增设国务院办公厅国务院应急管理办公室的批复》，国务院办公厅设置国务院应急办（国务院总值班室），承担国务院应急管理的日常工作和国务院总值班工作，履行值守应急、信息汇总和综合协调职能，发挥运转枢纽作用。

二、应急办如何工作

经国务院同意，国务院应急办（国务院总值班室）的主要职责为七个方面：(1) 承担国务院总值班工作，及时掌握和报告国内外相关重大情况和动态，办理向国务院报送的紧急重要事项，保证国务院与各省（区、市）人民政府、国务院各部门联络畅通，指导全国政府系统值班工作。(2) 办理国务院有关决定事项，督促落实国务院领导批示、指示，承办国务院应急管理的专题会议、活动和文电等工作。(3) 负责协调和督促检查各省（区、市）人民政府、国务院各部门应急管理工作，协调、组织有关方面研究提出国家应急管理的政策、法规和规划建议。(4) 负责组织编制国家突发公共事件总体应急预案和审核专项应急预案，协调指导应急预案体系和应急体制、机制、法制建设，指导各省（区、市）

人民政府、国务院有关部门应急体系、应急信息平台建设等工作。（5）协助国务院领导处置特别重大突发公共事件，协调指导特别重大和重大突发公共事件的预防预警、应急演练、应急处置、调查评估、信息发布、应急保障和国际救援等工作。（6）组织开展信息调研和宣传培训工作，协调应急管理方面的国际交流与合作。（7）承办国务院领导交办的其他事项。

国务院应急办（国务院总值班室）办理的各地区、各部门报送国务院涉及有关业务的文电和有关会务、督查工作等方面的事务主要有：（1）涉及防汛抗旱、减灾救济、抗震救灾，以及重大地质灾害、重大森林草原火灾及病虫害、沙尘暴及重大生态灾害事件的处置及相关防范业务，重要天气形势和灾害性天气的预警预报等业务。（2）涉及安全生产、交通安全、环境安全、消防安全及人员密集场所事故处置和预防等业务。（3）涉及重大突发疫情、病情处置，重大动物疫情处置，重大食品药品安全事故处置及相关防范等业务。（4）涉及社会治安、反恐怖、群体性事件等重大突发公共事件应急处置和防范业务，涉外重大突发事件的处置等业务。

政府应急办机构的建立具有很强的探索性，其职责当然是应急管理，同时也承担着大量的常态条件下做好非常态的预防与应急准备方面的工作。要允许地方政府“摸着石头过河”，根据实际情况设置应急管理办事机构，可以灵活一些。地方应急管理办事机构级别配置普遍较高。除海南和内蒙古应急办是正处级外，其他的有 7 个省级应急办为正厅级，有 22 个省级应急办为副厅级。

在国务院的推动下，很快就有 22 个省（区、市）成立了应急委，9 个省（区、市）明确了应急管理领导机构，各省（区、市）政府以及地级市、县级政府都成立了应急办。

各地政府总值班室与应急办多实行“一套人马、两块牌子”甚至“多块牌子”的管理体制，如应急管理、政府总值班、城市政府的市长热线、政府公开电话等。作为政府办的内设机构，对外可以使用“某某政府应急办”的名称，履行值守应急、信息汇总和综合协调职能，发挥运转枢纽作用。从目前现状看，各省（区、市）应急办行政级别上分别有正厅级、副厅级、正处级三类。在正、副厅级应急办中，大部分负责人由省政府秘书长、副秘书长或办公厅主任、副主任兼任，另外也有部分应急办主任为专职。正处级机构的应急办主任全部为专职。除应急办的

级别各不相同外，编制员额差距也较大，更大的区别是在机构设置和职能确定上。

国务院应急办不取代各有关部门的应急管理职责。依据有关法律、行政法规和职责规定，民政、公安、国土、环境、水利、安监等各有关部门是国务院应急管理的工作机构，负责相关类别突发事件的应急管理。国家防汛抗旱、安全生产、海上搜救、森林防火、核应急、减灾委、抗震、反恐怖、反劫机等专项指挥机构及其办公室，发挥在相关领域突发事件应急管理中的指挥协调作用。地方各级政府是本行政区域突发事件应急管理的行政领导机构，负责本行政区域各类突发事件的应对工作；地方各级政府办公厅（室）和相关部门相应履行应急管理办事机构、工作机构的职能。

2006年1月24日，国务院有关领导在全国安全生产工作会议上指出：国务院已经建立应急管理办公室，国务院各部门、各省（区、市）政府都要组建应急管理办公室，与现有各专业应急指挥机构一起，初步形成分级响应、属地管理、信息共享、分工协作的应急组织管理体系。

2007年11月13日，国务院有关领导在全国贯彻实施《突发事件应对法》电视电话会议上指出：国务院及地方政府应急管理办事机构得到充实和加强，履行了值守应急、信息汇总、综合协调职能。国务院有关部门要依照《突发事件应对法》的要求，进一步深化和完善突发事件分级标准、政府应急管理办事机构及其职责、应急预案制定和修订程序、突发事件预警级别划分标准等方面的规定。

三、对进一步创新体制的思考

应急管理领导机构、办事机构、工作机构依据法律法规及预案开展应急管理工作，构成一个统一指挥、分级负责、协调有序、运转高效的应急联动体系。经过几年来的实践检验，现行的应急管理体制和组织体系是符合实际的，有利于充分发挥各级政府的主体作用和各部门的职能作用，有利于日常预防和应急处置、常态和非常态有机结合，有利于减少运行环节、降低行政成本、提高应对能力。

《突发事件应对法》对应急管理机构设置做出了比较灵活的规定。第9条规定，国务院和县级以上地方各级人民政府是突发事件应对工作的行政领导机关，其办事机构及具体职责由国务院规定。

我国应急管理专门机构的设置，既考虑了中国国情，又吸取了其他国家的经验。在国家中央政府层面建立应急管理体制，概括来说，发达国家应急管理体制的做法与特点，主要有以下四点：

第一，强化应急管理领导机构的权威性。在突发事件应急管理体制中，作为顶层的应急管理机构的权威性，是保证应急管理工作顺利进行的关键。美国、日本、俄罗斯、英国、意大利、加拿大等国都进行了应急管理体制方面的改革，相继整合政府各方面力量，建立了以政府主要负责人为首的突发事件应对机构，并在各级政府设立专门部门或者在政府办公厅设立专门办事机构，负责突发事件处置工作的综合协调，提供统一的信息和指挥平台。

第二，建立专司应急管理的综合性工作部门。除了建立高层政府协调、领导机构外，一些国家政府还建立专司应急管理的综合性工作部门。

第三，规范应急管理机构的决策制度与规则。例如，美国联邦政府层级以总统为决策核心，国家安全委员会作为突发事件应急决策中枢，国土安全部为综合指挥协调机构。美国联邦应急管理局隶属国土安全部，主要负责以自然灾害、公共卫生事件等为主的突发事件应急处置工作。美国联邦应急管理局内部划分为任务支援、消防管理、地区事务、联邦保险与减灾、应急行动等部门，以及负责演练、培训的应急管理学院（EMI），国内准备中心（CDP），国家训练和教育处，10个区域办公室，等等。美国州和地方政府一般设有本级政府应急管理办公室（OEM），实行属地管理原则。本级政府负责处理各自区域内的应急事务，只有在灾害超出了本级政府的处理能力范围，才会要求联邦或上一级政府介入。

第四，强调区域协调与国际合作。例如，美国联邦应急管理局将全国划分为10个区域，设有10个地区办公室，分别负责协调各自区域的应急事务。同时，各个大国纷纷建立了国际合作的机构和救援队伍，将应急救援作为履行人道主义义务、展示负责任大国形象、推进务实外交的重要手段。

从2003年至2008年，我国应急管理的机构设置和职能划分与发达国家应急管理体制比较起来，距离在缩短，但是还需要进一步创新。对应急管理机构的继续完善，集中体现在整合应急资源、补短板方面。当时地方上设立的应急办机构有三种类型：

一是有值班功能的应急办。多数省（区、市）政府应急办的机构和职能设置，与国务院应急办基本保持一致——应急办设在办公厅内；在应急办（或办设处室）上加挂值班室的牌子；应急办承担应急管理的日

常工作和总值班工作，履行值守应急、信息汇总和综合协调职能，发挥运转枢纽作用。有的让政府办公厅加挂应急办牌子，应急管理工作仍由厅内相关处室承担。有的应急办承担了与应急相关而且力所能及的其他职能。承担这些日常职能有利于接近政府领导同志工作，掌握信息，占有应急资源，强化应急办的协调能力。

二是无值班功能的应急办。部分地方政府应急办没有政府值班职能，值班工作分别由省委办公厅和政府办公厅承担。无值班职能的优势在于能够专注于应急工作，缺点是缺乏对日常信息的掌握，使协调能力弱化。

三是全面综合型的应急办。部分地区在实施大部制改革以后，对政府的部分应急职能进行整合，成立专门的应急办。例如，深圳市政府实行大部制改革后，将安全生产监管局、地震局、人防办合并到应急办，建立与其他政府部门平行的办事机构，也是超脱职能部门的综合性应急管理部门，加强了综合应急管理职能。

国家在整合应急资源、补短板方面，重点在强化综合型的应急机构方面做了不懈努力。

第三节　机制建设要跟上

从行政管理科学化的高度看，应急管理机制不仅是落实应急管理责任的重要载体，而且涉及整个行政体系是不是完善、上层建筑是不是适应经济基础的大问题。因此，要全面加强和改善行政管理、应急管理，必须把应急管理机制建设放到重要位置上。

改革开放以来，国家进行了多次行政管理体制改革和机构改革，特别是2003年以来推进政府大部门制改革，以机构整合推进职能转变和顺畅运行。这些“硬件”的变革，需要在行政管理方式、应急管理机制方面及时做出改进，需要建设七大机制、管住危机的四个阶段。各级政府要充分认识应急管理机制建设的重要性，积极整合各方面应急力量和资源，理顺应急管理指挥机构、办事机构和工作机构的关系，充分发挥各自的职能作用，完善分级响应、属地管理的纵向网络体系和信息共享、分工协作的横向职能体系，建立应急管理绩效评估制度、责任追究制度，实现统一指挥、分工协作、资源共享、协调行动，不断提高突发事件应对工作的规范化水平。

自2003年以来，党中央、国务院和中央军委发布了隐患排查、信息共享、处置联动、舆论引导等很多具体的应急管理机制建设的文件和制度性规定。关于应急管理机制问题，有七个环节——预防准备、监测预警、信息报告、应急处置、舆论引导、恢复重建、调查评估等应急机制，形成了涵盖事前、事发、事中、事后各个阶段一整套的运行机制。

（一）预防准备机制

预防准备是为预防突发事件的发生，提高应急处置效率所开展的各种经常性、基础性的工作，目的是在更基础的层面实现应急管理从集中性、突击性向经常性、日常性转变。《突发事件应对法》第5条规定，突发事件应对工作实行预防为主、预防与应急相结合的原则。基层是突发事件的第一反应者。突发事件应急管理必须坚持预防为主，必须进社区、进机关、进学校、进农村、进家庭。

突发事件预防准备机制的具体内容，主要包括以下六个方面：

一是提高全社会危机意识和应急能力的制度。主要包括：各级各类学校应该将应急知识教育纳入教学内容，培养学生的安全意识和自救、互救能力；基层人民政府应当组织应急知识的宣传普及活动，新闻媒体应当无偿开展突发事件预防与应急、自救与互救知识的公益宣传；基层人民政府、居民委员会、村民委员会、企事业单位应当开展必要的应急演练；建立机关工作人员应急知识和法律法规知识培训制度。

二是风险评估、隐患调查和监控制度。主要包括：国家建立重大突发事件风险评估体系，对可能发生的突发事件进行综合性评估，减少重大突发事件的发生，最大限度地减轻重大突发事件的影响。国家发展保险事业，建立国家财政支持的巨灾风险保险体系，并鼓励单位和公民参加保险；县级人民政府应当对本行政区域内危险源、危险区域进行调查、登记、风险评估，定期进行检查、监控；所有单位都应当建立健全安全管理制度，矿山、建筑工地等重点单位和公共交通工具、公共场所等人员密集场所，都应当制定应急预案，开展隐患排查；县级人民政府及其有关部门、各基层组织应当及时调解处理可能引发社会安全事件的矛盾纠纷。

三是应急预案制度。预案是应对突发事件的应急行动方案，是各级人民政府及其有关部门应对突发事件的计划和步骤，也是一项制度保障。预案具有同等法律文件的效力，比如，国务院的总体预案与行政法规有同等效力，国务院部门的专项预案与部门规章有同等效力，省级人民政

府的预案与省级政府规章有同等效力。

四是建立应急救援队伍的制度。主要包括：县级以上人民政府应当整合应急资源，建立或者确立综合性应急救援队伍；人民政府有关部门可以根据实际需要设立专业应急救援队伍；单位应当建立由本单位职工组成的专职或者兼职应急救援队伍；专业应急救援队伍和非专业应急救援队伍应当联合培训、联合演练，提高合成应急、协同应急的能力。

五是突发事件应对保障制度。主要包括：(1) 物资储备保障制度。国家要完善重要应急物资的监管、生产、储备、调拨和紧急配送体系；设区的市级以上人民政府和突发事件易发、多发地区的县级人民政府应当建立应急救援物资、生活必需品和应急处置装备的储备制度；县级以上地方各级人民政府应当根据本地区的实际情况，与有关企业签订协议，保障应急救援物资、生活必需品和应急处置装备的生产、供给。(2) 经费保障制度。国务院和县级以上地方各级人民政府应当采取财政措施，保障突发事件应对工作所需经费。(3) 通信保障体系。国家建立健全应急通信保障体系，完善公用通信网，建立有线与无线相结合、基础电信网络与机动通信系统相配套的应急通信系统，确保突发事件应对工作的通信畅通。

六是城乡规划要满足应急需要的制度。城乡规划应当符合预防、处置突发事件的需要，统筹安排应对突发事件所必需的设备和基础设施建设，合理确定应急避难场所。

(二) 监测预警机制

监测预警是指收集重大危险源、危险区域、关键基础设施和重要防护目标等的空间分布、运行状况及社会安全形势等有关信息，并根据事件可能造成的危害程度、紧急程度和发展趋势，确定相应预警级别，发布相关信息，采取相关措施的过程。

突发事件监测预警机制的具体内容，主要包括以下四个方面：

一是建立健全突发事件监测网络。具体包括：在完善现有气象、水文、地震、地质、海洋、环境等自然灾害监测网的基础上，适当增加监测密度，提高技术装备水平；建立危险源、危险区域的实时监控系统和危险品跨区域流动监控系统；在完善省市县乡村五级公共卫生事件信息报告网络系统的同时，健全传染病和不明原因疾病、动植物疫情、植物病虫害和食品药品安全等公共卫生事件监测系统。

二是实行预警级别制度。根据突发事件发生的紧急程度、发展态势和可能造成的危害程度，分为一级、二级、三级和四级，分别用红、橙、黄、蓝色标示。考虑到不同突发事件的性质、机理、发展过程不同，预警级别划分的标准由国务院或者国务院确定的部门制定。

三是实行预警警报的发布权制度。原则上，预警的突发事件发生地的县级人民政府享有警报的发布权，但影响超过本行政区域范围的，应当由上级人民政府发布预警警报。确定预警警报的发布权，应当遵守属地为主、权责一致、受上级领导三项原则。

四是实行预警措施制度。其中，发布三级、四级警报后应当采取的预警措施，总体上旨在强化日常工作，做好预防、准备工作和其他有关的基础工作，是一些强化、预防和警示性的措施。最重要的有三项：风险评估措施，即做好突发事件发展态势的预测；向公众发布警告，宣传避免、减轻危害的常识，公布咨询电话；对相关信息报道工作进行管理。发布一级、二级警报后应当采取的预警措施，应当更全面、更有力，但从措施性质上仍然属于防范性、保护性的措施。比如转移、疏散或者撤离易受突发事件危害的人员并予以妥善安置，转移重要财产；关闭或者限制使用易受突发事件危害的场所，控制或者限制容易导致危害扩大的公共场所的活动等。

（三）信息报告机制

信息报告是指信息在应急管理系统由下向上纵向传递（报告）以及在不同部门、地区之间横向传递（通报）的过程。信息报告的三个环节：初报（首报）、续报、结报（终报）。每个环节均需要注意加强核报，加强审核把关，不能是简单的“二传手”“传声筒”“复印机”，要当好信息报告的“鉴定师”“分析师”。要避免信息报告不及时（迟报）、不准确（谎报瞒报）、不全面（错报漏报）。信息报告的基本要求：即到即报，及时核实、加强研判，随时续报，决不允许迟报、谎报、瞒报和漏报。

突发事件信息报告机制的具体内容，主要包括以下三个方面：

一是建立统一的突发事件信息系统。目的是有效整合现有资源，实现信息共享。县级以上地方各级人民政府应当建立或者确定本地区统一的突发事件信息系统，汇集、储存、分析、传输有关突发事件的信息，并与上级人民政府及其有关部门、下级人民政府及其有关部门、专业机构和监测网点的突发事件信息系统实现互联互通，加强跨部门、跨地区的信息交流与情报合作。县级以上人民政府及其有关部门、专业机构应

当通过多种途径收集突发事件信息。县级人民政府应当在居民委员会、村民委员会和有关单位建立专职或者兼职信息报告员制度。获悉突发事件信息的公民、法人或者其他组织，应当向所在地人民政府、有关主管部门或者指定的专业机构报告。

二是建立信息的及时报送制度。地方各级人民政府应当按照国家有关规定向上级人民政府报送突发事件信息。县级以上人民政府有关主管部门应当向本级人民政府相关部门通报突发事件信息。专业机构、监测网点和信息报告员应当及时向所在地人民政府及其有关主管部门报告突发事件信息。有关单位和人员报送、报告突发事件信息，应当做到及时、客观、真实，不得迟报、谎报、瞒报、漏报。

三是建立信息的分析、会商和评估制度。县级以上地方各级人民政府应当及时汇总分析突发事件隐患和预警信息，必要时组织有关部门、专门技术人员、专家学者进行会商，对发生突发事件的可能性及其可能造成的影响进行评估；认为可能发生重大或者特别重大突发事件的，应当立即向上级人民政府报告，并向上级人民政府有关部门、当地驻军和可能受到危害的毗邻或者相关地区的人民政府通报。

（四）应急处置机制

突发事件发生以后，首要的任务是进行有效的处置，防止事态扩大和次生、衍生事件的发生。突发事件应急处置机制的具体内容，主要包括以下三个方面：

一是自然灾害、事故灾难或者公共卫生事件发生后可以采取的措施。这些措施包括：组织营救和救治受害人员，疏散、撤离并妥善安置受到威胁的人员以及采取其他救助性措施；迅速控制危险源，标明危险区域，封锁危险场所，划定警戒区，实行交通管制以及其他控制措施；禁止或者限制使用有关设备、设施，关闭或者限制使用有关场所，中止人员密集的活动或者可能导致危害扩大的生产经营活动以及采取其他保护措施等。

二是社会安全事件发生后可以采取的措施。社会安全事件发生后采取的措施具有较强的控制、强制的特点。这些措施包括：强制隔离使用器械相互对抗或者以暴力行为参与冲突的当事人，妥善解决现场纠纷和争端，控制事态发展；对特定区域内的建筑物、交通工具、设备、设施以及燃料、燃气、电力、水的供应进行控制；封锁有关场所、道路，查验现场人员的身份证件，限制有关公共场所内的活动等。

三是发生突发事件、严重影响国民经济正常运行时可以采取的措施。严重影响国民经济正常运行的情况主要是指银行挤兑、股市暴跌、金融危机等。在这种情况下，国务院或者国务院授权的部门可以采取保障、控制等必要的应急措施，包括及时调整税率，宣布税收开征、停征以及减税、免税、退税等调控措施；调节货币供应量、信贷规模和信贷资金投向，规范金融秩序，实行外汇和国际贸易等方面的管制措施。

(五) 舆论引导机制

舆论引导是指运用各种沟通媒介，帮助政府控制事态、渡过难关、挽回影响、重塑形象的过程。主动引导和把握舆论有利于增强信息的透明度，把握舆论主动权，保障民众的知情权。通过电视和报纸杂志等新闻媒体，召开媒体沟通会或新闻发布会，发布新闻公告和声明，就事件的发生表示遗憾，向受害者表示慰问和同情，并澄清各种谣言。坚持及时主动、准确把握、正确引导、讲究方式、注重效果、遵守纪律、严格把关的原则，及时主动、公开透明地发布信息，正确引导社会舆论和公众行为，及时消除社会上不正确信息造成的负面影响，是各级领导干部必须掌握的基本技能和重要素质。

《突发事件应对法》明确规定："履行统一领导职责或者组织处置突发事件的人民政府，应当按照有关规定统一、准确、及时发布有关突发事件事态发展和应急处置工作的信息。""任何单位和个人不得编造、传播有关突发事件事态发展或者应急处置工作的虚假信息。"

(六) 恢复重建机制

恢复重建是指在应急处置工作结束后，促进灾区社会稳定和经济发展，正确总结和处理遗留问题，尽快帮助灾区民众恢复常态，使得灾区群众向灾前正常的生活、生产和工作秩序回归的过程。突发事件的威胁和危害基本得到控制和消除后，应当及时组织开展事后恢复和重建工作，以减轻突发事件造成的损失和影响，尽快恢复生产、生活、工作和社会秩序，妥善解决处置突发事件过程中引发的矛盾纠纷。

突发事件恢复重建机制的具体内容，主要包括以下四个方面：

一是及时停止应急措施，同时采取或者继续实施防止次生、衍生事件或者重新引发社会安全事件的必要措施。

二是制订恢复重建计划。突发事件应急处置工作结束后，有关人民政府应当在对突发事件造成的损失进行评估的基础上，组织制订受影响地区恢复重建计划。

三是上级人民政府提供指导和援助。受突发事件影响地区的人民政府开展恢复重建工作需要上一级人民政府支持的，可以向上一级人民政府提出请求。上一级人民政府应当根据受影响地区遭受的损失和实际情况，提供必要的援助。

四是国务院根据受突发事件影响地区遭受损失的情况，制定扶持该地区有关行业发展的优惠政策。

（七）调查评估机制

调查评估指在一定的工作流程指导下，由特定的人或小组、委员会等，获得被调查事件、部门、项目等信息，并对这些信息进行规范性分析判断，据此采取相应的奖惩和工作改进等措施的过程。

调查评估工作要坚持客观公正、科学全面、公开透明、目标合理的原则。客观公正就是有独立第三方组织或参与，保持相对独立性。科学全面就是对事件的原因、过程和结果等各个方面都要管住。公开透明就是调查评估的过程和结果都要尽可能向社会公开。目标合理就是调查评估的目的侧重改进工作，兼顾追究责任。

在党中央、国务院以及各级党委政府的高度重视下，中国应急管理机制建设飞速发展，取得了很多积极成就。

2007年11月13日，国务院有关领导在全国贯彻实施《突发事件应对法》电视电话会议上指出：我国应对突发事件事前、事中、事后各个环节的运行机制全面形成，处置工作的协调性、时效性大大增强。重大灾害防范应对、重点行业安全隐患整改、社会矛盾纠纷排查化解工作深入开展。突发事件信息报告更加及时、准确，军地和条块之间信息共享机制进一步完善。应急响应速度显著提高，应急处置措施更加科学有效。突发事件信息发布和舆论引导机制不断健全，社会效果明显。调查评估逐步深入，对改进应急管理工作发挥了积极作用。

会上还提出了进一步完善突发事件应急管理机制的要求：要充分发挥各级党委、政府的政治优势和组织优势，各级政府应急管理办事机构的综合协调优势，以及各有关部门和机构的职能作用与专业优势，不断建立健全信息通报、预防预警、应急处置、舆论引导等方面的沟通协作机制，完善统一指挥、上下一致、部门联动、应急办综合协调的工作格局。

同时，会上还强调要着力抓好五项机制建设：

一是强化地方各级应急管理指挥协调机制建设。要进一步加强各级政府应急管理领导机构和办事机构建设，明确地方各级政府主要领导是本区域突发事件应对工作的第一责任人，将应急管理纳入各级领导干部的绩效考核内容。

二是健全信息报告和通报机制。要依法建立健全信息报告制度，重视社会舆情，做好信息汇总和研判分析工作，提高信息报告的及时性和准确性。要健全综合应急管理机构与专项应急机构的会商通报机制。

三是完善突发事件防范应对联动机制。各级政府要积极整合各方面应急力量和资源，理顺应急管理指挥机构、办事机构和工作机构的关系，充分发挥各自的职能作用。各级政府应急办要加强综合协调，强化对防范处置政策措施合理性、合法性的审核评估，提高应对工作规范化水平。

四是强化信息发布和舆论引导机制建设。要坚持快速反应、主动引导和正面宣传为主的原则，完善政府应急管理信息发布制度。要依法做好重特大突发事件及敏感事件的信息发布和舆论引导工作，大力宣传党委政府采取的措施和干部群众的先进事迹，树立负责任政府的形象，形成良好的舆论环境。

五是加强应急管理社会动员机制建设。要充分发挥群众团体、红十字会等民间组织、基层自治组织和公民在灾害防御、紧急救援、救灾捐赠、医疗救助、卫生防疫、恢复重建等方面的作用，配合政府共同做好防范处置工作。

经过几年的努力，中国应急管理机制不断完善。2007 年 11 月 27 日召开的中共中央党校专题报告会对应急管理机制建设做了比较多的介绍。例如，国家加强了气象、地震、水文、海洋、地质灾害、森林火灾、农林病虫害、煤矿瓦斯等灾害预测预警系统的建设，监测网络日趋完善。信息报告和信息发布更加及时，大多数地区能在第一时间收到预警信息。应急响应比较迅速，基本做到立即启动应急预案，快速实施应对措施。受灾群众安置工作及时到位，做到了有饭吃、有地方住、有干净的水喝、生病了有医护人员救治。

总的来看，中国应急管理机制建设有了一点成绩，但离理想的运行状态还有很大差距。应对突发事件是一项复杂的系统工程，应急管理运行机制涉及方方面面，既要统筹安排事前的应急管理机制，提高防范风险的能力；又要加强事中、事后等各个环节的工作，保证应急处置的效能。

为了检验和推动应急管理机制建设，国务院应急办每年都对全国的突发事件应对工作进行总体评估：以《突发事件应对法》、总体预案和部门预案的要求为标准，由国务院办公厅牵头，对各地、各部门突发事件应对情况进行数据采集和科学评价。通过这一方法，督促和检查应急管理工作在运行机制方面不断加强。评估主要包括以下六个指标。

一是预防。主要包括制定预案，排查消除安全隐患，加强宣传教育和培训，开展演练，落实人员、资金、物资和通信保障措施，组织研发应急技术和装备，建立调动社会资源和力量的社会动员机制等。

二是预测预警。主要是完善预测预警的机制，开展风险分析，做到早发现、早报告、早处置。根据预测分析的结果，对可能发生和可以预警的突发事件进行预警，按级别依次使用红色、橙色、黄色和蓝色表示。目前，一些自然灾害的预警已开始实施，并取得了较好的效果。

三是信息报告。突发事件信息报告必须又快又准，特别重大和重大突发事件发生后，省级政府、国务院有关部门要在4个小时以内向国务院报告，不得迟报、谎报、瞒报和漏报。

四是信息发布。要在突发事件发生的第一时间向社会发布简要信息，随后发布初步核实的情况、政府应对措施和公众防范措施等，并根据事件处置情况做好后续发布和舆论引导工作。及时公布灾情、疫情，是最好的动员令；瞒着不报，老百姓不知道，该防的也不防，是对人民不负责任的态度，必须始终坚持及时准确发布信息。

五是应急响应和处置。对于先期处置未能有效控制事态的，要及时启动相应应急预案，成立现场应急指挥机构，统一指挥处置工作，采取一切必要的措施平息事态。对于跨行政区域或者超出事发地政府处置能力的突发事件，由上一级政府负责领导处置工作。必要时，国务院及有关部门启动相应级别的应急响应，对地方政府的处置工作给予指导和帮助。

六是恢复重建。在突发事件的威胁和危害得到控制或者消除后，当地政府要立即组织评估突发事件造成的损失，尽快恢复灾区和受影响地区的正常秩序，制订并实施恢复重建计划；要查明突发事件发生经过和原因，总结经验教训，制定改进措施。

按照要求，国务院应急办每年编制发布中国应急管理评估报告。

除了发布年度评估报告外，国务院应急办还对一些重特大突发事件进行专项评估，深入细致地分析经验做法和不足之处。

应急管理机制方面的评估收到了很好的效果。一些地方和部门也对本地区、本系统的突发事件应对工作进行了全面评估，发现机制方面的问题及时改进。

第四节 应急管理专家组的设计

组建一支应急管理的国家级专家队伍，以专业知识、视角、技能支持应急决策，以人才建设推动应急管理体系建设和应急管理科学化，是加强政府应急管理工作的重要任务。

一、科学应对危机有赖于专家

2003 年 4 月 14 日，国务院常务会议听取并原则同意卫生部关于建设完善国家突发公共卫生事件应急反应机制问题的汇报，会议部署了建设应对突发性公共卫生事件的应急管理机制的工作。这个机制的基本要求是：中央统一指挥，地方分级负责；依法规范管理，保证快速反应；完善监测体系，提高预警能力；改善基础条件，保障持续运行的应对突发性公共卫生事件的应急管理机制。党中央在 4 月 17 日召开常委会，专题研究部署抗击“非典”的工作。国务院已经决定成立防治非典型肺炎指挥部，并准备请温家宝主持召开几次专家座谈会。

在整个抗击“非典”的过程中，卫生部、科技部等部门和国务院办公厅推荐的各领域专家为国务院、国务院防治非典型肺炎指挥部决策做了大量咨询和调研工作，发挥了科学技术的支撑作用。温家宝等人多次主持召开了专家座谈会。

二、政府应急管理专家咨询机构如何设

应急管理专家组在国务院整个应急管理体系中是一个重要的组成部分。但这个机构的名称怎么定合适？人员是多一些好还是精干些好？在国务院应急办成立后，应急办有关同志就专家组的事情议过多次。这些同志倾向于不要把专家组的工作、服务范围框得很死，可以尽量定得灵活些，使之既可以为国务院领导同志应急决策服务，也可以为部门和地方服务，还可以为企业、事业单位服务，是个带有示范性质的、比较有弹性的机构。所以，名称叫“应急管理专家组”，这个专家组在为国务院服务时，就是国务院应急管理专家组。

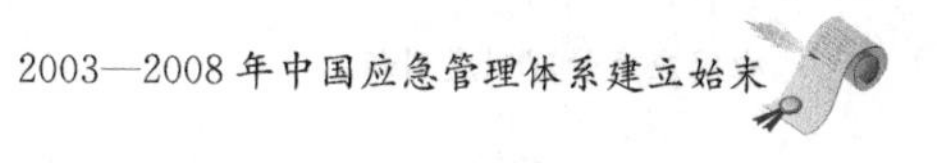

经过商量，应急管理专家组第一批专家共遴选了40名，涉及自然灾害、事故灾难、公共卫生、社会安全和综合管理5大类33个领域。闪淳昌为组长，分设自然灾害、事故灾难、公共卫生、社会安全和综合管理5个小组。

2006年12月31日，下午3点，应急管理专家组正式成立。

应急管理专家组成立大会暨第一次全体会议在北京举行。张平（国务院副秘书长）主持，他首先宣读了国务院办公厅关于成立应急管理专家组的通知和专家名单。相关领导在讲话中主要讲了三点意见：一是强调在应急管理中专家的重要地位和作用，二是对新成立的专家组提点希望，三是对各级政府加强应急管理工作提点要求。

会议指出：加强突发公共事件应急管理工作，是党中央、国务院在深刻总结历史经验、科学分析公共安全形势的基础上做出的一项重大决策，充分体现了立党为公、执政为民的根本要求，是全面落实科学发展观、实现经济社会安全发展、促进社会主义和谐社会建设的重要举措。多年以来，在应对和处置各类突发公共事件中，各方面专家和广大科技工作者做出了重要贡献。根据有关要求成立专家组，不仅是应急管理工作实践经验的深刻总结，全面加强应急管理工作的内在要求，更是应急管理工作实行科学民主决策的需要和实施人才战略的重要举措。

接着，这次会议还分析了当前形势，对专家组如何发挥作用讲了意见，并指出，当前是我国经济社会发展的关键时期，也是全面提升中国应急管理能力的重要阶段。希望专家组及广大科技工作者加强应对和处置各类突发公共事件的技术研究，为应急管理工作提供决策咨询和技术支撑；加强应急管理工作的理论研究，为建立健全应急体系献计献策；大力推进公共安全学科建设，加快应急管理人才培养。

最后，这次会议还重点讲了各级政府要善于运用科学的力量，加强政府应急管理工作。会议指出，各级政府及有关部门要重视专家队伍建设，充分发挥专家的作用，科学应对和处置各类突发公共事件，全面提高中国应急管理能力。各地各部门必须增强责任感、紧迫感，针对突出矛盾和问题，更加主动地开展工作，做到未雨绸缪、有备无患。要深化“一案三制”建设，抓好《“十一五”期间国家突发公共事件应急体系建设规划》的贯彻落实；加大风险隐患排查力度，从源头上防范和减少突发公共事件的发生；推进公共安全技术自主创新，加快公共安全产业发展；做好应急知识普及工作，提高社会公众的安全意识、责任意识和自救互救能力。

国家层面的应急管理专家组建立后，各地纷纷成立了本级政府的应急管理专家机构。

一般而言，应急管理专家组的职责和作用主要包括：通过应急管理专家会议，研究安排专家组年度工作；根据工作需要，不定期组织专家座谈或会商，研究有关应急管理专项工作；特别重大或重大突发事件发生后，启动专家咨询和技术指导程序；根据应急体系建设情况，每年度研究确定若干重点课题，组织有关专家到省内外进行专题调研。各级政府应急管理专家组以专家组名义开展工作形成的研讨意见、评审结果和论证结论等，由应急办报送应急委正、副主任或有关单位。

第五节　企业应急管理体系建设的重点

应急管理的职责能不能真正落实到位，不仅要看各级政府是不是负起了责任，还要看企业是不是真正负起了责任。企业的社会责任里面有很重要的一条，就是保障员工在安全的条件下、在环境友好的条件下从事生产，这要在有关法律和制度中体现出来。

一、应急管理是企业管理的重要组成部分

2006 年 9 月 23 日，在中央企业应急管理和预案编制工作现场会上，有关领导强调：应急管理是企业管理的重要组成部分。各地区、各部门和各级各类企业都要坚持以人为本，全面落实科学发展观，将应急管理贯穿于企业管理的各个方面，切实增强企业应急管理能力，促进国民经济持续健康发展和社会和谐稳定。

各地区、各部门和各有关单位应按照党中央、国务院的要求，大力加强应急管理，扎实有效地开展工作，取得了重要进展。中央企业应急预案体系基本建立，应急机构进一步健全，应急队伍不断充实，应急演练广泛开展，隐患治理和重大危险源监控工作进一步加强，应急管理工作步入了新的阶段。但是，我们也要清醒地看到，企业应急管理工作还存在薄弱环节，安全生产形势依然严峻，提高企业应急能力和安全保障

水平势在必行。

各地区、各部门和各级各类企业要增强社会责任意识和公共安全意识，高度重视并切实做好企业应急管理工作。进一步完善应急预案体系，提高预案的科学性、操作性和协调性；不断加强专兼结合的应急队伍建设，增强企业对突发事件的现场处置能力；全面加强应急保障体系建设，夯实应急管理基础；抓紧制定完善相关政策措施，健全企业应急管理长效机制；加强组织领导和监督管理，全面落实应急管理责任制。力争到2007年底，形成覆盖全面的企业应急预案体系、健全的企业应急保障体系，建立上下贯通、部门联动、地企衔接、协调有力的企业应急管理机制，把企业应急管理工作提升到一个新的水平。

2007年2月28日，国务院办公厅转发《关于加强企业应急管理工作的意见》，指出：加强企业应急管理，是企业自身发展的内在要求和必须履行的社会责任。企业应急管理是指对企业生产经营中的各种安全生产事故和可能给企业带来人员伤亡、财产损失的各种外部突发公共事件，以及企业可能给社会带来损害的各类突发公共事件的预防、处置和恢复重建等工作，是企业管理的重要组成部分。

二、企业应急管理体系要有制度、有目标、有队伍

企业应急管理体系建设要按照有制度、有目标、有队伍来进行，主要从以下六个方面做好工作：

(1) 明确企业应急管理的工作目标。全面完成企业应急预案编制工作；建立健全企业应急管理组织体系，把应急管理纳入企业管理的各个环节；形成上下贯通、多方联动、协调有序、运转高效的企业应急管理机制；建立起训练有素、反应快速、装备齐全、保障有力的企业应急队伍；加强企业危险源监控，实现企业突发公共事件预防与处置的有机结合；政府有关部门完善相关法规和政策措施；企业应对事故灾难、自然灾害、公共卫生事件和社会安全事件的能力得到全面提高。

(2) 健全组织体系和工作机制。其一，建立健全企业应急管理组织体系。大型企业要设置或明确应急管理领导机构和办事机构，配备专职或兼职人员开展应急管理工作，形成企业主要领导全面负责、分管领导具体负责、有关部门分工负责、群团组织协助配合、相关人员全部参与的应急管理组织体系；矿山、建筑施工企业和易燃易爆物品、危险化学品、放射性物品等危险物品的生产、经营、储运企业（简称高危行业企

业）要设置或指定应急管理办事机构，配备应急管理人员。其他各类企业也要在企业负责人的领导下组织开展自身应急管理工作。其二，完善企业应急联动机制。县级人民政府要全面掌握本行政区域内的高危行业企业分布、企业重点危险源、应急队伍、救援基地、应急物资、道路交通等基本情况，加强与企业联系，组织建立政府与企业、企业与企业、企业与关联单位之间的应急联动机制，形成统一指挥、相互支持、密切配合、协同应对各类突发公共事件的合力，协调有序地开展应急管理工作。中央企业要加强与其所在地县级人民政府有关部门的沟通衔接，主动接受安全生产监管，发生突发公共事件后要及时报告有关情况，发布预警信息。

（3）推进预案体系建设和管理。应急预案是企业应急管理工作的主线。各企业要针对本企业的风险隐患特点，以编制事故灾难应急预案为重点，并根据实际需要编制其他方面的应急预案。建立企业预案的评估管理、动态管理和备案管理制度。企业应急预案按照“分类管理、分级负责”的原则报当地政府主管部门和上级单位备案，并告知相关单位。备案管理单位要加强对预案内容的审查，实现预案之间的有机衔接。各企业要从实际出发，有计划地组织开展预案演练工作。

（4）加强企业应急队伍和基地建设。按照专业救援和职工参与相结合、险时救援和平时防范相结合的原则，建设专业队伍为骨干、兼职队伍为辅助、职工队伍为基础的企业应急队伍体系。涉及高危行业的中央企业都要建立起现代化、专业化、高技术水准的救援队伍。大型矿山、石化、民航、铁路、水上运输、核工业企业要充分发挥组织优势、技术优势、人才优势，建设专业特色突出、布局配置合理的应急救援基地，并在做好本企业应急救援工作的同时，参与社会应急救援工作。具备条件的中央企业要率先建立一批管理规范、装备先进适用、信息畅通、处置能力强的区域应急救援基地，承担起一定区域内的重大抢险救灾任务。

（5）做好隐患排查监管和应急处置工作。企业要组织力量，重点针对企业生产场所、危险建（构）筑物以及企业周边环境等认真开展隐患排查，全面分析可能造成的灾害及衍生灾害。对查出的隐患及时治理整改，制订切实可行的整改方案，并采取可靠的安全保障措施。对重大危险源应当登记建档，进行定期检测、评估，实时监控，并告知从业人员和相关人员在紧急情况下应当采取的应急措施。突发公共事件发生后，

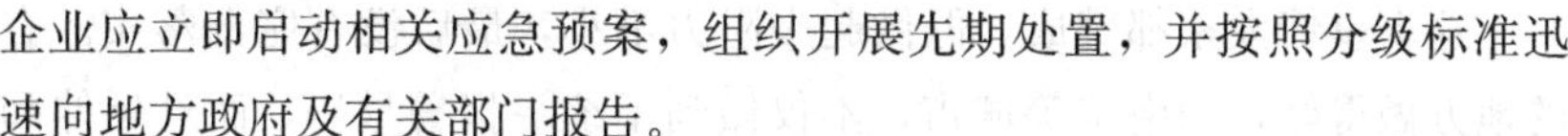

企业应立即启动相关应急预案，组织开展先期处置，并按照分级标准迅速向地方政府及有关部门报告。

（6）强化企业应急管理职责分工和相关政策措施。企业对自身应急管理工作负责，按照条块结合、属地为主的原则，在政府的领导和有关部门的监督指导下开展应急管理工作。安全生产是企业应急管理工作的重点，安全生产监管部门和其他负有安全生产监管职责的部门按照现有职责分工，进一步加强监管工作。其他有关部门各司其职，监督指导有关企业预防和应对其他各类突发公共事件。国有资产监督管理机构按照出资人职责，负责督促监管企业落实应急管理方针政策，把监管企业安全生产工作纳入考核内容，对监管企业应急预案的制定和落实情况开展检查。各级政府应急管理办事机构负责综合指导、协调企业应急管理工作。

第六节　整合应急管理资源

应急管理要高效，应急资源配置必须适当集中，相对整合，不能过于分散。

一、“三个代表，一个号码”

国务院有关领导提出，为了提高预警的效率，更好地维护人民群众在紧急情况下的权益，应该将现在的110、112、119、120、999等多个常用的报警号码资源进行整合，统一用一个号码。2003年就有人提出了这个问题，但是进展并不理想。2007年11月27日，在中共中央党校专题报告会上，又有人指出：要继续推进110、119、122三台合一，并探索与急救、市政等紧急信息接报平台的整合工作，实现“统一接报、分类分级处置”，提高应急处置的效能。

国务院有关领导在2003年的一次应急管理专家座谈会上讲，大家现在都在学习“三个代表”重要思想，应急管理工作能不能真正践行“三个代表”，一方面要加强应急管理体制建设和加大投入，另一方面也可以做些资源上的重新配置。人民群众记不住那么多的报警号码，即使是专门做应急管理工作的人也不一定能准确地记住每个号码管什么，有人还说了一句玩笑式的话：“三个代表，一个号码。”

这个事情大家都赞成，但做起来阻力不小，最后没有完全落实。有的地方做得好，如南宁等城市，不仅做到了统一报警号码，而且延伸和拓展到信息服务的领域。

南宁市委、市政府投资1.68亿元，由摩托罗拉公司负责系统设计和技术总集成，国防科技大学提供技术支持，组织国内有关部门和企业开发研制相关系统软件，在国内建起了全国第一个城市应急联动系统。该系统利用集成数字技术和网络化技术，将110报警服务台、120急救中心、119火警台、122交通事故报警台四个应急救助部门纳入统一指挥调度系统，实现跨部门、跨警区、跨警种资源共享，在全国首创“统一接警，统一处警”的应急联动工作机制。市民遇到紧急事件，只要拨打110、119、120、122这四个号码中的任何一个号码，都会接到同一系统，就能得到准确、及时、高效的紧急救助服务和突发事件的紧急高效处理。

此后，南宁市又把政府各部门常态的、分散的、以123为特服号的服务系统资源和业务（如法律援助12348，旅游投诉热线、物价投诉12358，环保投诉12369等），整合为统一的12345市长公开电话，为政府搭建了统一的平台，用于处置市民所有非紧急求助并提供政府公共信息服务。市民遇到非紧急事务需要救助，或者反映需要职能部门解决的有关问题，都可以打电话到中心寻求帮助或反映情况。

再后来，南宁市的政府应急管理系统又进一步拓展功能，建立了重大灾害（难）联动系统，将防洪、防震、防空、护林防火等纳入该系统，为南宁市提供一套应对涉及面广、持续时间长、社会经济影响重大的重大灾害事件应急联动指挥系统。

通过这几个步骤，南宁市社会应急联动系统形成了应急救助系统、非紧急救助与社会综合服务系统、重大灾害（难）联动系统三个板块有机构成的体系，覆盖了全市市区和宾阳、上林、马山、横县、隆安五个县。

通过110、119、120、122等特服号码统一受理自然灾害、事故灾难、突发公共卫生、突发社会安全等突发公共事件的报警信息和市民的报警求助信息，进一步提高了南宁市风险隐患排查监控能力、科学指挥决策水平、突发公共事件防范处置速度和应急管理整体作战能力。

与国内大多数城市以公安部门为主导的应急救助模式不同，南宁市通过组建市政府直接领导的，具有统一指挥协调公安、消防、医疗救护

等部门功能的南宁城市应急领导中心，建立了“政府主导”的城市应急联动模式，进行了直属市委市政府领导的应急处置事业单位的应急管理体制改革和创新的实践探索，打破了条块分割、部门“信息孤岛”的制约，强化了政府社会管理服务职能。

南宁市创新机构设置，按正处级事业单位正式设置了社会应急联动中心机构，核定了编制。联动中心的人员由两部分组成，管理干部、技术专业人员以及部分接警员（由政府调入或招聘）；联动中心主任及负责行政管理、技术和市场开发的副主任由政府选派，负责警务的副主任由市公安局派出，出警人员主要由公安、交通、消防等联动部门派驻。110、120、119、122等部门派驻部分接警员和有两年以上基层工作经验的处警员，采取集中办公，接受中心和原单位双重领导的体制。联动中心在市政府的直接领导下，负责南宁市社会应急联动系统的指挥协调、运行维护、技术和市场开发工作。其职能与职责主要包括：调度相关资源直接处置紧急事件，并具有越级指挥权、联合行动指挥权和临时指定管辖权；为紧急事件处置的高效指挥提供高科技手段和通信保障；组织与应急联动系统有关的部门定期对该部门相应的软硬件进行维护，并定期、无偿为应急联动系统的各种数据库、地理信息系统提供或更新数据；向社会提供非紧急救助的其他服务。同时，规定市委、市政府信访局、市公安局指挥中心、市公安消防支队、市公安局交警支队、市卫生局急救中心等作为法定的联动单位。

二、以信息化驱动应急管理

在国务院的指导下，国家、区域应急管理体系建设坚持与信息化并行、信息化适当先行、以信息化驱动应急管理的原则。

很多地方将构建统一指挥、反应灵敏、协调有序、运转高效的应急联动机制，作为全面推进应急联动体系建设的切入点。构建先进的社会应急联动系统指挥调度平台和数字化、信息化管理城市的软件模式，使公安、交警、消防、急救、防震、防洪、人民防空、护林防火、公共事业等部门能充分利用这一平台和模式，建成统一的指挥调度系统，为不同部门和警种配合及协调处理特殊、突发、应急、重大事件做出有序、快速、高效的反应提供可靠的保障，也为党委、政府有效指挥辖区内公安、交警、消防、急救、防震、防洪、人民防空、护林防火、公共事业等提供便利的条件。有的地方为实现省长、市长公开电话，城管投诉，

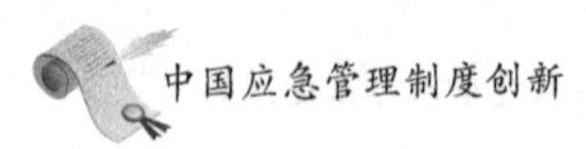

水、电、气及通信线路抢修，工程抢险等不同部门和警种协同处理特殊、突发、应急、重大事件，提供了高科技手段，减少了国家和人民财产的损失，为经济建设和社会发展提供了安全保障。

与此同时，很多地方政府在办公大楼建立应急指挥中心应急平台，将日常政务值班、值守应急、应急管理进行有机融合，建设和完善应急管理工作联络网、救援专业队伍库、救援物资库、应急管理专家信息库、应急管理法规库、突发事件典型案例库和突发公共事件预防与应对处置基础知识库。国务院有关领导考察过一些城市，了解到政府应急平台将网络、视频、IP电话、传真、多媒体短信等多种通信手段进行集成，实现本级政府与上级政府、下级政府以及专项应急指挥部的视频会议和应急会商，在平台系统的辅助下进行危险源监测监控、风险隐患分析、预警预测研判，有利于值守应急关口前移，提早发现和解决问题；通过应急保障数据库和指挥调度综合应用，有利于科学调度人力、财力、物力，确保应急资源得到有效利用；通过在平台实施事件评估和模拟演练，有利于提高政府科学决策效率和指挥能力。这些应急管理信息化工程都有利于各级政府和部门在突发事件发生时迅速得到宝贵的第一手资料，在辅助决策、高效处置、培养人才、维护稳定等方面发挥了重要作用。

应急管理信息化也面临着困境。例如，部门分割应急管理资源，信息整合和共享机制很难建立起来；很多地方应急平台由一个事业单位管理，其工作分量那么重，是否合乎政府职能转变和事业单位改革的方向；应急管理信息化的法制保障还有待健全，地方上试图通过地方性法规和政府规章来实施综合性的突发事件管理，其长期效果和现实效力究竟如何，也是要打问号的。事实上，很多地方应急联动机制主要解决的只是公安、消防、急救、交通等那些“常规性”“专业性”的突发事件，工作重心也只是在接处警上，尚未建立起针对重大突发事件尤其是特大自然灾害、疫病、人为灾害等“非常规性”“综合性”突发事件的事前防范和预警机制。这些都有待继续探索解决。

三、科普宣教是整合资源的基础性工程

经验表明，当灾害迫在眉睫或正在发生时，个人的行动是否积极合理，往往决定了他在灾难中能否生存。国务院有关领导对公众危机意识的培养和个体应急能力的提升极为重视，狠抓科普和宣传工作，教育群

众增强意识，掌握避灾、救灾知识和自救、互救本领。

（一）面向全社会的宣传教育是一项硬任务

群众特别是青少年是不是具备应急知识和能力，会不会自救、互救，直接关系到应急管理成效。应急管理工作的一个不可缺少的环节，就是加强科普宣教，并注重运用现代传媒新技术，增强科普宣教的实际效果。否则，动员群众参与应急管理工作、建设应急治理体系就是一句空话。

深圳市三年级小学生袁媛救父母的故事就告诉我们，要把应急管理教育培训工作重视起来，抓紧抓好。一天，袁媛的爸爸、妈妈煤气中毒晕倒在家中浴室里，年仅7岁的她不慌不忙地用衣架捅开窗户，关闭煤气瓶开关，用爸爸的手机到户外拨打110、120电话求救，简洁准确地报位，使救援人员迅速赶到现场，成功地救了她父母的生命。小袁媛机智沉稳救父母的事迹经媒体广泛报道后，在公安部和中央电视台共同主办的“中国骄傲”活动中脱颖而出。袁媛在央视记者采访时说，她之所以能做到这一点，是学校平时的应急知识教育的结果。她所在的学校专门有安全课，注重实际操作，让学生根据老师所讲的知识自己排练小品。每星期一下午第二节课，老师都会将全班同学分成若干个小组，每个小组根据上一堂校本课讲的安全知识自编小品演给全班同学，看谁演得好。这件事情告诉我们，应急管理的宣传教育还有很多工作要做。

2006年7月7日，在全国应急管理工作会议上，有关领导指出：应急管理科普宣教工作有效开展，初步形成党委领导、政府主导、军地协同、条块结合、全社会共同参与的应急管理工作格局。

2007年5月19日，在全国基层应急管理工作座谈会上，有关领导指出：深入开展科普宣教和应急演练活动，建立专兼结合的基层综合应急队伍；尽快制定完善相关法规政策，提高基层应急保障水平，切实提高基层应对各类突发公共事件的能力。

2007年11月13日，在全国贯彻实施《突发事件应对法》电视电话会议上，有关领导指出：加强应急管理科普宣教，提高农村、社区、学校等基层组织单位防灾、抗灾和救灾能力。

各地各部门采取多种形式宣传普及公共安全和应急的知识，群众的安全意识和防灾避险能力普遍提高，成功自救互救的典型事例不断涌现。中央电视台经济频道评选的“中国骄傲”，就有一些代表性的人物，他们都来自基层，很普通，但事迹很感人。两位荣获“中国骄傲”称号的朴实的河南老汉，在“6·15”广东佛山九江大桥坍塌事件中，第一时刻警觉到了大桥的坍塌，实现了自救，而且主动拦车，成功地让后面的车辆“悬崖勒马”，做到了互救、公救。这两位老汉还把政府发给的奖金，捐给了当地的希望小学。我们要大力宣传这样的典型。

但总体上看，社会公众有关应对各种突发事件的综合素质还不是很高，不少人防灾避险的意识还不强，出了事根本不知道怎么办。为此，继续加强宣传教育要突出三个重点。一要广泛开展应急管理进社区、进农村、进基层单位活动，特别要深入推进公共安全教育进课堂、进教材，在中小学生中普遍开展自救逃生演练，从小培养学生的安全意识，提高学生的自我防护能力。二要毫不放松地抓好高危行业和领域生产人员的岗前、岗中教育培训，提高他们安全操作和第一时间应对处理突发事件的技能。现在农民工比较多，对他们的关怀要体现在加强安全培训上，让他们掌握安全生产的知识和技能。三要通过广播、电视、报刊、网络等大众传媒，以及画册、挂图、墙报、板报等多种载体，宣传和普及预防、避险、自救、互救、减灾等知识，巩固和发展全面动员、预防为主，全社会防灾减灾的良好局面。

（二）科普宣教抓好四件事

做好应急管理科普宣教工作，对于增强公众的公共安全意识、社会责任意识和自救、互救能力，提高各级组织的应急管理水平，最大限度地预防和减少突发公共事件及其造成的损害，具有十分重要的意义。

抓实应急管理科普宣教工作，主要是做好四件事：

一是明确应急管理科普宣教工作的目标，对任务进行分解。应急管理科普宣教工作目标和任务有两个重点：第一个重点是普及应急知识，提高公众的预防、避险、自救、互救和减灾等能力。按照灾前、灾中、灾后的不同情况，分类宣传普及应急知识。灾前教育以了解突发事件的种类、特点和危害为重点，掌握预防、避险的基本技能；灾中教育以自救、互救知识为重点，普及基本逃生手段和防护措施，告知公众在事发后第一时间如何迅速做出反应，如何开展自救、互救；灾后教育以经历过突发事件的公众为重点，抚平心理创伤，恢复正常社会生产生活秩序。第二个重点是通过加大培训力度，提高各级领导干部的应急管理能力和工作水平。

二是建立科学的制度体系，开展应急管理科普宣教工作。《突发事件应对法》和《国家突发公共事件总体应急预案》对政府及其有关部门开展应急知识的普及活动和必要的应急演练、新闻媒体进行预防与应急知识的公益宣传、各级各类学校的应急知识教育等做出了法律规定。我国还修订了《未成年人保护法》《义务教育法》，颁布了《中小学幼儿园安全管理办法》，对做好学校安全教育工作提出了明确的要求。各级各部门应急管理科普宣教工作基本做到有制可依、落实到位、取得实效。应急管理科普宣教工作机构应以国务院应急办为中心，下分省、市、县、乡镇（社区）四个层次的科普宣教机构，通过实行统一指导、分级管理，在对科普宣教内容做好分类的基础上，成立以国务院应急办为牵头、各级政府应急办为依托、专项应急部门为重点的应急管理科普宣教管理工作模式，有效地履行好科普宣教职能。国务院应急办会同中央宣传部门负责统筹全国应急管理科普宣教工作，各省（区、市）在省委、省政府领导下，建立健全分类管理、分级负责、条块结合、属地为主的应急管理科普宣教机构体系，明确各级人民政府为应急管理科普宣教工作的责任主体，各级政府应急管理部门为当地应急管理科普宣教工作的统筹主体，宣传、教育、科技等行政主管部门为应急管理科普宣教工作的执行主体，社会各界为应急管理科普宣教工作的支持单位。各机构可适当进行分工。

三是造就一支应急管理教育和培训工作队伍，在新闻、广播、电视、报刊、网络上呈现应急管理方面内容。根据不同对象的特点，有针对性地开展公共安全教育培训，就必须有教材、有师资。2004年以来，有关方面组织编写了适应领导干部、专业应急管理干部的应急管理教材，以及大、中、小学和幼儿园的公共安全课程教材，使应急管理进入了课堂。各地各部门制订了培训计划，对各级领导干部、新闻发言人及公务员进行培训。很多从事应急管理实践和研究的专家进行授课，培养了一批专门的师资。开辟应急管理科普知识专栏、专版、专题、专刊，介绍普及应急知识。广泛收集有关资料，分类别整理有关应急知识，编辑出版应急管理科普读物及音像制品，指导协调制作和播出有关电影、电视、广播和动漫等作品。2007年，由国务院办公厅主管、创刊的《中国应急管理》月刊，充分发挥了应急管理科普宣教工作的引领和辐射作用，通过"直通车"的方式，传达党中央、国务院关于应急管理的方针政策和最新要求，运用专家智慧和典型案例分析，普及应急知识。

四是大力开展宣传活动，促进公共安全知识进社区、进农村、进企业、进学校。危机意识的培养，主要应该通过全民普法、依法行政等活

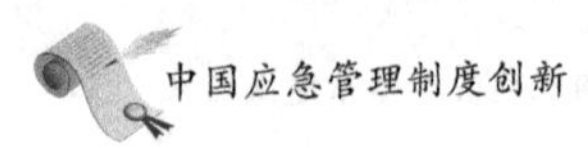

动，结合应急管理重大主题宣传和专题宣传，运用传播媒体和宣传阵地，普及有关应急管理的法律、法规知识，进行正面教育，提高公众的科学风险意识和依法防范危机的能力。这几年来，我国通过“全国科技活动周”“全国安全生产月”“国际减灾日”“全国消防安全宣传教育日”“全国法制宣传日”“世界气象日”“世界卫生日”等活动，开展形式多样、内容丰富、声势浩大的公共安全主题宣传活动，使社区、乡村基层群众了解公共安全知识，掌握避险和自救、互救等基本知识，增强公共安全意识。很多地方编印发放公共安全手册，制作张贴宣传海报，投放公益广告，拍摄应急知识短片，在社区、高危企业、建筑群和车站、机场、码头、商场、宾馆等公共场所设置应急标识。采取群众喜闻乐见、寓教于乐的方式，利用多种媒体，细分受众层次，尽可能使用通俗语言，简明扼要，多题材、多角度、有针对性地进行宣传报道，将应急管理科普宣教工作的网络和触角向下延伸，可以真正取得实效。

（高小平、张小明编写）

后 记

2019年正值中华人民共和国成立70周年。本书的出版是对新中国应急管理制度的一次梳理。

写这样一本小册子是我们多年的愿望——对应急管理研究活动的一个有重点的基本总结，其间包含着激情、汗水、辛酸和对这个复杂世界的体验。更重要的是，它也包含了我们对学术的挚爱与深情。

中国改革开放以来的应急管理事业，是一项伟大的事业。我们参与了这项伟大事业，就其中的部分理论与实践问题进行了不多的研究，这是时代给予我们的机遇和荣幸。

2017年5月20日，《中国应急管理的全面开创与发展（2003—2007）》出版发行座谈会在北京举行。这部书分上下两册，全面记录和回顾了中国应急管理“一案三制”建设全面开创的历史时段，既有这一时段国务院有关领导同志的重要讲话，又有专家学者、历史见证者、事件亲历者编撰的述评，还附录了应急管理大事记和典型案例。这是一部具有“留凭、存史、资政、育人、护国”五大功能的重要著作。

回顾2003年抗击“非典”的艰难历程，“非典”带给人们两大教训：一是经济社会必须协同发展，二是政府行政管理一定要常态与非常态并重。应对突发事件就要在复杂性、不确定性中寻找规律。因此，应急管理的工作模式，要从抓“亮点”向抓“短板”转变。国务院有关领导同志对“一案三制”的简要点评是这样的：“一案”就是要居安思危，思则有备，有备可能无患，无备必有大患。“体制”就是要落实责任及发挥政治优势和组织优势。“机制”就是事前、事中和事后的全过程。“法制”就是要依法治国、依法行政、依法应对。

国务院有关领导同志对应急管理制度建设的辛勤付出和杰出贡献，不仅锤炼了政府、企业和公众应对危机的能力，推进了国家治理体系和制度体系创新，而且成就了一门崇高的学问，提升了全民族的政治理念和哲学智慧。

本书的出版要感谢17年来在应急管理研究领域共同耕耘、分享智慧的各位领导和朋友，特别是徐绍史、闪淳昌、陆俊华、王守兴、陈建安、李晓东、张备、张星、李万疆、吴刚等领导，他们在实践领域给予了我们莫大的支持和指导，感谢张成福、张康之、薛澜、刘铁民、范维澄、马怀德、龚维斌、王宝明、马宝成、张小明、童星、彭宗超、米加宁、朱正威、胡象明、张海波、蔡立辉、张强、钟开斌、王宏伟、王郅强、夏保成、陈安、樊博、李程伟、林鸿潮、詹成豫、马奔、王林、吕孝礼、朱伟、郭雪松、邹吉亮、韩自强、陶鹏、韩广华、雷尚清等学者，他们在学术领域为我们树立了榜样，给了我们许多启迪。

感谢国家社会科学基金的资助，感谢中国人民大学出版社刘晶编审和朱海燕副编审，以及责任编辑贺志红。

在一个正在发生激烈演变的社会大潮中，人类将以全然不同于以往的面貌进入新时代。我们生而逢时，不仅目睹了不可避免的危机，也对可以做的事情有了新的要求。“最后一公里”是应急管理的高处，也是学术研究的开端。我们要战胜的不是危机，而是我们自己内心的恐惧和不安。对制度的研究，我们还将继续，重点希望在关键问题上有所突破，真正搞清楚、弄明白究竟怎样才能“靠制度”来保证国家长治久安；搞清楚、弄明白究竟怎样才能保证制度的刚性、长期性、稳定性，而不是随心所欲、朝令夕改，确保党的基本路线一百年不动摇；搞清楚、弄明白究竟怎样才能防止制度虚位化，克服制度执行中的不作为、缓行为现象，使“制度”成为名副其实的制度。我们考虑将这样的制度研究概括为行动主义制度论，或者叫行动制度理论。没有大家的一起行动，就没有治理的现代化，也就没有制度的现代化。希望本书能为应急管理制度创新进入新的境界抛砖引玉。

作者
2019年秋天于北京